완자 VOCA PICK
어떤 단계로 시작하면 좋을까?

중등수능 단어장에 수록된 20개의 단어 중에서 몇 개나 아는지 테스트해 보세요.

honor	willing	harvest	benefit
define	relevant	boundary	engage
limit	factor	conclude	superior
trait	analogy	balance	succeed
climate	opportunity	admire	phenomenon

아는 단어가 **10개 이하**

모르는 단어가 많아도
걱정하지 마세요.
〈중등수능 실력〉으로
차근차근 시작하세요!

아는 단어가 **11~17개**

아는 단어가 꽤 많네요!
〈중등수능 고난도〉로
완벽하게 암기하세요!

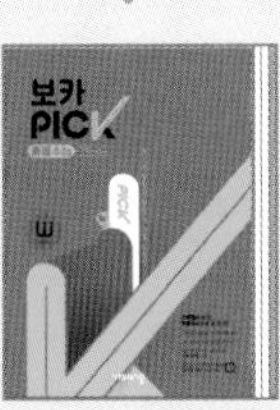

아는 단어가 **18개 이상**

거의 다 맞췄어요!
〈보카픽 고등필수〉에
도전해 보세요!

세상이 변해도 배움의 즐거움은 변함없도록

시대는 빠르게 변해도
배움의 즐거움은
변함없어야 하기에

어제의 비상은
남다른 교재부터
결이 다른 콘텐츠
전에 없던 교육 플랫폼까지

변함없는 혁신으로
교육 문화 환경의 새로운 전형을
실현해왔습니다.

비상은 오늘, 다시 한번
새로운 교육 문화 환경을 실현하기 위한
또 하나의 혁신을 시작합니다.

오늘의 내가 어제의 나를 초월하고
오늘의 교육이 어제의 교육을 초월하여
배움의 즐거움을 지속하는 혁신,

바로, 메타인지학습을.

상상을 실현하는 교육 문화 기업 비상

메타인지학습

초월을 뜻하는 meta와 생각을 뜻하는 인지가 결합된 메타인지는 자신이 알고 모르는 것을 스스로 구분하고 학습계획을 세우도록 하는 궁극의 학습 능력입니다. 비상의 메타인지학습은 메타인지를 키워주어 공부를 100% 내 것으로 만들도록 합니다.

핵심 기출 단어만 PICK 하다!

〈완자 VOCA PICK〉 중등수능 시리즈는 예비 중학생부터 **내신과 수능을 대비**하는 수험생들이 필수 및 기출 어휘를 익히고 암기할 수 있도록 중1~고1 교과서 전종과 국가수준 성취도평가, 수능, 모평, 학평 등 핵심 자료를 분석하고 수준별로 어휘를 엄선하여 수록하였습니다.

	예비중 – 중1	중2 – 중3	중3 – 예비고
최신 교육과정 어휘 (1,800개)	○		
중1 교과서 (2,188개)	○		
중2 교과서 (2,678개)	○	○	
국가수준 성취도평가 (1,321개)	○	○	○
중3 교과서 (2,686개)		○	○
고1 교과서 (4,455개)			○
EBS 연계 교재 (3,672개)			○
10개년 고1 학평 (4,840개)		○	○
10개년 학평/모평/수능 (9,562개)	○	○	○
	기본	실력	고난도
수록 어휘 수	800	1200	1200
학습일	32일 + α	40일 + α	30일 + α

구성과 특징

주제별 중등 고난도 어휘

- 단 1회 학습으로도 **"4번 반복"**이 가능한 구성
- **주제별 영단어** 분류로 연상 학습 효과 UP!

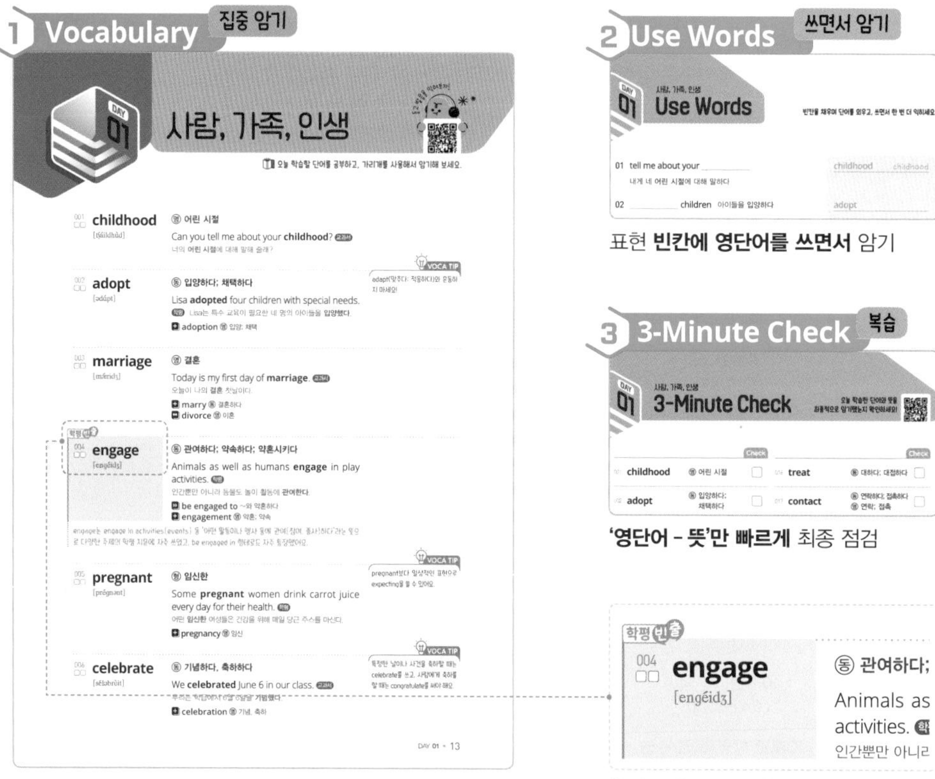

· 음원을 **바로 들을 수 있는 QR 코드** 제공

· **영단어의 발음과 뜻, 기출 예문 및 관련 정보** 제공

표현 **빈칸에 영단어를 쓰면서** 암기

'영단어 - 뜻'만 빠르게 최종 점검

학평 빈출 단어의 출제 정보 제공

4 다양한 유형의 테스트 장치 응용 복습

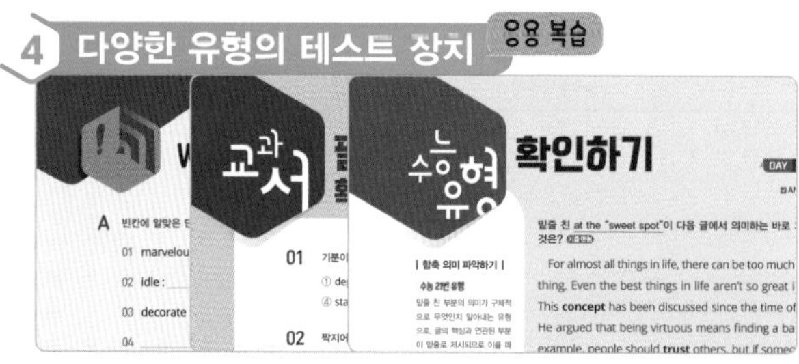

드릴 유형, 내신 유형, 수능 유형의 다양한 테스트 제공

* Daily Test는 학습자료실(book.visang.com)에서 다운로드받아 활용해 보세요.

REPEAT II 빈출도순 중등 고난도 어휘

Vocabulary Again 반복 암기

DAY 31 빈출도 130회 이상

단어와 뜻을 읽으며 빈칸에 알맞은 말을 쓰세요.

871 while	~하는 동안; ~인 데 반하여	652 value	가치 / 소중히 여기다; 평가하다
021 experience	경험	880 rather	
314 increase	증가하다; 늘리다 / 증가	846 state	주(州); 상태
109 seem	~처럼 보이다, ~인 것 같다	026 challenge	도전 / 도전하다
009 individual	개개의; 개인적인	554 research	연구, 조사 / 연구하다, 조사하다
355 express	급행의 / 급행	556 effect	
333 provide	제공하다, 공급하다	875 likely	~할 것 같은; 있음직한
602 cause	원인; 이유	104 consider	고려하다; 여기다
527 environment	환경	611 differ	
753 develop	개발하다; 발전하다(시키다)	272 situation	
752 produce		187 offer	제공하다 / 제안, 제공

278 · 중등수능 고난도

- **REPEAT I**에서 학습한 영단어 900개를 **빈출도순으로 재구성**한 어휘 학습
- **다빈출 영단어부터 암기**하여 **단기간 최대 학습** 효과 구현

Plus VOCA 고1 교과서 주요 어휘 300

추가 영단어 학습 고1 내신 대비

DAY 40 고1 교과서 주요 어휘 300

001	abandon	버리다, 포기하다
002	absolute	완전한; 절대적인
003	accompany	동행하다; 동반되다
004	accomplish	성취하다
005	acid	산 / 산성의
006	acknowledge	인정하다
007	activate	작동시키다, 활성화하다
008	address	주소; 연설 / 연설하다
009	agency	대리점, 대행사; (정부) 기관
010	aggressive	공격적인; 적극적인
011	allow	허락하다, 허용하다
012	ancestor	조상
013	angle	각도; 관점
014	annoy	짜증나게 하다; 귀찮게 하다
015	annual	해마다의; 한 해의
016	anxious	걱정하는; 열망하는
017	apologize	사과하다
018	appearance	외모, 겉모습; 출현
019	approve	찬성하다; 승인하다
020	assess	재다, 평가하다

314 · 중등수능 고난도

REPEAT I, II와 중복되지 않은, 고등학교 1학년 영어 교과서 전종의 영단어 목록과 암기 장치 제공

미니 단어장
휴대가 간편한 미니 단어장으로 1200개의 영단어 틈틈이 암기 가능

모바일 앱 '암기고래'
'암기고래' 앱에서 어휘 듣기와 어휘 퀴즈를 이용하여 암기 가능

"앱 다운로드" ≫ 일반 모드 입장하기 ≫ 영어 ≫ 비상교육 ≫ 보카픽

+ 기호 정의 및 기출 예문 출처 +

명 명사 | 동 동사 | 형 형용사 | 부 부사 | 접 접속사 | 전 전치사 | 대 대명사 | 한 한정사

숙어 | 파생어 | 반의어 | 유의어

교과서 교과서 기출 | 성취도 국가수준 성취도평가 기출 | EBS EBS 연계 교재 기출

학평 시도교육청 학력평가 기출 | 모평 평가원 모의고사 기출 | 수능 대학수학능력시험 기출

차례

REPEAT I 주제별 중등 고난도 어휘

People, Expression, Daily Life 1

Daily Life 2

Things, Leisure & Hobby

Health, Nature & Science

Society 1

REPEAT II 빈출도순 중등 고난도 어휘

Plus VOCA 고1 교과서 주요 어휘 300

N회독으로 암기하라!

학습 전략 제안

<완자 VOCA PICK 중등수능 고난도>가 제안하는 시간과 노력이 절약되는 "REPEAT I, II별 우선 암기 전략"을 따라해 보는 건 어떨까요?

제안 1 REPEAT I부터 학습

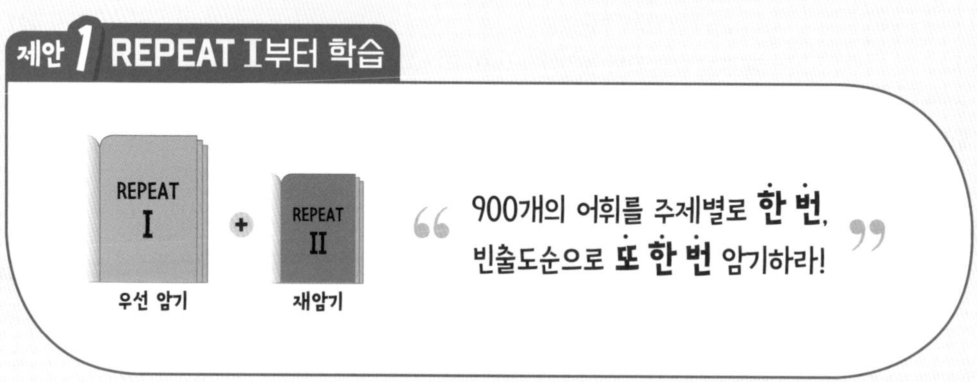

REPEAT I
우선 암기
REPEAT II
재암기
900개의 어휘를 주제별로 한 번,
빈출도순으로 또 한 번 암기하라!

⇓

REPEAT I 주제별 어휘를 먼저 1회 학습(4회독)하고,
REPEAT II 빈출도순 어휘로 반복 학습(1회독)하여 완벽한 5회독 학습 효과를 노리는 학습자에게 추천!

	어휘 노출	학습 활동	코너 및 학습 가이드
REPEAT I	1회	읽고, 듣고, 예문 해석하며 암기하기	**Vocabulary** • MP3를 들으면서 영단어의 발음과 뜻 학습 • DAY당 30개의 어휘를 '영단어 - 뜻' 위주로 암기 • 예문 해석과 다양한 코너를 통해 영단어의 쓰임 파악 • 가리개를 활용해서 암기 여부 확인하며 학습
	2회	단어를 유추하여 반복하여 쓰면서 암기하기	**Use Words** 우리말 뜻에 맞춰 주어진 표현을 완성하는 활동을 통해 영단어를 여러 번 쓰면서 암기
	3회	눈으로 암기 여부 최종 확인하기	**3-Minute Check** 눈으로 빠르게 영단어와 뜻을 훑으며 암기 여부 최종 확인
	4회	테스트를 통해 기억 환기시키기	**TEST : Wrap Up + 교과서 필수 단어 확인하기 + 수능 유형 확인하기** 학습한 영단어들을 다양한 유형의 테스트를 통해 재점검
REPEAT II	5회	새로운 학습 환경과 조건에서 재암기하기	**전체 영단어 재암기** • REPEAT I에서 공부한 영단어를 빈출도순으로 재정렬하여 새로운 학습 환경에서 재암기 • 랜덤으로 나오는 빈칸 문제를 우리말 뜻을 넣어 해결

제안 2 REPEAT Ⅱ부터 학습

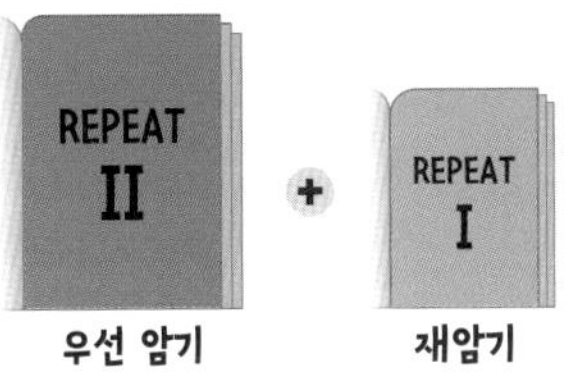

"빈출도순 어휘부터 **빠르게 한 번**, 주제별로 **또 한 번** 암기하라!"

REPEAT Ⅱ의 빈출도순 어휘를 우선 암기하고, REPEAT Ⅰ 주제별 어휘를 재암기하여 빠르고 확실한 2회독 학습 효과를 노리는 학습자에게 추천!

	어휘 노출	학습 활동	코너 및 학습 가이드
REPEAT Ⅱ	1회	눈으로 보고, 문제를 풀며 암기하기	**Vocabulary** • 빈출도순으로 정렬한 단어 900개를 '영단어 - 뜻' 위주로 암기 • 빈칸 문제를 풀며 암기 여부 확인
REPEAT Ⅰ	2회	듣고, 보면서 암기 여부 최종 확인하기	**3-Minute Check / 미니 단어장** • MP3를 들으면서 영단어의 발음과 뜻 확인 • 눈으로 빠르게 영단어와 뜻을 훑으며 암기 여부 확인

자투리 시간에 활용하는 암기 장치

암기 보조 장치를 상황에 맞게 추가로 활용하고 싶은 학습자에게 추천!

미니 단어장

휴대용 미니 단어장을 항상 소지하면서 등하굣길에 틈틈이 단어를 듣고 외울 수 있습니다.

Daily Test

book.visang.com의 학습자료실에서 일차별 Daily Test를 다운로드 받아 테스트할 수 있습니다.

APP

'암기고래'를 검색하여 App을 다운로드 받아 영단어 발음과 뜻을 확인하고 퀴즈를 풀 수 있습니다.

학습 계획표

제안 1 학습 계획표 REPEAT I부터 학습 + 미니 단어장

5회독 학습 효과가 있는 **'REPEAT I부터 학습하기' 전략에서 나아가 미니 단어장을 통해**
추가 반복 학습을 진행하여 '6회독 학습 효과'**를 내는 40일치 학습 계획표**입니다.

* **기본 학습**은 'REPEAT I부터 학습하기' 전략에 따라 본책의 DAY별 전 코너를 학습하는 계획입니다.
* **반복 학습**은 미니 단어장을 활용하여 복습하는 방식으로 구성합니다. 개별 학습 패턴에 따라 일차별 코너를 선택하거나, 암기 보조 장치를 반복 학습으로 활용하는 것도 가능합니다.
* 학습을 마무리하면 ~~DAY 01~~ 과 같이 완료 표시를 하면서 끝까지 완주해 보세요!

DAY 01 6회독!

	1일차	2일차	3일차	4일차	5일차	6일차	7일차	8일차
기본 학습 (REPEAT I,II)	DAY 01	DAY 02	DAY 03	DAY 04	DAY 05	DAY 06	DAY 07	DAY 08
반복 학습 (ex.미니 단어장)		DAY 01	DAY 02	DAY 03	DAY 04	DAY 05	DAY 06	DAY 07
	9일차	10일차	11일차	12일차	13일차	14일차	15일차	16일차
기본 학습	DAY 09	DAY 10	DAY 11	DAY 12	DAY 13	DAY 14	DAY 15	DAY 16
반복 학습	DAY 08	DAY 09	DAY 10	DAY 11	DAY 12	DAY 13	DAY 14	DAY 15
	17일차	18일차	19일차	20일차	21일차	22일차	23일차	24일차
기본 학습	DAY 17	DAY 18	DAY 19	DAY 20	DAY 21	DAY 22	DAY 23	DAY 24
반복 학습	DAY 16	DAY 17	DAY 18	DAY 19	DAY 20	DAY 21	DAY 22	DAY 23
	25일차	26일차	27일차	28일차	29일차	30일차	31일차	32일차
기본 학습	DAY 25	DAY 26	DAY 27	DAY 28	DAY 29	DAY30	DAY 31	DAY 32
반복 학습	DAY 24	DAY 25	DAY 26	DAY 27	DAY 28	DAY 29	DAY 30	DAY 01~05
	33일차	34일차	35일차	36일차	37일차	38일차	39일차	40일차
기본 학습	DAY 33	DAY 34	DAY 35	DAY 36	DAY 37	DAY 38	DAY 39	DAY 40
반복 학습	DAY 06~10	DAY 11~15	DAY 16~20	DAY 21~25	DAY 26~30	DAY 01~15	DAY 16~30	

미암기 단어 위주로 누적 반복 학습

제안 2 학습 계획표 REPEAT II 부터 학습 + 3-Minute Check/미니 단어장

REPEAT II의 빈출도순 어휘를 '영단어 - 뜻' 위주로 암기하고,
REPEAT I의 일차별 코너 중 **3-Minute Check나 미니 단어장을 반복 학습으로 복습**함으로써
'2회독 학습 효과'를 내는 20일치 학습 계획표입니다.

	1일차	2일차	3일차	4일차	5일차	6일차	7일차
기본 학습 (REPEAT II)	DAY 31	DAY 32	DAY 33	DAY 34	DAY 35	DAY 36	DAY 37
반복 학습 (REPEAT I)	*DAY 01~02*	*DAY 03~04*	*DAY 05~06*	*DAY 07~08*	*DAY 09~10*	*DAY 11~12*	*DAY 13~14*
	8일차	9일차	10일차	11일차	12일차	13일차	14일차
기본 학습	DAY 38	DAY 39	DAY 40 (01~100)	DAY 40 (101~200)	DAY 40 (201~300)	DAY 39	DAY 38
반복 학습	*DAY 15~16*	*DAY 17~18*	*DAY 19~20*	*DAY 21~22*	*DAY 23~24*	*DAY 25~26*	*DAY 27~28*
	15일차	16일차	17일차	18일차	19일차	20일차	
기본 학습	DAY 37	DAY 36	DAY 35	DAY 34	DAY 33	DAY 32~31	
반복 학습	*DAY 29~30*	*DAY 01~10*	*DAY 11~20*	*DAY 21~30*	*DAY 01~30 미암기 단어*		

자신에게 맞는 방법과 코너로 구성된 **나만의 학습 계획표**를 짜서 스스로 암기해 보세요!

	1일차	2일차	3일차	4일차	5일차	6일차	7일차	8일차
기본 학습								
반복 학습								
	9일차	10일차	11일차	12일차	13일차	14일차	15일차	16일차
기본 학습								
반복 학습								
	17일차	18일차	19일차	20일차	21일차	22일차	23일차	24일차
기본 학습								
반복 학습								
	25일차	26일차	27일차	28일차	29일차	30일차	31일차	32일차
기본 학습								
반복 학습								
	33일차	34일차	35일차	36일차	37일차	38일차	39일차	40일차
기본 학습								
반복 학습								

REPEAT

I

주제별
중등 고난도
어휘

단어를 암기할 때 **앞뒤쪽 책날개**를 뜯어서
단어 뜻 가리개로 활용하세요.

사람, 가족, 인생

오늘 학습할 단어를 공부하고, 가리개를 사용해서 암기해 보세요.

001 **childhood** [tʃáildhùd]

명 어린 시절

Can you tell me about your **childhood**? 교과서
너의 **어린 시절**에 대해 말해 줄래?

---

002 **adopt** [ədάpt]

동 입양하다; 채택하다

Lisa **adopted** four children with special needs.
학평 Lisa는 특수 교육이 필요한 네 명의 아이들을 **입양했다**.

+ adoption 명 입양; 채택

VOCA TIP
adapt(맞추다; 적응하다)와 혼동하지 마세요!

---

003 **marriage** [mǽridʒ]

명 결혼

Today is my first day of **marriage**. 교과서
오늘이 나의 **결혼** 첫날이다.

+ marry 동 결혼하다
↔ divorce 명 이혼

학평 빈출

004 **engage** [engéidʒ]

동 관여하다; 약속하다; 약혼시키다

Animals as well as humans **engage** in play activities. 학평
인간뿐만 아니라 동물도 놀이 활동에 **관여한다**.

» be engaged to ~와 약혼하다
+ engagement 명 약혼; 약속

engage는 engage in activities[events] 등 '어떤 활동이나 행사 등에 관여[참여, 종사]하다'라는 뜻으로 다양한 주제의 학평 지문에 자주 쓰였고, be engaged in 형태로도 자주 등장했어요.

---

005 **pregnant** [prégnənt]

형 임신한

Some **pregnant** women drink carrot juice every day for their health. 학평
어떤 **임신한** 여성들은 건강을 위해 매일 당근 주스를 마신다.

+ pregnancy 명 임신

VOCA TIP
pregnant보다 일상적인 표현으로 expecting을 쓸 수 있어요.

---

006 **celebrate** [séləbrèit]

동 기념하다, 축하하다

We **celebrated** June 6 in our class. 교과서
우리는 학급에서 6월 6일을 **기념했다**.

+ celebration 명 기념, 축하

VOCA TIP
특정한 날이나 사건을 축하할 때는 celebrate를 쓰고, 사람에게 축하를 할 때는 congratulate를 써야 해요.

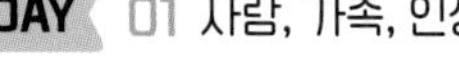

How Different

007 ☐☐ **occasion** [əkéiʒən]

명 행사; 때, 경우

Save great wine for special **occasions**. 학평
특별한 **행사**를 위해 좋은 와인을 아껴 두세요.

» on occasion 가끔
+ occasional 형 가끔의, 때때로의

VOCA TIP
* a social occasion 사교 행사
* on this occasion 이때에는

008 ☐☐ **anniversary** [æ̀nəvə́ːrsəri]

명 기념일

We will launch a new logo to celebrate our 10th **anniversary**. 학평
저희는 10주년 **기념일**을 기념하여 새 로고를 출시할 것입니다.

- occasion 특별한 행사나 의식을 가리킴
- anniversary '~주년 기념일'처럼 행사가 열렸던 날을 기억하고 축하하는 날짜를 가리킴

009 ☐☐ **individual** [ìndəvídʒuəl]

형 개개의; 개인적인 명 개인

Help your children see their **individual** gifts.
EBS 자녀들이 그들 **개개인의** 재능을 보도록 도와라.

+ individuality 명 개성

010 ☐☐ **personality** [pə̀rsənǽləti]

명 성격; 개성

Some clothes show people your **personality**.
성취도 어떤 옷들은 사람들에게 당신의 **성격**을 보여 준다.

+ personal 형 개인적인
= character 명 성격, 기질

VOCA TIP
접미사 -ity는 형용사에 붙어 '특성, 상태'의 의미를 더한 명사를 만들어요.

011 ☐☐ **trait** [treit]

명 특성, 특징

Athletes can develop positive character **traits** through training. 학평
선수들은 훈련을 통해 긍정적인 성격 **특성**을 발달시킬 수 있다.

= feature 명 특징, 특색

012 ☐☐ **senior** [síːnjər]

형 손위의; 선배의 명 연장자

I visit **senior** citizens who live alone. 교과서
나는 혼자 사시는 **노**인들을 방문한다.

↔ junior 형 손아래의; 후배의 명 손아랫사람

VOCA TIP
old man의 완곡한 표현으로, 특히 미국에서 senior citizen이라는 표현을 써요.

013 **relationship** [riléiʃənʃip]

명 관계, 관련

Do you want to have good **relationships** with others? 성취도

당신은 다른 사람들과 좋은 **관계**를 갖길 원하세요?

» relationship between A and B A와 B 사이의 관계

= connection 명 관계, 관련

014 **relative** [rélətiv]

명 친척 형 상대적인

Forman was raised by his **relatives**. 수능

Forman은 **친척들**에 의해 길러졌다.

= relation 명 친척; 관계

015 **resemble** [rizémbl]

동 닮다, 비슷하다

Your face **resembles** your father's. 학평

너의 얼굴은 네 아버지의 얼굴을 **닮았다**.

VOCA TIP 진행형과 수동태로는 쓰지 않아요.

016 **treat** [triːt]

동 대하다; 대접하다

James tries to **treat** his students fairly. 교과서

James는 그의 학생들을 공평하게 **대하려고** 노력한다.

+ treatment 명 대우; 대접

VOCA TIP 핼러윈에 아이들이 집집마다 문을 두드리며 Trick or treat!(사탕 안 주면 장난칠 거예요!)라고 말해요.

017 **contact** [kántækt]

동 연락하다; 접촉하다 명 연락; 접촉

If you have any questions, feel free to **contact** me. 교과서

질문이 있으시면 저에게 언제든지 **연락하세요**.

» come into contact 아는 사이가 되다

keep[stay] in contact 연락을 유지하다

VOCA TIP contact는 사람과의 정기적인 연락을 뜻하는 '접촉'의 의미와 사물과 닿는 것을 뜻하는 '(물리적) 접촉'의 의미가 있어요.

018 **rely** [rilái]

동 의지하다; 믿다

Many teenagers **rely** heavily on online recommendations. 학평

많은 십 대들은 온라인 권고에 크게 **의지한다**.

» rely on ~에 의지하다

+ reliable 형 믿을 만한

= depend 동 의지하다

019 **quarrel** [kwɔ́:rəl]

㉮ 말다툼 ㉯ 다투다

Noisy **quarrel** took place at the ticket counter.
학평 시끄러운 **말다툼**이 매표소에서 일어났다.

= argument ㉮ 말다툼

VOCA TIP quarrel은 잠깐의 말다툼을 가리키고 신체적 싸움에는 fight를 써요.

020 **spoil** [spɔil]

㉯ 망치다; 버릇없게 기르다

No one wants to risk **spoiling** the good time.
EBS 좋은 시간을 **망치는** 위험을 감수하고 싶은 사람은 아무도 없다.

» Too many cooks spoil the broth.
사공이 많으면 배가 산으로 올라간다.

= ruin ㉯ 망치다

021 **experience** [ikspíəriəns]

㉯ 경험하다 ㉮ 경험

Do you want to **experience** the real Korea?
교과서 여러분은 진정한 한국을 **경험하고** 싶으신가요?

↔ inexperience ㉮ 경험 부족, 미숙

022 **succeed** [səksíd]

㉯ 성공하다; 뒤를 잇다

She wasn't sure if she could **succeed**. 교과서
그녀는 자신이 **성공할** 수 있을지 확신할 수 없었다.

» succeed as A A로서 성공하다
\+ success ㉮ 성공
↔ fail ㉯ 실패하다

023 **fate** [feit]

㉮ 운명, 숙명

One penguin's destiny changes the **fate** of all the others. 학평
한 펭귄의 운명이 다른 모든 펭귄들의 **운명**을 바꾼다.

\+ fatal ㉱ 죽음을 초래하는; 치명적인
= destiny ㉮ 운명, 숙명

VOCA TIP 운명에 따라 일어나는, 특히 좋지 않은 일을 가리키고 '파멸, 죽음'을 뜻하기도 해요.

024 **wisdom** [wízdəm]

㉮ 지혜, 현명함

We can find **wisdom** from books. 교과서
우리는 책에서 **지혜**를 찾을 수 있다.

\+ wise ㉱ 현명한, 슬기로운

VOCA TIP 접미사 -dom은 형용사에 붙어 '상태'의 의미를 더한 명사를 만들어요.

025 **capable**
[kéipəbl]

㉯ ~할 수 있는; 유능한

She is **capable** of solving many complex problems. 학평
그녀는 많은 복잡한 문제들을 해결**할 수 있다**.

- be capable of -ing ~할 수 있다
- incapable ㉯ 무능한
- competent ㉯ 유능한

VOCA TIP
접미사 -able은 '가능'의 의미를 더하는 형용사를 만들어요.

학평 빈출

026 **challenge**
[tʃǽlindʒ]

㉰ 도전 ㉱ 도전하다

Life is filled with many risks and **challenges**. 학평
인생은 많은 위험과 **도전**으로 가득 차 있다.

challenge는 (1) '(사람의 능력을 시험하는) 도전, 난제'라는 의미와 (2) '(경쟁, 결투 등을 제기하는) 도전'이라는 의미가 있는데 주제나 제목을 찾는 유형에서 주로 (1)의 의미로 출제되었어요.

027 **pursue**
[pərsúː]

㉱ 추구하다

Coleman helped the next generation to **pursue** their dreams of flying. 학평
Coleman은 다음 세대가 비행의 꿈을 **추구하도록** 도왔다.

- pursuit ㉰ 추구

028 **fulfill**
[fulfíl]

㉱ 이루다; 이행하다; 충족시키다

You can help other people **fulfill** their dreams.
여러분은 다른 사람들이 그들의 꿈을 **이루도록** 도울 수 있다.

- fulfillment ㉰ 달성; 수행; 성취감

VOCA TIP
* fulfill one's hopes 소망을 이루다
* fulfill one's duty 임무를 수행하다
* fulfill one's expectation 기대를 충족시키다

029 **funeral**
[fjúːnərəl]

㉰ 장례식

A number of people attended the **funeral**.
많은 사람들이 그 **장례식**에 참석했다.

030 **grave**
[greiv]

㉰ 무덤, 묘

He cried at the **grave** of his mother.
그는 그의 어머니의 **무덤** 앞에서 울었다.

- from the cradle to the grave 요람에서 무덤까지
- tomb ㉰ 무덤, 묘

DAY 01

사람, 가족, 인생

Use Words

빈칸을 채우며 단어를 외우고, 쓰면서 한 번 더 익히세요.

01 tell me about your __________
내게 네 어린 시절에 대해 말하다

02 __________ children 아이들을 입양하다

03 the first day of __________ 결혼 첫날

04 __________ in play activities 놀이 활동에 관여하다

05 carrot juice for __________ women
임신한 여성들을 위한 당근 주스

06 __________ June 6 6월 6일을 기념하다

07 special __________s 특별한 행사

08 our 10th __________ 우리의 10주년 기념일

09 their __________ gifts 그들 개개인의 재능

10 show your __________ 당신의 성격을 보여 주다

11 character __________s 성격 특성

12 visit __________ citizens 노인들을 방문하다

13 have good __________s with others
다른 사람들과 좋은 관계를 가지다

14 be raised by his __________s
그의 친척들에 의해 길러지다

15 __________ your father's face
네 아버지의 얼굴을 닮다

childhood childhood
adopt
marriage
engage
pregnant
celebrate
occasion
anniversary
individual
personality
trait
senior
relationship
relative
resemble

16 __________ his students fairly | treat
그의 학생들을 공평하게 **대하다**

17 Feel free to __________ me. | contact
저에게 언제든지 **연락하세요.**

18 __________ on online recommendations | rely
온라인 권고에 **의지하다**

19 noisy __________ 시끄러운 **말다툼** | quarrel

20 __________ the good time 좋은 시간을 **망치다** | spoil

21 __________ the real Korea 진정한 한국을 **경험하다** | experience

22 if she could __________ 그녀가 **성공할** 수 있을지 | succeed

23 change the __________ **운명**을 바꾸다 | fate

24 find __________ from books 책에서 **지혜**를 찾다 | wisdom

25 __________ of solving problems | capable
문제들을 해결할 **수 있는**

26 many risks and __________s 많은 위험과 **도전** | challenge

27 __________ their dreams of flying | pursue
그들의 비행의 꿈을 **추구하다**

28 __________ their dreams 그들의 꿈을 **이루다** | fulfill

29 attend the __________ **장례식**에 **참석하다** | funeral

30 the __________ of his mother 그의 어머니의 **무덤** | grave

DAY 01

사람, 가족, 인생

3-Minute Check

오늘 학습한 단어와 뜻을 최종적으로 암기했는지 확인하세요!

			Check
001	childhood	명 어린 시절	☐
002	adopt	동 입양하다; 채택하다	☐
003	marriage	명 결혼	☐
004	engage	동 관여하다; 약속하다; 약혼시키다	☐
005	pregnant	형 임신한	☐
006	celebrate	동 기념하다, 축하하다	☐
007	occasion	명 행사; 때, 경우	☐
008	anniversary	명 기념일	☐
009	individual	형 개개의; 개인적인 명 개인	☐
010	personality	명 성격; 개성	☐
011	trait	명 특성, 특징	☐
012	senior	형 손위의; 선배의 명 연장자	☐
013	relationship	명 관계, 관련	☐
014	relative	명 친척 형 상대적인	☐
015	resemble	동 닮다, 비슷하다	☐

			Check
016	treat	동 대하다; 대접하다	☐
017	contact	동 연락하다; 접촉하다 명 연락; 접촉	☐
018	rely	동 의지하다; 믿다	☐
019	quarrel	명 말다툼 동 다투다	☐
020	spoil	동 망치다; 버릇없게 기르다	☐
021	experience	동 경험하다 명 경험	☐
022	succeed	동 성공하다; 뒤를 잇다	☐
023	fate	명 운명, 숙명	☐
024	wisdom	명 지혜, 현명함	☐
025	capable	형 ~할 수 있는; 유능한	☐
026	challenge	명 도전 동 도전하다	☐
027	pursue	동 추구하다	☐
028	fulfill	동 이루다; 이행하다; 충족시키다	☐
029	funeral	명 장례식	☐
030	grave	명 무덤, 묘	☐

외우지 않은 단어가 있으면 **미니 단어장**에서 다시 한번 정리해 보세요.

성격, 태도

오늘 학습할 단어를 공부하고, 가리개를 사용해서 암기해 보세요.

031 **attitude** [ǽtitjùːd]

㉧ 태도, 자세

The most important thing is having a positive **attitude**. 성취도

가장 중요한 것은 긍정적인 **태도**를 갖는 것이다.

032 **confident** [kάnfidənt]

㉳ 자신감 있는; 확신하는

I was **confident** that I would make a great presentation. 교과서

나는 멋진 발표를 할 것이라는 **자신감이 있었다**.

➕ confidence ㉧ 자신감; 신뢰; 확신

VOCA TIP

* a confident speaker 자신감 있는 연설가
* confident of victory 승리를 확신하는

033 **behave** [bihéiv]

㉠ 행동하다; 처신하다

Feeling of being watched may cause people to **behave** differently. 수능

감시받는 느낌은 사람들을 다르게 **행동하게** 할지도 모른다.

➕ behavior ㉧ 행동, 행실

〓 act ㉠ 행동하다

VOCA TIP

behave well(예의 바르게 행동하다), behave badly(버릇없이 굴다)처럼 행실을 말할 때 주로 쓰여요.

034 **arrogant** [ǽrəgənt]

㉳ 거만한, 건방진

Not paying attention to everyone doesn't mean you're **arrogant**. 학평

모든 사람에게 주의를 기울이지 않는 것이 당신이 **거만하다는** 의미는 아니다.

035 **humble** [hʌ́mbl]

㉳ 겸손한; 초라한

Intellectually **humble** people want to learn more. 학평

지적으로 **겸손한** 사람들은 더 배우기를 원한다.

〓 modest ㉳ 겸손한

036 **attractive** [ətrǽktiv]

㉳ 매력적인

What makes you look **attractive**? 학평

무엇이 여러분을 **매력적으로** 보이게 하나요?

➕ attraction ㉧ 매력; 명소

VOCA TIP

attractive는 사람의 외모나 성격뿐만 아니라 물건이나 장소에도 쓸 수 있어요.

037 □□ **characteristic** [kæ̀riktərístik]

[명] 특징 [형] 특유의

Change is a general **characteristic** of human thought. [EBS]
변화는 인간 사고의 일반적인 **특징**이다.

How Different

038 □□ **thoughtful** [θɔ́ːtfəl]

[형] 사려 깊은, 생각이 깊은

You can think of something **thoughtful** to do for someone. [학평]
당신은 누군가를 위한 **사려 깊은** 할 일을 생각할 수 있다.

[↔] **thoughtless** [형] 사려 깊지 못한

VOCA TIP
접미사 -ful은 명사 뒤에 붙어 '~의 성격을 지닌, ~이 가득한'이라는 뜻의 형용사를 만들어요.

039 □□ **considerate** [kənsídərit]

[형] 배려심 있는; 사려 깊은

It was very **considerate** of her to wait.
그녀가 기다려 준 것은 **배려심 있는** 행동이었다.

[+] **consideration** [명] 고려; 배려
[↔] **inconsiderate** [형] 사려 깊지 못한

VOCA TIP
considerable(상당한)과 혼동하지 마세요!

- **thoughtful** 상대에게 무엇이 필요할지 미리 생각하고 도와주려는 것을 의미함
- **considerate** 상대의 기분과 감정을 배려해서 말하고 행동하는 것을 의미함

040 □□ **patient** [péiʃənt]

[형] 인내심 있는 [명] 환자

Be **patient** and wait for your food. [교과서]
인내심을 갖고 음식을 기다리세요.

[+] **patience** [명] 인내심
[↔] **impatient** [형] 참을성 없는

041 □□ **sincere** [sinsíər]

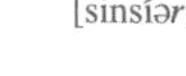

[형] 진실한

Show your **sincere** heart to your friends. [성취도]
당신의 **진실한** 마음을 친구에게 보여 주세요.

[+] **sincerity** [명] 성실, 진심
[↔] **insincere** [형] 진실하지 않은

042 □□ **devote** [divóut]

[동] 쏟다, 바치다

He **devoted** his attention to me. [학평]
그는 나에게 관심을 **쏟았다**.

[»] **devote oneself to** ~에 한 몸 바치다
[+] **devotion** [명] 헌신; 전념

VOCA TIP
어떤 일에 시간이나 노력 등을 바치거나 몰두하는 것을 의미해요.

043 □□ **diligent**
[dílidʒənt]

㉻ **근면한, 부지런한**

Peter is quite a **diligent** farmer. 수능
Peter는 매우 **부지런한** 농부이다.

↔ idle ㉻ 게으른

VOCA TIP
diligent보다 일상적인 표현으로 hardworking을 써요.

044 □□ **eager**
[íːgər]

㉻ **열망하는; 열심인**

I was **eager** to write a story about the orchestra. 교과서
나는 그 오케스트라에 대한 이야기를 쓰기를 **열망했다**.

+ eagerness ㉮ 열망; 열심

학평 빈출

045 □□ **honesty**
[ánisti]

㉮ **정직, 솔직**

Honesty is a basic part of every strong relationship. 학평
정직은 모든 굳건한 관계의 근본적인 부분이다.

+ honest ㉻ 정직한

대인 관계, 사회생활에 관한 지문에 주로 나오며, 제목이나 주제를 찾는 유형의 선택지에 자주 출제되었어요.

VOCA TIP
접미사 -y는 형용사에 붙어 '~의 성질, 상태'의 뜻을 더한 명사를 만들어요.

046 □□ **generous**
[dʒénərəs]

㉻ **후한, 너그러운**

He is neither too **generous** nor too cheap. 학평
그는 너무 **후하지도** 너무 인색하지도 않다.

+ generosity ㉮ 후함

VOCA TIP
generous는 돈에 인색하지 않거나 남에게 너그러운 성격을 의미해요.

047 □□ **respect**
[rispékt]

㉯ **존경하다; 존중하다** ㉮ **존경; 존중**

I **respect** my father because he always tries his best. 교과서
나는 내 아버지께서 항상 최선을 다하시기 때문에 그를 **존경한다**.

+ respectful ㉻ 존경심을 보이는

048 □□ **graceful**
[gréisfəl]

㉻ **우아한, 품위 있는**

When done well, both reading and skiing are **graceful**. 학평
잘 한다면 독서와 스키 타기 둘 다 **우아하다**.

= elegant ㉻ 우아한, 품위 있는

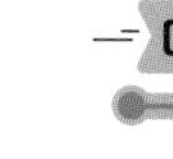

049 **willing** [wíliŋ]

㊗ 기꺼이 ~하는

I'm **willing** to follow the rules for borrowing.
교과서 나는 빌리기 규칙을 **기꺼이** 따르겠다.

- be willing to do 기꺼이 ~하다
- willingness ⓜ 기꺼이 하는 마음
- unwilling ⓗ 꺼리는

VOCA TIP 의지의 조동사 will에서 파생된 형용사예요.

050 **cautious** [kɔ́ːʃəs]

ⓗ 조심스러운, 신중한

She was **cautious** not to lose her son in the market. 수능
그녀는 시장에서 아들을 잃어버리지 않기 위해 **조심했다**.

- caution ⓜ 조심; 경고
- careful ⓗ 조심스러운

051 **responsible** [rispánsəbl]

ⓗ 책임이 있는

The reporter wrote that Nobel was **responsible** for the deaths of many people. 교과서
그 기자는 노벨이 많은 사람들의 죽음에 **책임이 있다고** 썼다.

- responsibility ⓜ 책임
- irresponsible ⓗ 무책임한

학평 빈출

052 **negative** [négətiv]

ⓗ 부정적인

We should learn how to deal with **negative** feelings. 학평
우리는 **부정적인** 감정을 다루는 법을 배워야 한다.

- positive ⓗ 긍정적인

negative effects[aspects, consequences](부정적 영향[측면, 결과]) 등의 표현이 지문과 선택지에 자주 등장하며 빈칸에 들어갈 말이나 주제 찾기 유형으로 자주 출제되었어요.

VOCA TIP 의학 테스트 결과의 '음성/양성'을 말할 때에도 negative/positive를 써요.

053 **ambitious** [æmbíʃəs]

ⓗ 야심적인

He was **ambitious** when he was on the football team. 성취도
그는 축구팀에 있었을 때 **야심적**이었다.

- ambition ⓜ 야심, 야망

VOCA TIP 접미사 -ous는 명사 뒤에 붙어 '~의 특징을 가진, ~으로 가득 찬'이라는 뜻의 형용사를 만들어요.

054 **cruel** [krúːəl]

ⓗ 잔인한, 무자비한

The man was unkind and **cruel** to his servants.
학평 그 남자는 그의 하인들에게 불친절하고 **잔인했다**.

055 **odd** [ɑd]

㉻ 이상한; 홀수의; 이따금의

I thought his question was **odd**. 교과서

나는 그의 질문이 **이상하다고** 생각했다.

= **strange** ㉻ 이상한

VOCA TIP

* an odd person 이상한 사람[괴짜]
* odd numbers 홀수
* odd jobs 임시직

056 **energetic** [ènərdʒétik]

㉻ 활기 있는, 정력적인

You look so **energetic** even after running for a long time. 학평

너는 오래 뛰고 난 후에도 아주 **활기 있어** 보인다.

= **active** ㉻ 활동적인

057 **resist** [rizíst]

㉸ 저항하다; 견디다

Athletes **resist** the temptation to win in a dishonest way. 학평

선수들은 부정직한 방식으로 승리하고자 하는 유혹에 **저항한다**.

+ **resistance** ㉹ 저항(력)

resist는 '(공격 등에) 저항하다, (병·화학 작용 등을) 견뎌 내다, (유혹 등을) 견디다'의 뜻으로 쓰여요.

058 **withstand** [wiðstǽnd]

㉸ 견디다, 버티다

He could not **withstand** attacks on his leadership.

그는 자신의 지도력에 대한 공격을 **견딜** 수 없었다.

= **endure** ㉸ 견디다

059 **keen** [kiːn]

㉻ 열심인; 예민한

She is a very **keen** student and studies very hard.

그녀는 매우 **열심인** 학생이고 매우 열심히 공부한다.

060 **hostile** [hɑ́stəl, hɑ́stail]

㉻ 적대적인; 반대하는

The men were **hostile** towards the stranger.

그 남자들은 그 이방인에게 **적대적**이었다.

+ **hostility** ㉹ 적개심

식물이 자라기 어려운 환경을 말할 때 hostile conditions라고 해요.

DAY 02

성격, 태도

Use Words

빈칸을 채우며 단어를 외우고, 쓰면서 한 번 더 익히세요.

01 a positive ____________ 긍정적인 태도 | attitude attitude

02 a ____________ speaker 자신감 있는 연설가 | confident

03 ____________ differently 다르게 행동하다 | behave

04 mean you're ____________ 당신이 거만하다는 것을 의미하다 | arrogant

05 intellectually ____________ people 지적으로 겸손한 사람들 | humble

06 look ____________ 매력적으로 보이다 | attractive

07 a general ____________ 일반적인 특징 | characteristic

08 think of something ____________ 사려 깊은 일을 생각하다 | thoughtful

09 a ____________ person 배려심 있는 사람 | considerate

10 be ____________ and wait 인내심을 갖고 기다리다 | patient

11 show your ____________ heart 당신의 진실한 마음을 보여 주다 | sincere

12 ____________ his attention 그의 관심을 쏟다 | devote

13 a ____________ farmer 부지런한 농부 | diligent

14 ____________ to write 쓰기를 열망하는 | eager

15 ____________ for a strong relationship 굳건한 관계를 위한 정직 | honesty

16 neither __________ nor cheap
후하지도 인색하지도 않은

17 __________ my father 내 아버지를 **존경하다**

18 a __________ skier **우아한** 스키 선수

19 __________ to follow the rules
그 규칙들을 **기꺼이** 따르는

20 __________ not to lose her son
그녀의 아들을 잃어버리지 않기 위해 **조심하는**

21 __________ for the death 그 죽음에 **책임이 있는**

22 __________ feelings **부정적인** 감정

23 __________ football players **야심적인** 축구 선수들

24 __________ to his servants 그의 하인들에게 **잔인한**

25 an __________ question **이상한** 질문

26 look so __________ 아주 **활기 있어** 보이다

27 __________ the temptation 유혹에 **저항하다**

28 __________ attacks 공격을 **견디다**

29 a very __________ student 매우 **열심인** 학생

30 __________ towards the stranger
그 이방인에게 **적대적인**

generous
respect
graceful
willing
cautious
responsible
negative
ambitious
cruel
odd
energetic
resist
withstand
keen
hostile

DAY 02

성격, 태도

3-Minute Check

오늘 학습한 단어와 뜻을 최종적으로 암기했는지 확인하세요!

			Check
031	attitude	명 태도, 자세	☐
032	confident	형 자신감 있는; 확신하는	☐
033	behave	동 행동하다; 처신하다	☐
034	arrogant	형 거만한, 건방진	☐
035	humble	형 겸손한; 초라한	☐
036	attractive	형 매력적인	☐
037	characteristic	명 특징 형 특유의	☐
038	thoughtful	형 사려 깊은, 생각이 깊은	☐
039	considerate	형 배려심 있는; 사려 깊은	☐
040	patient	형 인내심 있는 명 환자	☐
041	sincere	형 진실한	☐
042	devote	동 쏟다, 바치다	☐
043	diligent	형 근면한, 부지런한	☐
044	eager	형 열망하는; 열심인	☐
045	honesty	명 정직, 솔직	☐

			Check
046	generous	형 후한, 너그러운	☐
047	respect	동 존경하다; 존중하다 명 존경; 존중	☐
048	graceful	형 우아한, 품위 있는	☐
049	willing	형 기꺼이 ~하는	☐
050	cautious	형 조심스러운, 신중한	☐
051	responsible	형 책임이 있는	☐
052	negative	형 부정적인	☐
053	ambitious	형 야심적인	☐
054	cruel	형 잔인한, 무자비한	☐
055	odd	형 이상한; 홀수의; 이따금의	☐
056	energetic	형 활기 있는, 정력적인	☐
057	resist	동 저항하다; 견디다	☐
058	withstand	동 견디다, 버티다	☐
059	keen	형 열심인; 예민한	☐
060	hostile	형 적대적인; 반대하는	☐

외우지 않은 단어가 있으면 **미니 단어장**에서 다시 한번 정리해 보세요.

기분, 감정

오늘 학습할 단어를 공부하고, 가리개를 사용해서 암기해 보세요.

061 **concern** [kənsə́ːrn]

명 걱정 동 걱정시키다

We have some **concerns** about our personal information. 교과서

우리는 우리의 개인 정보에 대해 몇 가지 **걱정**이 있다.

= **worry** 명 걱정, 근심 동 걱정시키다

062 **relieve** [rilíːv]

동 (고통 등을) 덜다; 안도하게 하다

Emma cleans the house to **relieve** her stress.

교과서 Emma는 스트레스를 **풀기** 위해 집을 청소한다.

+ **relief** 명 경감; 안도

VOCA TIP 통증을 덜어 준다는 의미로 진통제를 pain reliever라고 해요.

063 **appreciate** [əpríːʃièit]

동 고마워하다; 감상하다

I really **appreciate** your help. 교과서

저는 당신이 도와주셔서 정말 **고맙습니다**.

+ **appreciation** 명 감사; 감상

VOCA TIP appreciate는 누군가가 한 행위에 감사를 표현할 때 주로 써요.

064 **disappointed** [dìsəpɔ́intid]

형 실망한

After he lost the game, he felt **disappointed**.

교과서 경기에서 진 후에, 그는 **실망감**을 느꼈다.

학평 빈출

065 **comfort** [kʌ́mfərt]

명 안락, 편안 동 위로하다

If you're staying in your **comfort** zone, you're not going to move forward. 학평

당신이 **안락** 지대에 머무르고 있다면, 당신은 앞으로 나아가지 못할 것이다.

+ **comfortable** 형 편안한

어렵거나 낯선 일을 하지 않고 안주하는 상태를 comfort zone이라고 해요. 학평에서는 이 상태에서 벗어나 도전해야 한다는 요지의 지문이 주로 출제되었어요.

066 **pleasant** [plézənt]

형 즐거운, 쾌적한

We will do our best to make your trip **pleasant**.

성취도 저희가 여러분의 여행을 **즐겁게** 하기 위해 최선을 다할게요.

+ **pleasure** 명 기쁨, 즐거움

↔ **unpleasant** 형 불쾌한

067 **depressed** [diprést]

㉿ 우울한; 불경기의

I'm **depressed** because I made the mistake.
학평 나는 그 실수를 저질렀기 때문에 **우울하다**.

+ depression ⓜ 우울증; 불경기

068 **temper** [témpər]

ⓜ 기질, 성질; 화

The boy's parents were concerned about his bad **temper**. 학평
그 소년의 부모는 그의 나쁜 **기질**이 걱정되었다.

VOCA TIP
화를 잘 내고 급한 성미를 가리켜 a quick(short) temper라고 해요.

069 **frighten** [fráitən]

ⓢ 겁먹게 하다

When we make a loud noise, it will **frighten** fish. 학평
우리가 큰 소리를 지르면 그것은 물고기를 **겁먹게 할** 것이다.

VOCA TIP
frighten보다 일상적인 표현으로 scare를 써요.

070 **desperate** [déspərit]

㉿ 절망적인; 자포자기의; 필사적인

Mr. Dickens used his **desperate** experience to write *David Copperfield*. 수능
Dickens 씨는 그의 **절망적인** 경험을 〈David Copperfield〉를 쓰는 데 이용했다.

= hopeless ㉿ 절망적인

071 **satisfy** [sǽtisfài]

ⓢ 만족시키다

It's impossible to **satisfy** everyone around you. 학평
당신 주변의 모든 사람을 **만족시키는** 것은 불가능하다.

+ satisfaction ⓜ 만족

VOCA TIP
* satisfy a condition 조건을 만족하다
* satisfy one's hunger 공복을 채우다

072 **embarrass** [imbǽrəs]

ⓢ 당황하게 하다

The plan would help the child without **embarrassing** him. 학평
그 계획은 그 아이를 **당황하게 하지** 않고 그를 도울 것이다.

+ embarrassing ㉿ 난처한; 당혹스러운

073 **emotion** [imóuʃən]

명 감정

I wonder if dogs can understand human **emotions**. 교과서

나는 개가 인간의 **감정**을 이해할 수 있는지 궁금하다.

➕ emotional 형 감정의; 감정적인

〓 feeling 명 느낌; 감정

VOCA TIP
이메일 등에서 감정을 나타내는 기호인 emoticon은 <emotion + icon>으로 이루어진 단어예요.

How Different

074 **envy** [énvi]

동 부러워하다 명 부러움, 샘

I **envy** you having such a good friend.

나는 그렇게 훌륭한 친구를 가진 네가 **부러워**.

» be green with envy 몹시 샘을 내다

➕ envious 형 부러워하는

075 **jealous** [dʒéləs]

형 질투하는, 시샘하는

The rich merchant heard the story and was **jealous**. 교과서

그 부유한 상인은 그 이야기를 듣고 **질투했다**.

➕ jealousy 명 질투, 시샘

- envy 남의 행운·능력 등을 보고 자신도 그러길 원하고 선망하는 것을 의미함
- jealous 남이 가진 것을 시기하는 마음으로 envious보다 불쾌함을 느끼는 정도가 더 강함

076 **ashamed** [əʃéimd]

형 부끄러워하는

You shouldn't be **ashamed** of failing. 교과서

여러분은 실패하는 것을 **부끄러워하면** 안 된다.

VOCA TIP
ashamed는 죄책감을 느껴 수치스러운 감정을 나타내며, 매우 심각한 상황일 때만 사용해요.

077 **panic** [pǽnik]

동 공포에 질리다 명 극심한 공포, 공황

We began to **panic** because the whole room was shaking. 교과서

방 전체가 흔들렸기 때문에 우리는 **공포에 질리기** 시작했다.

〓 fear 명 공포

VOCA TIP
사회·환경 변화 등으로 인한 공포심에 물건을 사들이는 사재기를 panic buying이라고 해요.

078 **fascinate** [fǽsənèit]

동 마음을 빼앗다

Why do beautiful leaves and flowers **fascinate** us? 수능

왜 아름다운 잎과 꽃들은 우리의 **마음을 빼앗는가**?

➕ fascinating 형 매혹적인

079 **regret** [rigrét]

㊍ 유감스럽게 생각하다; 후회하다 ㊔ 유감; 후회

We **regret** the inconvenience this delayed delivery has caused you. 학평
저희는 이 지연된 배송이 당신에게 일으킨 불편에 대해 **유감스럽게 생각합니다**.

➕ **regretful** ㊕ 유감스러운; 후회하는

regret는 '유감스럽게 생각하다'라는 뜻으로 글의 목적을 묻는 유형의 지문에, 형용사형 regretful은 후회나 유감의 심경을 나타내는 선택지로 자주 출제되었어요.

080 **complain** [kəmpléin]

㊍ 불평하다

Eric stopped **complaining** when he found the interesting plants. 교과서
Eric은 그 흥미로운 식물들을 찾았을 때 **불평하는** 것을 멈추었다.

➕ **complaint** ㊔ 불평

VOCA TIP
비격식적 표현으로 grumble(불평하다, 투덜거리다)을 써요.

081 **mood** [mu:d]

㊔ 기분; 분위기

Someone begins their day in a good **mood**. 학평
누군가는 좋은 **기분**으로 하루를 시작한다.

➕ **moody** ㊕ 침울한; 변덕스러운

VOCA TIP
무언가를 하고 싶지 않아서 그럴 기분이 아니라고 말할 때 I'm not in the mood.라고 해요.

082 **amazed** [əméizd]

㊕ (몹시) 놀란

Artists and scientists were **amazed** by the discovery. 학평
예술가들과 과학자들은 그 발견에 **놀랐다**.

➕ **amazing** ㊕ 놀라운

083 **frustrate** [frʌ́strèit]

㊍ 좌절시키다

Look at what **frustrates** or upsets you. 학평
무엇이 당신을 **좌절시키거나** 화나게 하는지 살펴보세요.

➕ **frustration** ㊔ 좌절감

084 **pride** [praid]

㊔ 자부심, 긍지

Doing our best gives us **pride** and joy. EBS
최선을 다하는 것은 우리에게 **자부심**과 기쁨을 준다.

➕ **proud** ㊕ 자랑스러워하는

VOCA TIP
pride는 '자부심, 긍지'라는 긍정적 의미 외에 '자만심, 오만'이라는 부정적 의미도 있어요.

085 **weep**
[wiːp]

[동] 울다, 눈물을 흘리다

The two middle-aged men were **weeping** together. [학평]
그 두 중년의 남자는 함께 **울고** 있었다.

VOCA TIP
cry의 격식 또는 문어체 표현이에요.

086 **resent**
[rizént]

[동] 분개하다; 원망하다

You will **resent** the person who you cannot say no to. [학평]
여러분은 여러분이 거절할 수 없는 사람에게 **분개할** 것이다.

[+] resentment [명] 분개, 분함

087 **disgust**
[disgʌ́st]

[명] 역겨움, 혐오감 [동] 역겹게 하다

He wrinkled his nose in **disgust** at the smell.
그는 그 냄새가 **역겨워** 코를 찡그렸다.

[+] disgusting [형] 역겨운, 혐오스러운

VOCA TIP
disgust(혐오), dislike(반감)처럼 접두사 dis-는 '반대'의 의미를 더해요.

088 **amuse**
[əmjúːz]

[동] 즐겁게 하다

My funny drawings **amused** the audience.
내 재미있는 그림이 관객을 **즐겁게 했다**.

[+] amusement [명] 즐거움; 오락
[=] entertain [동] 즐겁게 하다

VOCA TIP
놀이공원을 amusement park라고 해요.

089 **marvel**
[mɑ́ːrvəl]

[동] 경탄하다, 놀라다 [명] 놀라운 일

We **marveled** at the beauty of nature.
우리는 자연의 아름다움에 **경탄했다**.

[+] marvelous [형] 놀라운, 경탄할 만한
[=] wonder [동] 경탄하다 [명] 경이

VOCA TIP
marble(대리석)과 혼동하지 마세요!

090 **irritate**
[íritèit]

[동] 짜증나게 하다

His loud voice began to **irritate** me.
그의 큰 목소리가 나를 **짜증나게 하기** 시작했다.

[+] irritation [명] 짜증
[=] annoy [동] 성나게 하다

DAY 03

기분, 감정

Use Words

빈칸을 채우며 단어를 외우고, 쓰면서 한 번 더 익히세요.

01	have some ____________s 몇 가지 걱정이 있다	concern concern
02	____________ her stress 그녀의 스트레스를 덜다	relieve
03	____________ your help 당신의 도움에 감사하다	appreciate
04	____________ about losing 진 것에 실망한	disappointed
05	the ____________ zone 안락 지대	comfort
06	make your trip ____________ 당신의 여행을 즐겁게 하다	pleasant
07	____________ about the mistake 그 실수에 우울한	depressed
08	his bad ____________ 그의 나쁜 기질	temper
09	____________ fish 물고기를 겁먹게 하다	frighten
10	his ____________ experience 그의 절망적인 경험	desperate
11	____________ everyone around you 당신 주변의 모든 사람을 만족시키다	satisfy
12	without ____________ing him 그를 당황하게 하지 않고	embarrass
13	understand human ____________s 인간의 감정을 이해하다	emotion
14	____________ you 너를 부러워하다	envy
15	a ____________ merchant 질투하는 상인	jealous

16 ____________ of failing 실패하는 것을 부끄러워하는 | ashamed

17 begin to ____________ 공포에 질리기 시작하다 | panic

18 flowers that ____________ us | fascinate
우리의 마음을 빼앗는 꽃들

19 ____________ the inconvenience | regret
불편을 유감스럽게 생각하다

20 stop ____________ing 불평하는 것을 멈추다 | complain

21 a good ____________ 좋은 기분 | mood

22 ____________ by the discovery 그 발견에 놀란 | amazed

23 what ____________s you 무엇이 당신을 좌절시키는지 | frustrate

24 give us ____________ 우리에게 자부심을 주다 | pride

25 ____________ together 함께 울다 | weep

26 ____________ the person who you can't say no to | resent
여러분이 거절할 수 없는 사람에게 분개하다

27 wrinkle one's nose in ____________ | disgust
역겨움에 코를 찡그리다

28 ____________ the audience 관객을 즐겁게 하다 | amuse

29 ____________ at the beauty of nature | marvel
자연의 아름다움에 경탄하다

30 his loud voice that ____________s me | irritate
나를 짜증나게 하는 그의 큰 목소리

DAY 03

기분, 감정

3-Minute Check

오늘 학습한 단어와 뜻을 최종적으로 암기했는지 확인하세요!

			Check
061	**concern**	명 걱정 동 걱정시키다	☐
062	**relieve**	동 (고통 등을) 덜다; 안도하게 하다	☐
063	**appreciate**	동 고마워하다; 감상하다	☐
064	**disappointed**	형 실망한	☐
065	**comfort**	명 안락, 편안 동 위로하다	☐
066	**pleasant**	형 즐거운, 쾌적한	☐
067	**depressed**	형 우울한; 불경기의	☐
068	**temper**	명 기질, 성질; 화	☐
069	**frighten**	동 겁먹게 하다	☐
070	**desperate**	형 절망적인; 자포자기의; 필사적인	☐
071	**satisfy**	동 만족시키다	☐
072	**embarrass**	동 당황하게 하다	☐
073	**emotion**	명 감정	☐
074	**envy**	동 부러워하다 명 부러움, 샘	☐
075	**jealous**	형 질투하는, 시샘하는	☐

			Check
076	**ashamed**	형 부끄러워하는	☐
077	**panic**	동 공포에 질리다 명 극심한 공포, 공황	☐
078	**fascinate**	동 마음을 빼앗다	☐
079	**regret**	동 유감스럽게 생각하다; 후회하다 명 유감; 후회	☐
080	**complain**	동 불평하다	☐
081	**mood**	명 기분; 분위기	☐
082	**amazed**	형 (몹시) 놀란	☐
083	**frustrate**	동 좌절시키다	☐
084	**pride**	명 자부심, 긍지	☐
085	**weep**	동 울다, 눈물을 흘리다	☐
086	**resent**	동 분개하다; 원망하다	☐
087	**disgust**	명 역겨움, 혐오감 동 역겹게 하다	☐
088	**amuse**	동 즐겁게 하다	☐
089	**marvel**	동 경탄하다, 놀라다 명 놀라운 일	☐
090	**irritate**	동 짜증나게 하다	☐

외우지 않은 단어가 있으면 **미니 단어장**에서 다시 한번 정리해 보세요.

생각, 사고

오늘 학습할 단어를 공부하고, 가리개를 사용해서 암기해 보세요.

091 **define** [difáin]

(동) **정의하다**

We are not always **defined** by our behavior.
학평 우리가 항상 우리의 행동에 의해 **정의되는** 것은 아니다.

+ definition (명) 정의

---

092 **explain** [ikspléin]

(동) **설명하다**

Can you **explain** in more detail? 교과서
더 자세히 **설명해** 주시겠어요?

+ explanation (명) 설명

VOCA TIP
<ex-(완전히) + plain(평평한) → '평평하게 하다'>에서 유래한 단어로 뭔가를 알기 쉽게 하거나 이유를 확실히 밝힌다는 의미가 있어요.

---

093 **aware** [əwέər]

(형) **알고 있는**

Justin and Sally are **aware** of this issue. 교과서
Justin과 Sally는 이 문제를 **알고 있다**.

+ awareness (명) 의식, 자각
↔ unaware (형) 알지 못하는

VOCA TIP
명사를 수식하는 한정 용법으로는 쓰지 않고 be aware(알고 있다)처럼 서술적 용법으로만 써요.

How Different

094 **belief** [bilíːf]

(명) **믿음, 신념**

An opinion is simply a **belief** or attitude about something. 학평
의견은 단순히 무언가에 대한 **믿음**이나 태도이다.

+ believe (동) 믿다

095 **trust** [trʌst]

(명) **신뢰** (동) **신뢰하다**

Blind **trust** will get us into much trouble. 수능
맹목적인 **신뢰**는 우리를 큰 곤란에 빠뜨릴 것이다.

+ trustworthy (형) 신뢰할 수 있는
↔ distrust (명) 불신 (동) 불신하다

- **belief** 개인적 신념이나 종교적인 믿음 등 확실한 증거 없이 무언가가 진실이라고 생각하는 것을 의미함
- **trust** 특히 인간관계에서 다른 사람의 능력, 진실성, 성격 등에 기반한 신뢰를 의미함

---

096 **certain** [sə́ːrtən]

(형) **확신하는; 확실한; 어떤**

I'm **certain** there're other ways to save money.
학평 저는 돈을 절약할 다른 방법들이 있다고 **확신합니다**.

= sure (형) 확신하는

VOCA TIP
certain이 sure보다 더 격식적이고 더 강한 확신을 나타내요.

097 **prefer**
[prifə́ːr]

㊀ 더 좋아하다, 선호하다

Julie **prefers** the white shoes to the black ones.
교과서 Julie는 검정 구두보다 흰 구두를 **더 좋아한다.**

» prefer A to B B보다 A를 더 좋아하다
+ preference ⑱ 선호

VOCA TIP
구어에서는 like ~ better나 would rather 등의 표현을 더 자주 써요.

098 **conclude**
[kənklúːd]

㊀ 결론을 내리다; 끝내다

Mr. Caro **concluded** that stripes can save zebras from harmful insects. 학평
Caro 씨는 줄무늬가 해충들로부터 얼룩말을 구할 수 있다고 **결론 내렸다.**

+ conclusion ⑱ 결론
= finish ㊀ 끝내다

099 **suppose**
[səpóuz]

㊀ 가정하다; 추측하다

Suppose that you are busy working on a project. 학평
당신이 어떤 프로젝트를 하느라 바쁘다고 **가정해 보라.**

VOCA TIP
구어에서는 'I suppose ~.'의 형태로, 문어에서는 'It is supposed that ~.'의 형태로 주로 써요.

학평 빈출

100 **conscious**
[kánʃəs]

㊂ 의식적인; 의식하는; 의식이 있는

Most of the time, we walk without **conscious** thoughts. 학평
대부분의 경우, 우리는 **의식적인** 생각 없이 걷는다.

+ consciousness ⑱ 의식; 알고 있음
↔ unconscious ㊂ 무의식의; 깨닫지 못하는

a conscious mind[effort, desire](의식적인 마음[노력, 욕구]) 등의 어구와 subconscious(잠재의식의), unconscious(무의식의), consciously(의식적으로) 등의 파생어가 골고루 쓰였고 심리나 자기 계발 등 인문 관련 주제의 지문에 자주 출제되었어요.

101 **concentrate**
[kánsəntrèit]

㊀ 집중하다

You should **concentrate** on your studies. 학평
여러분은 공부에 **집중해야** 한다.

+ concentration ⑱ 집중
= focus ㊀ 집중하다

102 **determine**
[ditə́ːrmin]

㊀ 결정하다

What **determines** the best leadership style?
교과서 무엇이 최고의 지도 방식을 **결정하는가?**

+ determination ⑱ 결정
= decide ㊀ 결정하다

103 **predict** [pridíkt]

동 예측하다

We cannot **predict** the outcomes of sporting contests. 학평
우리는 스포츠 대회의 결과를 **예측할** 수 없다.

+ **predictable** 형 예측할 수 있는
= **forecast** 동 예측하다, 예보하다

predict the outcome[weather, future](결과[날씨, 미래]를 예측하다) 등의 표현이 지문에 자주 등장하고 명사형 prediction, 형용사형 predictable/unpredictable 등이 제목이나 빈칸 유형에 출제되는 경향이 있어요.

104 **consider** [kənsídər]

동 고려하다; 여기다

You can try to **consider** others' feelings. 교과서
당신은 다른 사람의 감정을 **고려하려고** 노력할 수 있다.

+ **consideration** 명 숙고; 배려

VOCA TIP
* all things considered 모든 것을 고려하여
* consider him a hero 그를 영웅으로 여기다

105 **regard** [rigá:rd]

동 여기다 명 고려

Jim Marshall is **regarded** as one of the most famous photographers. 수능
Jim Marshall은 가장 유명한 사진작가들 중 한 명으로 **여겨진다**.

» **regard A as B** A를 B로 여기다
with regard to ~에 관해서는

VOCA TIP
Give him my best regards.(그분께 안부 전해 주세요.)처럼 '안부'의 뜻으로도 쓰여요.

106 **distinguish** [distíŋgwiʃ]

동 구별하다

Psychologists **distinguish** between good stress and bad stress. 수능
심리학자들은 좋은 스트레스와 나쁜 스트레스를 **구별한다**.

» **distinguish between A and B** A와 B를 구별하다
+ **distinction** 명 구별

107 **remind** [rimáind]

동 생각나게 하다

This photo **reminds** me of my hometown. 교과서
이 사진은 나에게 내 고향을 **생각나게 한다**.

» **remind A of B** A에게 B를 생각나게 하다

108 **prejudice** [prédʒədis]

명 편견

We tend to read things that reflect our **prejudices**. EBS
우리는 우리의 **편견**을 반영하는 것들을 읽는 경향이 있다.

= **bias** 명 편견, 선입견

VOCA TIP
<pre-(사전의) + judge(판단)>로 이루어졌어요.

109 **seem**
[siːm]

㊐ **~처럼 보이다, ~인 것 같다**

The man **seems** to know about everything.
교과서 그 남자는 모든 것을 아는 것**처럼 보인다**.

= appear ㊐ ~처럼 보이다, ~인 것 같다

VOCA TIP
진행형으로는 쓰지 않아요.

110 **intend**
[inténd]

㊐ **의도하다**

Are dolphins actually **intending** to be helpful?
학평 돌고래들은 실제로 도움이 되려고 **의도한** 것일까요?

+ intention ㊊ 의도

111 **rational**
[rǽʃənəl]

㊋ **합리적인, 이성적인**

We believe our decisions are based on **rational** thinking. 학평
우리는 우리의 결정이 **합리적인** 사고에 기반한 것이라고 믿는다.

↔ irrational ㊋ 불합리한, 비이성적인
= reasonable ㊋ 타당한, 합리적인

VOCA TIP
접미사 -al은 '~한 성질의, ~와 관련된'이라는 뜻의 형용사를 만들어요.

112 **decision**
[disíʒən]

㊊ **결정; 결단력**

You need to make **decisions** that will change your life. 교과서
당신은 당신의 인생을 바꿀 **결정**을 내려야 한다.

+ decide ㊐ 결정하다

VOCA TIP
* decision by majority 다수결
* a man of decision 결단력 있는 사람

113 **hesitate**
[hézitèit]

㊐ **망설이다, 주저하다**

Why do we **hesitate** to help strangers? 학평
왜 우리는 낯선 사람을 돕기를 **망설이는가**?

+ hesitation ㊊ 망설임, 주저

114 **doubt**
[daut]

㊊ **의심** ㊐ **의심하다**

I have no **doubt** that you will take wonderful pictures. 교과서
나는 네가 멋진 사진들을 찍을 것에 대한 **의심**이 없다.

+ doubtful ㊋ 의심스러운
undoubtedly ㊌ 의심할 여지없이

How Different

115 **recognize** [rékəgnàiz]

㊐ **알아보다; 인정하다**

Charlie neither **recognized** him nor remembered his name. 학평

Charlie는 그를 **알아보지도** 그의 이름을 기억하지도 못했다.

➕ **recognition** ⓜ 인식; 인정

116 **realize** [ríːəlàiz]

㊐ **깨닫다; 실현하다**

I **realized** that baking bread made me feel happy. 교과서

나는 빵을 굽는 것이 나를 행복하게 만든다는 것을 **깨달았다**.

➕ **realization** ⓜ 깨달음; 실현

VOCA TIP

realize 다음에 about이나 of가 오지 않고 바로 목적어가 오며, 진행형으로는 쓰지 않아요.

- **recognize** 예전에 보거나 들은 적이 있어서 알아본 것을 의미함
- **realize** 예전에는 이해하지 못했던 것을 알게 된 것을 의미함

117 **recall** [rikɔ́ːl]

㊐ **떠올리다, 기억해 내다**

Hannah **recalled** the first day of school. 수능

Hannah는 개학 첫날을 **떠올렸다**.

VOCA TIP

하자가 있는 제품을 '회수하다'라는 뜻으로도 쓰여요.

118 **anticipate** [æntísəpèit]

㊐ **예상하다; 기대하다**

You **anticipate** what might happen in the future. 학평

당신은 미래에 무슨 일이 일어날지 **예상한다**.

➕ **anticipation** ⓜ 예상; 기대

⊜ **expect** ㊐ 기대하다

119 **misunderstand** [mìsʌndərstǽnd]

㊐ **오해하다**

Harry might **misunderstand** you if he reads that letter.

Harry가 그 편지를 읽는다면 너를 **오해할지도** 모른다.

➕ **misunderstanding** ⓜ 오해, 착오

VOCA TIP

구어에서 (내 말을) 오해하지 말라고 할 때 Don't get me wrong.이라고 말해요.

120 **meditate** [méditèit]

㊐ **명상하다**

As he **meditated** in silence, his mind cleared.

그가 말없이 **명상하자** 그의 정신이 맑아졌다.

➕ **meditation** ⓜ 명상

DAY 04

생각, 사고

Use Words

빈칸을 채우며 단어를 외우고, 쓰면서 한 번 더 익히세요.

01 ________ us by our behavior
우리의 행동으로 우리를 정의하다
define define

02 ________ in more detail 더 자세히 설명하다
explain

03 ________ of the issue 그 문제를 알고 있는
aware

04 a ________ about something 무언가에 대한 믿음
belief

05 blind ________ 맹목적인 신뢰
trust

06 be ________ that ~ ~을 확신하다
certain

07 ________ the white shoes 흰 구두를 더 좋아하다
prefer

08 ________ that stripes are useful
줄무늬가 유용하다고 결론 내리다
conclude

09 ________ that you are busy
당신이 바쁘다고 가정하다
suppose

10 without ________ thoughts 의식적인 생각 없이
conscious

11 ________ on your studies 공부에 집중하다
concentrate

12 ________ the leadership style
지도 방식을 결정하다
determine

13 ________ the outcomes 결과를 예측하다
predict

14 ________ others' feelings
다른 사람의 감정을 고려하다
consider

15 ________ him as a famous photographer
그를 유명 사진작가로 여기다
regard

16 __________ between A and B A와 B를 구별하다 distinguish

17 __________ me of my hometown remind
나에게 내 고향을 생각나게 하다

18 reflect our __________s 우리의 편견을 반영하다 prejudice

19 __________ to know about everything seem
모든 것을 아는 것처럼 보이다

20 __________ to be helpful 도움이 되려고 의도하다 intend

21 __________ thinking 합리적인 사고 rational

22 make a __________ 결정을 내리다 decision

23 __________ to help strangers hesitate
낯선 사람을 돕기를 망설이다

24 have no __________ 의심이 없다 doubt

25 __________ his face 그의 얼굴을 알아보다 recognize

26 __________ how happy I am realize
내가 얼마나 행복한지 깨닫다

27 __________ the first day of school recall
개학 첫날을 떠올리다

28 __________ what might happen anticipate
무슨 일이 일어날지 예상하다

29 __________ my letter 내 편지를 오해하다 misunderstand

30 __________ in silence 말없이 명상하다 meditate

DAY 04

생각, 사고

3-Minute Check

오늘 학습한 단어와 뜻을 최종적으로 암기했는지 확인하세요!

			Check
091	**define**	동 정의하다	☐
092	**explain**	동 설명하다	☐
093	**aware**	형 알고 있는	☐
094	**belief**	명 믿음, 신념	☐
095	**trust**	명 신뢰 동 신뢰하다	☐
096	**certain**	형 확신하는; 확실한; 어떤	☐
097	**prefer**	동 더 좋아하다, 선호하다	☐
098	**conclude**	동 결론을 내리다; 끝내다	☐
099	**suppose**	동 가정하다; 추측하다	☐
100	**conscious**	형 의식적인; 의식하는; 의식이 있는	☐
101	**concentrate**	동 집중하다	☐
102	**determine**	동 결정하다	☐
103	**predict**	동 예측하다	☐
104	**consider**	동 고려하다; 여기다	☐
105	**regard**	동 여기다 명 고려	☐

			Check
106	**distinguish**	동 구별하다	☐
107	**remind**	동 생각나게 하다	☐
108	**prejudice**	명 편견	☐
109	**seem**	동 ~처럼 보이다, ~인 것 같다	☐
110	**intend**	동 의도하다	☐
111	**rational**	형 합리적인, 이성적인	☐
112	**decision**	명 결정; 결단력	☐
113	**hesitate**	동 망설이다, 주저하다	☐
114	**doubt**	명 의심 동 의심하다	☐
115	**recognize**	동 알아보다; 인정하다	☐
116	**realize**	동 깨닫다; 실현하다	☐
117	**recall**	동 떠올리다, 기억해 내다	☐
118	**anticipate**	동 예상하다; 기대하다	☐
119	**misunderstand**	동 오해하다	☐
120	**meditate**	동 명상하다	☐

외우지 않은 단어가 있으면 **미니 단어장**에서 다시 한번 정리해 보세요.

일상

오늘 학습할 단어를 공부하고, 가리개를 사용해서 암기해 보세요.

121 **alarm** [əlɑ́ːrm]

명 **경보; 경보기; 자명종**

The fire **alarm** went off and everyone had to go outside. 성취도

화재**경보기**가 울려서 모두 밖으로 나가야 했다.

= warning 명 경고

VOCA TIP
* sound the alarm 경보음을 울리다
* set the alarm 자명종을 맞추다

학평 빈출

122 **deliver** [dilívər]

동 **배달하다; (연설을) 하다**

Could you **deliver** the pants by tomorrow? 학평

내일까지 그 바지를 **배달해** 주실 수 있나요?

+ delivery 명 배달

deliver pizza(피자를 배달하다), free delivery(무료 배송)처럼 배송 상황에 관한 표현이 실용문이나 글의 목적을 묻는 유형에 자주 등장했어요. 그 외에 deliver the speech(연설을 하다), deliver energy (에너지를 전달하다) 같이 다른 의미로도 종종 사용되었어요.

123 **furniture** [fə́ːrnitʃər]

명 **가구**

The table was a priceless piece of **furniture**.

교과서 그 탁자는 값을 매길 수 없는 **가구**였다.

VOCA TIP
가구를 셀 때에는 a piece of furniture로 말해요.

124 **tidy** [táidi]

형 **깔끔한, 정돈된**

When your room looks **tidy**, your life looks brighter. 교과서

당신의 방이 **깔끔해** 보이면 당신의 삶이 더 밝아 보인다.

125 **repair** [ripέər]

동 **수리하다** 명 **수리**

Would you **repair** these earphones for me?

성취도 저를 위해 이 이어폰 좀 **수리해** 주시겠어요?

= fix 동 수리하다

126 **decorate** [dékərèit]

동 **장식하다, 꾸미다**

He **decorated** dishes with beautiful flowers.

교과서 그는 접시들을 아름다운 꽃으로 **장식했다**.

+ decoration 명 장식

VOCA TIP
특히 영국에서는 '벽지를 바르다, 실내 장식을 하다'라는 뜻으로 쓰여요.

127 **architecture** [ɑ́:rkitèktʃər]

㉧ **건축학; 건축 양식**

People are using **architecture** to protect the environment. 교과서
사람들은 환경을 보호하기 위해 **건축학**을 이용하고 있다.

➕ architect ㉧ 건축가

128 **stuff** [stʌf]

㉧ **물건, 것** ㉤ **채워 넣다**

Less **stuff** makes our camping more enjoyable.
학평 **물건**이 적을수록 우리의 캠핑이 더 즐거워진다.

＝ thing ㉧ 물건, 것

VOCA TIP
비격식적으로 쓰이며 가리키는 사물의 이름을 모르거나 그 이름이 중요하지 않을 때 사용해요.

129 **mess** [mes]

㉧ **엉망진창** ㉤ **어질러 놓다**

We can clean up this awful **mess**. 교과서
우리는 이 끔찍한 **엉망진창**을 치울 수 있다.

» make a mess 엉망으로 만들다, 어지럽히다
mess up 다 망치다
➕ messy ㉭ 지저분한, 엉망인

VOCA TIP
mass(덩어리; 집단)와 혼동하지 마세요!

130 **pile** [pail]

㉤ **쌓다; 쌓이다** ㉧ **더미**

Millions of tons of clothing **piles** up in landfills each year. 학평
매 년 수백만 톤의 옷이 쓰레기 매립지에 **쌓인다**.

» a pile of ~ 더미

VOCA TIP
file(서류철)과 혼동하지 마세요!

How Different

131 **mop** [mɑp]

㉤ **(대걸레로) 닦다** ㉧ **대걸레**

She **mopped** the floor until it looked very shiny. 교과서
그녀는 아주 반짝거리게 보일 때까지 바닥을 **닦았다**.

132 **wipe** [waip]

㉤ **닦다**

He was in front of the mall **wiping** off his car.
학평 그는 쇼핑몰 앞에서 그의 차를 **닦고** 있었다.

➕ wiper ㉧ (자동차의) 와이퍼

- **mop** 대걸레로 바닥을 청소하거나 물기를 닦는 것을 의미함
- **wipe** 행주나 걸레로 먼지나 물기 등을 닦는 것을 의미함

133 **sweep** [swiːp]

동 쓸다, 청소하다 명 쓸기

If you all help us, we can **sweep** up the snow in half an hour. 학평

너희 모두가 도와주면 우리는 30분이면 눈을 다 **쓸** 수 있다.

VOCA TIP
chimney sweep은 '굴뚝 청소부'라는 뜻이에요.

134 **dispose** [dispóuz]

동 처리하다; 배치하다

We **dispose** of all waste in special trash bags.

수능 우리는 모든 쓰레기를 특별한 쓰레기봉투에 담아 **처리한다**.

» dispose of ~을 없애다, 처리하다

+ disposable 형 일회용의 disposal 명 처리

135 **chore** [tʃɔːr]

명 집안일, 잡일

I take care of **chores** like mowing the lawn. 학평

나는 잔디 깎기 같은 **집안일**을 담당한다.

VOCA TIP
choir(합창단)와 혼동하지 마세요!

136 **entrance** [éntrəns]

명 입구; 입장; 입학

I pulled him toward the tunnel **entrance**. 교과서

나는 그를 터널 **입구**로 끌어당겼다.

+ enter 동 들어가다

↔ exit 명 출구; 퇴장 = entry 명 입장; 가입

137 **interior** [intíːəriər]

형 내부의, 실내의 명 내부

Interior designers often paint darker colors below brighter colors. 학평

실내 장식가들은 종종 더 밝은 색 아래에 더 어두운 색을 칠한다.

↔ exterior 형 외부의, 실외의 명 외부

학평 빈출

138 **request** [rikwést]

명 요청 동 요청하다

I have concerns about your **request** for an answer by December 1. 학평

저는 12월 1일까지의 당신의 답변 **요청**에 대해 고민이 있습니다.

» make a request 요청하다

VOCA TIP
request가 ask보다 더 격식을 차린 정중한 말이에요.

글의 목적을 묻는 유형에서 'I am writing this letter to request ~.'(~을 요청하기 위해 이 편지를 씁니다.), 'We request you to ~.'(~해 주실 것을 요청합니다.) 등의 문장에 답의 단서가 드러남을 알아두세요.

139 **manual** [mǽnjuəl]

명 설명서 형 수동의

Submit an instruction **manual** on how to make the toy. 학평

그 장난감을 만드는 방법에 관한 사용 **설명서**를 제출하세요.

↔ automatic 형 자동의

VOCA TIP 특히 기계류의 사용 설명서를 manual이라고 해요.

학평 빈출

140 **spot** [spɑt]

동 발견하다 명 장소; 반점

Deep in the forest, the hunter **spotted** a beautiful wild deer. 학평

깊은 산속에서 그 사냥꾼은 아름다운 야생 사슴을 **발견했다**.

= find 동 발견하다 location 명 장소

spot a bird(새를 발견하다)처럼 '발견하다, 찾아내다' 등의 동사나, pick a spot(장소를 고르다)처럼 '장소, 지점'을 뜻하는 명사로 자주 쓰였어요. 그 외에 on the spot(현장에서, 즉시)이나 spot news(속보 뉴스)처럼 '현장, 즉석'을 뜻하는 표현도 알아두세요.

141 **routine** [ruːtíːn]

명 일과 형 일상의

Many successful people tend to keep a good bedtime **routine**. 학평

많은 성공한 사람들은 좋은 취침 **일과**를 지키는 경향이 있다.

142 **necessity** [nəsésəti]

명 필요(성); 필수품

She is talking about the **necessity** of saving energy. 학평

그녀는 에너지 절약의 **필요성**에 대해 이야기하고 있다.

+ necessary 형 필요한, 필수의

143 **sheet** [ʃiːt]

명 (종이) 한 장; (침대) 시트

Take a **sheet** of paper and make a small dot.

교과서 종이 **한 장**을 꺼내서 작은 점을 찌으세요.

VOCA TIP 침대 시트나 홑이불, 종이 또는 평평하게 만든 금속판이나 판유리 등의 '한 장'을 뜻해요.

144 **sort** [sɔːrt]

명 종류 동 분류하다

My grandfather was looking at a **sort** of bird.

학평 나의 할아버지께서 새의 한 **종류**를 바라보고 계셨다.

= kind 명 종류

VOCA TIP sort of는 '~의 종류'라는 뜻 외에, 구어에서 '어느 정도' 또는 적절한 말이 생각나지 않을 때 '뭐랄까'라는 뜻으로 자주 쓰여요.

145 **aisle** [ail]

[명] 통로

We'll change your seat to the **aisle** side. [수능]
저희가 당신의 좌석을 **통로** 쪽으로 바꿔 드리겠습니다.

VOCA TIP
비행기의 통로 쪽 좌석을 aisle seat라고 해요.

146 **stable** [stéibl]

[형] 안정적인, 안정된

This bridge is very **stable**, so don't get scared.
[교과서] 이 다리는 매우 **안정적**이므로 무서워하지 마세요.

[↔] **unstable** [형] 불안정한
[=] **steady** [형] 안정된

147 **appliance** [əpláiəns]

[명] (가정용) 기구, 전기 제품

These household **appliances** have been officially recognized as most energy-efficient.
[학평] 이 가정용 **전기 제품들**은 가장 에너지 효율이 좋다고 공식적으로 인정되었다.

148 **edge** [edʒ]

[명] 끝, 가장자리; (칼 등의) 날

People feared that they might fall off the **edge** of the earth. [학평]
사람들은 그들이 지구 **끝**에서 떨어질까 봐 두려워했다.

[»] **on edge** 긴장한

VOCA TIP
edge는 '(길·절벽 등의) 가장자리·끝, (책 등의) 테두리·모서리, (칼이나 도끼 등의) 날'을 뜻해요.

149 **polish** [páliʃ]

[동] 닦다, 윤내다 [명] 광택; 광택제

The old man **polished** his glasses on his shirt.
그 노인은 그의 셔츠에 안경을 **닦았다**.

[=] **shine** [동] 윤내다 [명] 광택, 윤기

VOCA TIP
'폴란드인(의); 폴란드어(의)'를 뜻하는 Polish와 구별하세요!

150 **stain** [stein]

[명] 얼룩 [동] 얼룩지다

There were mud **stains** on my boots.
내 부츠에 진흙 **얼룩**이 있었다.

[+] **stainless** [형] 얼룩지지 않은; 스테인리스의

DAY 05

일상

Use Words

빈칸을 채우며 단어를 외우고, 쓰면서 한 번 더 익히세요.

01 the fire ________ 화재경보기 — alarm / alarm

02 ________ the pants 그 바지를 배달하다 — deliver

03 a piece of ________ 가구 한 점 — furniture

04 your room that looks ________ 깔끔해 보이는 당신의 방 — tidy

05 ________ the earphones 이어폰을 수리하다 — repair

06 ________ dishes with flowers 접시들을 꽃으로 장식하다 — decorate

07 use ________ to protect the environment 환경을 보호하기 위해 건축학을 이용하다 — architecture

08 camping ________ 캠핑 물건 — stuff

09 this awful ________ 이 끔찍한 엉망진창 — mess

10 a ________ of clothing 옷 한 더미 — pile

11 ________ the floor 바닥을 닦다 — mop

12 ________ off his car 그의 차를 닦다 — wipe

13 ________ up the snow 눈을 다 쓸다 — sweep

14 ________ of all waste 모든 쓰레기를 처리하다 — dispose

15 take care of ________s 집안일을 담당하다 — chore

16 the tunnel ____________ 터널 입구 entrance

17 ____________ designers 실내 장식가들 interior

18 your ____________ for an answer 당신의 답변 요청 request

19 an instruction ____________ 사용 설명서 manual

20 ____________ a wild deer 야생 사슴을 발견하다 spot

21 a good bedtime ____________ 좋은 취침 일과 routine

22 the ____________ of saving energy 에너지 절약의 필요성 necessity

23 a ____________ of paper 종이 한 장 sheet

24 a ____________ of bird 새의 한 종류 sort

25 the ____________ side 통로 쪽 aisle

26 a ____________ bridge 안정적인 다리 stable

27 household ____________s 가정용 전기 제품 appliance

28 the ____________ of the earth 지구의 끝 edge

29 ____________ his glasses on his shirt 그의 셔츠에 안경을 닦다 polish

30 mud ____________s 진흙 얼룩 stain

일상

3-Minute Check

오늘 학습한 단어와 뜻을 최종적으로 암기했는지 확인하세요!

			Check
121	alarm	명 경보; 경보기; 자명종	☐
122	deliver	동 배달하다; (연설을) 하다	☐
123	furniture	명 가구	☐
124	tidy	형 깔끔한, 정돈된	☐
125	repair	동 수리하다 명 수리	☐
126	decorate	동 장식하다, 꾸미다	☐
127	architecture	명 건축학; 건축 양식	☐
128	stuff	명 물건, 것 동 채워 넣다	☐
129	mess	명 엉망진창 동 어질러 놓다	☐
130	pile	동 쌓다; 쌓이다 명 더미	☐
131	mop	동 (대걸레로) 닦다 명 대걸레	☐
132	wipe	동 닦다	☐
133	sweep	동 쓸다, 청소하다 명 쓸기	☐
134	dispose	동 처리하다; 배치하다	☐
135	chore	명 집안일, 잡일	☐

			Check
136	entrance	명 입구; 입장; 입학	☐
137	interior	형 내부의, 실내의 명 내부	☐
138	request	명 요청 동 요청하다	☐
139	manual	명 설명서 형 수동의	☐
140	spot	동 발견하다 명 장소; 반점	☐
141	routine	명 일과 형 일상의	☐
142	necessity	명 필요(성); 필수품	☐
143	sheet	명 (종이) 한 장; (침대) 시트	☐
144	sort	명 종류 동 분류하다	☐
145	aisle	명 통로	☐
146	stable	형 안정적인, 안정된	☐
147	appliance	명 (가정용) 기구, 전기 제품	☐
148	edge	명 끝, 가장자리; (칼 등의) 날	☐
149	polish	동 닦다, 윤내다 명 광택; 광택제	☐
150	stain	명 얼룩 동 얼룩지다	☐

외우지 않은 단어가 있으면 **미니 단어장**에서 다시 한번 정리해 보세요.

Wrap Up

ANSWERS p.330

A 빈칸에 알맞은 단어 혹은 우리말을 쓰시오.

01 marvelous : ____________ = 놀라운 : 경탄하다, 놀라다; 놀라운 일

02 idle : ____________ = 게으른 : 근면한, 부지런한

03 decorate : decoration = ____________ : 장식

04 ____________ : envious = 부러워하다; 부러움 : 부러워하는

05 spot : find = ____________ : 발견하다

06 believe : ____________ = 믿다 : 믿음, 신념

07 ____________ : modest = 겸손한; 초라한 : 겸손한

08 behavior : behave = 행동, 행실 : ____________

09 ____________ : divorce = 결혼 : 이혼

10 ____________ : thing = 물건, 것; 채워 넣다 : 물건, 것

B 영영풀이에 알맞은 단어를 〈보기〉에서 골라 쓰시오.

〈보기〉 conscious relative deliver attractive satisfy

01 a person connected by blood or marriage ____________

02 to take goods to a particular place or person ____________

03 to make somebody pleased by doing what they want ____________

04 having features that make something seem interesting ____________

05 able to use your senses to understand what's happening ____________

C 학습한 단어를 이용해 빈칸을 채워 문장을 완성하시오.

01 우리는 학급에서 6월 6일을 기념했다.

⇨ We ____________ June 6 in our class.

02 그 남자는 모든 것을 아는 것처럼 보인다.

⇨ The man ____________ to know about everything.

03 경기에서 진 후에, 그는 실망감을 느꼈다.

⇨ After he lost the game, he felt ____________.

04 그 탁자는 값을 매길 수 없는 가구였다.

⇨ The table was a priceless piece of ____________.

05 나는 멋진 발표를 할 것이라는 자신감이 있었다.

⇨ I was ____________ that I would make a great presentation.

D 주어진 단어를 바르게 배열하여 문장을 완성하시오.

01 우리는 모든 쓰레기를 특별한 쓰레기봉투에 담아 처리한다.

(we / in special trash bags / dispose / all waste / of)

⇨ ____

02 Julie는 검정 구두보다 흰 구두를 더 좋아한다.

(the black ones / to / Julie / the white shoes / prefers)

⇨ ____

03 당신은 다른 사람들과 좋은 관계를 갖길 원하세요?

(to have / you / do / want / with others / good relationships)

⇨ ____

04 그는 나에게 관심을 쏟았다.

(his attention / he / me / to / devoted)

⇨ ____

어려운 문제도 뚝딱!

요리, 맛

오늘 학습할 단어를 공부하고, 가리개를 사용해서 암기해 보세요.

151 **nutrition** [nu:tríʃən]

㉮ 영양; 영양분

Choose foods with a maximum amount of **nutrition**. 성취도

최대치의 **영양분**이 있는 음식을 고르세요.

+ nutritious ㉻ 영양분이 많은

학평 빈출

152 **variety** [vəráiəti]

㉮ 여러 가지; 다양성

They talk about benefits of eating a **variety** of vegetables. 학평

그들은 **여러 가지**의 채소를 먹는 것의 이점에 대해 이야기한다.

+ various ㉻ 다양한 vary ㉯ 다르다; 달리 하다

= diversity ㉮ 다양성

a variety of의 형태로 주로 쓰이며 food, vegetables와 같은 음식 관련 단어뿐만 아니라 sources, areas 등 서로 연관이 있지만 약간씩 다른 것들을 표현할 때 사용되었어요.

153 **dairy** [dɛ́(:)əri]

㉮ 유제품 ㉻ 유제품의

In supermarkets, the **dairy** is often at the back. 학평

슈퍼마켓에서 **유제품**은 흔히 뒤쪽에 있다.

VOCA TIP
daily(일상의) 또는 diary(일기)와 혼동하지 마세요!

154 **grocery** [gróusəri]

㉮ 식료품; 식료품점

Customers can buy **groceries** with just a touch of the screen. 교과서

고객들은 화면을 누르기만 하면 **식료품**을 구입할 수 있다.

155 **leftover** [léftòuvər]

㉮ 남은 음식 ㉻ 남은

Do you want to take the **leftovers** home? 교과서

당신은 **남은 음식**을 집에 가져가길 원하나요?

156 **vegetarian** [vèdʒitɛ́(:)əriən]

㉻ 채식(주의)의 ㉮ 채식주의자

Vegetarian eating is moving into the mainstream. 학평

채식은 점점 더 주류가 되고 있다.

VOCA TIP
vegetarian은 고기나 생선을 먹지 않는 '채식주의자'이고 우유나 달걀도 먹지 않는 '완전 채식주의자'는 vegan(비건)이라고 해요.

157 **seasoning** [síːzəniŋ]

㉑ **양념, 조미료**

Add **seasoning** like salt and pepper, if needed.
필요하면 소금과 후추 같은 **양념**을 더 넣으세요.

⊕ season ⓢ 양념하다
⊜ spice ⓜ 양념, 향신료

How Different

158 **blend** [blend]

ⓢ **섞다; 섞이다**

Blend until the mix is smooth. 교과서
혼합물이 부드러워질 때까지 **섞으세요**.

⊜ mix ⓢ 섞다; 섞이다

VOCA TIP
주로 전기로 작동되는 '믹서, 분쇄기'를 blender(블렌더)라고 해요.

159 **stir** [stəːr]

ⓢ **휘젓다, 뒤섞다**

Please, **stir** my tea with a wooden spoon.
나무 숟가락으로 내 차를 **저어** 주세요.

- blend 서로 다른 재료들을 완전히 섞거나 배합하는 것을 가리킴
- stir 주로 액체를 숟가락 등으로 저으며 섞는 것을 가리킴

160 **chop** [tʃɑp]

ⓢ **잘게 썰다, 다지다**

Chop the onion into pieces about as big as the beef.
양파를 소고기 크기만큼 **잘게 써세요**.

161 **roast** [roust]

ⓢ **굽다; 볶다** ⓗ **구운**

Native Americans **roasted** and ate the flower buds of Joshua trees. 학평
아메리카 원주민들은 조슈아 나무의 꽃눈을 **구워서** 먹었다.

VOCA TIP
roast는 특히 고기를 굽는 것을 가리키고 빵이나 과자를 굽는 것에는 bake를 써요.

162 **slice** [slais]

ⓜ **(얇게 썬) 조각** ⓢ **얇게 썰다**

Place a steak between two **slices** of bread to make a sandwich. 교과서
샌드위치를 만들려면 빵 두 **조각** 사이에 스테이크를 넣으세요.

⊜ piece ⓜ 조각

VOCA TIP
'빵 한 조각'은 a slice of bread이며, 잘리지 않은 '빵 한 덩어리'는 a loaf of bread라고 해요.

163 **cuisine**
[kwizíːn]

㉮ 요리; 요리법

This restaurant is noted for the Thai **cuisine**.
이 식당은 태국 **요리**로 유명하다.

㊀ cooking ㉮ 요리

VOCA TIP
보통 고급 식당의 요리를 말하며 프랑스어에서 유래했어요.

How Different

164 **content**
[kάntent]

㉮ 내용(물); 함량; 목차

The sugar **content** of the fruit increased. EBS
그 과일의 당 **함량**이 증가했다.

VOCA TIP
* contents of a jar
항아리 안에 든 것[내용물]
* a high fat content
높은 지방 함량
* a table of contents 목차(표)

165 **ingredient**
[ingríːdiənt]

㉮ 재료; (구성) 요소

The salad is made with fresh vegetables and other healthy **ingredients**. 교과서
그 샐러드는 신선한 채소와 다른 건강한 **재료**로 만들어진다.

- **content** 그릇이나 상자 등 어떤 것 안에 든 것이나 식품에서 영양소의 함유량을 가리킴
- **ingredient** 요리의 재료를 가리킴

166 **spinach**
[spínitʃ]

㉮ 시금치

Carrots, **spinach**, and cucumbers are good for our health. 교과서
당근, **시금치**, 오이는 우리 건강에 좋다.

167 **paste**
[peist]

㉮ 반죽; 풀 ㉯ 풀로 붙이다

Mix the flour with the milk to make a **paste**.
반죽을 만들려면 밀가루와 우유를 섞으세요.

168 **tray**
[trei]

㉮ 쟁반

The waiter brought desserts on a **tray**.
그 웨이터는 디저트를 **쟁반**에 들고 왔다.

㊀ plate ㉮ 접시

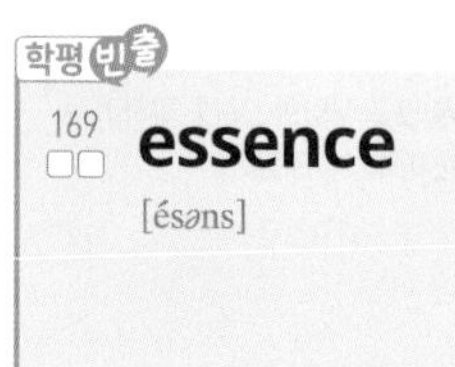

학평 빈출

169 essence [ésəns]

명 본질; 에센스, 진액

In **essence**, the more new information we take in, the slower time feels. 학평

본질적으로, 우리가 더 많은 새로운 정보를 받아들일수록 시간은 더 느리게 느껴진다.

» essence of lemon 레몬 에센스[진액]

+ essential 형 본질적인

학평에서 essence는 '본질, 진수'의 뜻으로 많이 쓰였고, 특히 in essence(본질적으로)라는 표현 다음에 글의 주제나 강조하는 바가 드러나는 구조가 빈번하게 제시되고 있어요.

170 nourish [nə́:riʃ]

동 영양분을 공급하다

The right foods **nourish** and energize your body.

적절한 음식은 몸에 **영양분을 공급하고** 활력을 준다.

+ nourishment 명 영양물, 자양분

= feed 동 먹을 것을 주다

171 rare [rεər]

형 살짝 익힌; 드문

This steak is too **rare** for me. 교과서

이 스테이크는 저에게 너무 **덜 익었어요**.

+ rarely 부 드물게

VOCA TIP
스테이크 굽기의 정도를 말할 때 well-done(완전히 익힌), medium(중간의), rare(덜 익힌)를 써요.

172 ripe [raip]

형 익은

Can you tell whether a fruit is **ripe**? 학평

여러분은 과일이 **익었는지** 분간할 수 있나요?

+ ripen 동 익다; 익히다

173 swallow [swɑ́lou]

동 삼키다

Large pills may be difficult for children to **swallow**.

큰 알약은 아이들이 **삼키기** 어려울 수 있다.

VOCA TIP
swallow는 새의 종류인 '제비'라는 뜻도 있어요.

174 starve [stɑ:rv]

동 굶주리다; 굶어 죽다

When you are **starving** and tired, eating healthy is difficult. 학평

당신이 **굶주리고** 피곤할 때 건강하게 먹기란 어렵다.

+ starvation 명 굶주림

VOCA TIP
be starved for knowledge(지식을 갈망하다)처럼 정신적인 것에 관한 굶주림에도 써요.

175 **sustain** [səstéin]

동 **살아가게 하다; 지속하다**

They gave me barely enough food to **sustain** me.
그들은 내가 가까스로 **살아가게 할** 만큼의 음식을 주었다.

+ **sustainable** 형 지속 가능한
= **maintain** 동 지속하다

* sustain life
생물체를 살아가게 하다
* sustain efforts 노력을 지속하다

176 **flavor** [fléivər]

명 **맛, 풍미** 동 **맛을 내다**

His job is to describe the **flavor** and smell of different candies. 성취도
그의 일은 여러 가지 사탕의 **맛**과 냄새를 묘사하는 것이다.

= **taste** 명 맛

영국에서는 flavour로 써요.

177 **awful** [ɔ́:fəl]

형 **끔찍한, 지독한**

The cookies turned out as hard as rocks and tasted **awful**. 성취도
그 과자들은 돌처럼 딱딱했고 **끔찍한** 맛이 났다.

= **terrible** 형 끔찍한

178 **edible** [édəbl]

형 **먹을 수 있는**

I have heard of **edible** spoons that are made of grain. 교과서
나는 곡물로 만든 **먹을 수 있는** 숟가락에 대해 들어 본 적이 있다.

↔ **inedible** 형 먹을 수 없는
= **eatable** 형 먹을 수 있는

audible(잘 들리는)과 혼동하지 마세요!

179 **scent** [sent]

명 **냄새, 향기**

She smelled the pleasant **scent** from the fresh wild flowers. 학평
그녀는 신선한 야생화들의 쾌적한 **향기**를 맡았다.

= **smell** 명 냄새

180 **rotten** [rátən]

형 **썩은, 부패한**

A smell of **rotten** eggs disgusted him.
썩은 달걀 냄새가 그를 역겹게 했다.

= **spoiled** 형 상한

DAY 06

요리, 맛

Use Words

빈칸을 채우며 단어를 외우고, 쓰면서 한 번 더 익히세요.

01 a maximum amount of ____________ 최대치의 영양분 | nutrition nutrition

02 a ____________ of vegetables 여러 가지의 채소 | variety

03 the ____________ in supermarkets 슈퍼마켓의 유제품 | dairy

04 the ____________ store 식료품점 | grocery

05 take the ____________s home 남은 음식을 집에 가져가다 | leftover

06 ____________ eating 채식주의 식사 | vegetarian

07 ____________ like salt and pepper 소금과 후추 같은 양념 | seasoning

08 ____________ the sugar and eggs 설탕과 계란을 섞다 | blend

09 ____________ tea with a spoon 숟가락으로 차를 젓다 | stir

10 ____________ the onion into pieces 양파를 조각으로 잘게 썰다 | chop

11 ____________ the flower buds 꽃눈을 굽다 | roast

12 two ____________s of bread 빵 두 조각 | slice

13 the Thai ____________ 태국 요리 | cuisine

14 the sugar ____________ 설탕 함량 | content

15 healthy ____________s 건강한 재료 | ingredient

16 __________ that is good for our health
우리 건강에 좋은 시금치 | spinach

17 make a __________ 반죽을 만들다 | paste

18 desserts on a __________ 쟁반 위의 디저트들 | tray

19 __________ of lemon 레몬 에센스 | essence

20 __________ your body 너의 몸에 영양분을 공급하다 | nourish

21 a __________ steak 살짝 익힌 스테이크 | rare

22 a __________ fruit 익은 과일 | ripe

23 __________ pills 알약을 삼키다 | swallow

24 when you __________ 당신이 굶주릴 때 | starve

25 enough food to __________ me
나를 살아가게 할 만큼의 음식 | sustain

26 describe the __________ of candies
사탕 맛을 묘사하다 | flavor

27 taste __________ 끔찍한 맛이 나다 | awful

28 an __________ grain spoon 먹을 수 있는 곡물 숟가락 | edible

29 smell the pleasant __________ 쾌적한 향기를 맡다 | scent

30 a smell of __________ eggs 썩은 달걀 냄새 | rotten

DAY 06

요리, 맛

3-Minute Check

오늘 학습한 단어와 뜻을 최종적으로 암기했는지 확인하세요!

			Check
151	**nutrition**	명 영양; 영양분	☐
152	**variety**	명 여러 가지; 다양성	☐
153	**dairy**	명 유제품 형 유제품의	☐
154	**grocery**	명 식료품; 식료품점	☐
155	**leftover**	명 남은 음식 형 남은	☐
156	**vegetarian**	형 채식(주의)의 명 채식주의자	☐
157	**seasoning**	명 양념, 조미료	☐
158	**blend**	동 섞다; 섞이다	☐
159	**stir**	동 휘젓다, 뒤섞다	☐
160	**chop**	동 잘게 썰다, 다지다	☐
161	**roast**	동 굽다; 볶다 형 구운	☐
162	**slice**	명 (얇게 썬) 조각 동 얇게 썰다	☐
163	**cuisine**	명 요리; 요리법	☐
164	**content**	명 내용(물); 함량; 목차	☐
165	**ingredient**	명 재료; (구성) 요소	☐

			Check
166	**spinach**	명 시금치	☐
167	**paste**	명 반죽; 풀 동 풀로 붙이다	☐
168	**tray**	명 쟁반	☐
169	**essence**	명 본질; 에센스, 진액	☐
170	**nourish**	동 영양분을 공급하다	☐
171	**rare**	형 살짝 익힌; 드문	☐
172	**ripe**	형 익은	☐
173	**swallow**	동 삼키다	☐
174	**starve**	동 굶주리다; 굶어 죽다	☐
175	**sustain**	동 살아가게 하다; 지속하다	☐
176	**flavor**	명 맛, 풍미 동 맛을 내다	☐
177	**awful**	형 끔찍한, 지독한	☐
178	**edible**	형 먹을 수 있는	☐
179	**scent**	명 냄새, 향기	☐
180	**rotten**	형 썩은, 부패한	☐

외우지 않은 단어가 있으면 **미니 단어장**에서 다시 한번 정리해 보세요.

쇼핑, 의복

오늘 학습할 단어를 공부하고, 가리개를 사용해서 암기해 보세요.

181 **afford** [əfɔ́ːrd]

동 (~할) 여유가 있다

James could not **afford** to buy new shoes.
교과서 James는 새 신발을 살 **여유가** 없었다.

VOCA TIP
어떤 것을 사거나 할 경제적, 시간적 여유가 있는 것을 의미해요.

학평 빈출

182 **purchase** [pə́ːrtʃəs]

명 구입, 구매 동 구입하다

Shoppers considered online customer ratings important when planning a **purchase**. 학평
쇼핑객들은 **구매** 계획을 세울 때 온라인 고객 평점을 중요시했다.

제품 구매에 대한 안내문에서 가격이나 환불 정책에 관해 설명할 때 자주 등장하고, 소비 성향에 관해 설명하는 지문에 be more likely to purchase(구입할 가능성이 더 크다)라는 표현이 쓰이는 경향이 있어요.

183 **label** [léibəl]

명 상표; 꼬리표

Let me read the **label** more closely. 교과서
내가 **상표**를 더 자세히 읽어 볼게.

VOCA TIP
옷에 붙어 있는 세탁 정보나 상표가 적힌 천을 label이라고 하고, 가격표처럼 종이로 된 꼬리표는 tag라고 불러요.

184 **display** [displéi]

명 전시, 진열 동 전시하다, 진열하다

Eric sees a pair of soccer shoes on **display**.
교과서 Eric은 **진열**된 축구화 한 켤레를 본다.

= exhibit 명 전시 동 전시하다

185 **luxury** [lʌ́kʃəri]

형 사치품의 명 사치품; 호화로움

Debbie received a catalogue of fine **luxury** gifts. 학평
Debbie는 고급 **사치품** 선물 카탈로그를 받았다.

+ luxurious 형 호화로운, 아주 편안한

186 **trend** [trend]

명 경향; 유행

You should study the latest fashion **trends**.
성취도 당신은 최신 패션 **경향**을 연구해야 한다.

+ trendy 형 최신 유행의

VOCA TIP
유행을 선도하는 사람을 trend-setter(트렌드세터)라고 해요.

학평 빈출

187 **offer** [ɔ́(ː)fər]

㉠ **제공하다** ㉡ **제안, 제공**

Grand Park Zoo **offers** you a chance to explore the amazing animal kingdom! 학평

Grand Park 동물원은 여러분에게 놀라운 동물 왕국을 탐험할 기회를 **제공합니다**!

= **provide** ㉠ 제공하다

주로 안내문에서 offer the chance(opportunity)(기회를 제공하다)로 어떤 단체나 회사가 제공하는 서비스나 프로그램 등의 내용이 소개되는 경향이 많고, 일화를 소재로 한 장문 독해 유형에서도 '~을 주다(제공하다)'의 의미로 자주 출제되었어요.

188 **quality** [kwɑ́ləti]

㉡ **질, 품질** ㉢ **질 좋은**

The prices of 3D printers are getting lower and the **quality** better. 학평

3D 프린터의 가격은 점점 내려가고 있고 **품질**은 더 좋아지고 있다.

VOCA TIP
'양'을 나타내는 quantity와 구별하세요.

189 **receipt** [risíːt]

㉡ **영수증**

Don't forget to bring your **receipt**. 교과서

당신의 **영수증**을 가져오는 것을 잊지 마세요.

+ **receive** ㉠ 받다

190 **refund** ㉡ [ríːfʌnd] ㉠ [rifʌ́nd]

㉡ **환불** ㉠ **환불하다**

You should call the seller and ask for a **refund**. 교과서

당신은 판매원에게 전화해서 **환불**을 요청해야 한다.

191 **guarantee** [gæ̀rəntíː]

㉡ **보증, 보증서** ㉠ **보장하다**

Our tablet computers come with a one-year **guarantee**.

당사의 태블릿 컴퓨터는 일 년의 **보증**이 제공됩니다.

192 **merchandise** [mə́ːrtʃəndàis]

㉡ **상품**

The company started selling its **merchandise** online.

그 회사는 **상품**을 온라인에서 판매하기 시작했다.

+ **merchandiser** ㉡ 상품 판매업자
= **goods, product** ㉡ 상품, 제품

VOCA TIP
* general merchandise 일반 상품(잡화)
* official Olympic merchandise 올림픽 공식 상품

193 **fashionable** [fǽʃənəbl]

[형] 유행하는

The design was quite **fashionable** at the time.
그 디자인은 당시에 꽤 **유행했다**.

[↔] **old-fashioned** [형] 유행에 뒤진
[=] **up-to-date** [형] 유행하는; 최신의

194 **formal** [fɔ́:rməl]

[형] 격식을 차린; 공식적인

Lisa wore a **formal** dress because she had to give a speech. [교과서]
Lisa는 연설을 해야 했기 때문에 **격식을 차린** 드레스를 입었다.

[↔] **informal** [형] 평상복의; 비공식의

VOCA TIP
접미사 -al은 주로 명사 뒤에 붙어 '(성질이) ~한'이라는 형용사를 만들어요.

195 **fancy** [fǽnsi]

[형] 화려한; 장식이 많은

The high school grounds were filled with people in **fancy** dresses and suits. [수능]
고등학교 운동장은 **화려한** 드레스와 정장을 입은 사람들로 가득 찼다.

[↔] **plain** [형] 수수한; 무늬가 없는

196 **fabric** [fǽbrik]

[명] 직물, 천

On the **fabric** of your choice, draw a shape of the cushion. [학평]
당신이 선택한 **천**에 쿠션 모양을 그리세요.

[=] **cloth** [명] 천, 옷감

197 **leather** [léðər]

[명] 가죽

Which material do you prefer, fabric or **leather**? [학평]
천과 **가죽** 중 어떤 소재가 더 좋으세요?

198 **stripe** [straip]

[명] 줄무늬

Do you like the black shirt with white **stripes**? [교과서]
너는 흰 **줄무늬**가 있는 검은 셔츠가 마음에 드니?

[+] **striped** [형] 줄무늬가 있는

VOCA TIP
별과 줄무늬가 있는 미국 국기를 the Stars and Stripes(성조기)라고 해요.

199 **tight** [tait]

형 꽉 끼는; (고정이) 단단한 부 꽉

Your school jacket is too **tight**. 교과서
네 교복 재킷이 너무 **꽉 끼는구나**.

+ tighten 동 팽팽해지다; 조이다

VOCA TIP
* tight shoes 꽉 끼는 구두
* a tight knot 단단한 매듭
* Hold tight! 꽉 잡아!

---

200 **loose** [luːs]

형 헐렁한, 느슨한; 풀린

Harry was dressed in a **loose** shirt and blue jeans.
Harry는 **헐렁한** 셔츠와 청바지를 입고 있었다.

+ loosen 동 느슨하게 하다; 풀다

---

201 **length** [leŋkθ]

명 길이; 기간

The **length** of a tail makes a kite fly well. 교과서
꼬리의 **길이**가 연을 더 잘 날게 만든다.

+ long 형 긴

VOCA TIP
직사각형의 긴 변을 length, 짧은 변을 width라고 해요.

How Different

202 **alter** [ɔ́ːltər]

동 바꾸다, 고치다

Insects can **alter** behavior based on previous experience. 학평
곤충들은 이전의 경험에 기초하여 행동을 **바꿀** 수 있다.

+ alteration 명 개조; 변경, 수정
= change 동 바꾸다; 바뀌다

---

203 **mend** [mend]

동 수선하다, 고치다

Mending objects often requires more creativity than original production. 수능
물건을 **고치는** 것은 최초 제작보다 종종 더 많은 창의력을 필요로 한다.

- alter 구조나 형태를 바꾼다는 의미로 옷의 길이를 연장하거나 줄일 때 쓰임
- mend 구멍 나거나 찢어지는 등 손상된 옷을 꿰매고 수선할 때 쓰임

---

204 **trousers** [tráuzərz]

명 바지

The boy rolled up one leg of his **trousers**. EBS
그 소년은 **바지**의 한쪽 다리를 걷어 올렸다.

= pants 명 바지

VOCA TIP
영국에서 pants는 '속옷'을 뜻하기 때문에, 바지는 trousers라고 해야 해요.

205 **thread** [θred]

명 실 동 (실을) 꿰다

Tie the **thread** to the middle of the screw. 성취도

실을 나사의 중간에 묶으세요.

» **thread a needle** 바늘에 실을 꿰다

How Different

206 **sew** [sou]

동 바느질하다, 꿰매다

Jessie **sewed** the numbers on all her friends' soccer uniforms. 교과서

Jessie는 모든 친구들의 축구 유니폼에 번호를 **꿰매 달았다**.

207 **stitch** [stitʃ]

동 꿰매다 명 바늘땀

The man earns a living by only **stitching** shoes. 학평

그 남자는 오직 신발을 **꿰매서** 생계를 유지한다.

- sew 실과 바늘로 헝겊 등을 꿰매어 수선하거나 덧대는 등의 일반적인 바느질을 가리킴
- stitch 일반적인 바느질의 의미 외에도 바느질로 꾸미는 것 또는 바느질의 한 땀이나 방식을 가리킴

208 **fade** [feid]

동 (색이) 바래다; 서서히 사라지다

I found a pair of **faded** jeans in the closet.

나는 옷장에서 **색이 바랜** 청바지를 찾았다.

» **fade away** 점점 희미해지다; 쇠약해지다

VOCA TIP

fade-in은 영상이나 음향이 점점 또렷해지거나 커지는 것, fade-out은 점점 흐릿해지거나 작아지는 것을 가리켜요.

209 **collar** [kálər]

명 칼라, 깃

She was wearing a white coat with a round **collar**.

그녀는 둥근 **칼라**의 흰색 코트를 입고 있었다.

VOCA TIP

white-collar는 '사무직 노동자'를, blue-collar는 '육체 노동자'를 뜻해요.

210 **detergent** [ditə́ːrdʒənt]

명 세제

Using too much **detergent** can cause water pollution.

세제를 너무 많이 사용하는 것은 수질 오염을 일으킬 수 있다.

DAY 07

쇼핑, 의복

Use Words

빈칸을 채우며 단어를 외우고, 쓰면서 한 번 더 익히세요.

01 ________ to buy new shoes
새 신발을 살 여유가 있다 — afford / afford

02 plan a ________ 구매를 계획하다 — purchase

03 read the ________ 상표를 읽다 — label

04 shoes on ________ 진열된 신발 — display

05 fine ________ gifts 고급 사치품 선물 — luxury

06 the latest fashion ________s 최신 패션 경향 — trend

07 ________ you a chance 여러분에게 기회를 제공하다 — offer

08 the better ________ 더 나은 품질 — quality

09 bring your ________ 당신의 영수증을 가져오다 — receipt

10 ask for a ________ 환불을 요청하다 — refund

11 a one-year ________ 일 년의 보증 — guarantee

12 sell the ________ 상품을 판매하다 — merchandise

13 ________ design 유행하는 디자인 — fashionable

14 a ________ dress 격식을 차린 드레스 — formal

15 ________ dresses 화려한 드레스들 — fancy

16 the __________ of your choice 당신이 선택한 천 fabric

17 prefer __________ to fabric 천보다 가죽을 선호하다 leather

18 a black shirt with white __________s stripe
흰 줄무늬가 있는 검은 셔츠

19 a __________ jacket 꽉 끼는 재킷 tight

20 a __________ shirt 헐렁한 셔츠 loose

21 the __________ of a tail 꼬리의 길이 length

22 __________ behavior 행동을 바꾸다 alter

23 __________ objects 물건을 고치다 mend

24 roll up one's __________ 바지를 걷어 올리다 trousers

25 tie the __________ to the screw 나사에 실을 묶다 thread

26 __________ the numbers on uniforms sew
유니폼에 번호를 꿰매 달다

27 __________ shoes 신발을 꿰매다 stitch

28 a pair of __________d jeans 색이 바랜 청바지 fade

29 a round __________ 둥근 칼라 collar

30 use too much __________ 세제를 너무 많이 사용하다 detergent

쇼핑, 의복

3-Minute Check

오늘 학습한 단어와 뜻을 최종적으로 암기했는지 확인하세요!

			Check
181	**afford**	ⓢ (~할) 여유가 있다	☐
182	**purchase**	ⓜ 구입, 구매 ⓢ 구입하다	☐
183	**label**	ⓜ 상표; 꼬리표	☐
184	**display**	ⓜ 전시, 진열 ⓢ 전시[진열]하다	☐
185	**luxury**	ⓗ 사치품의 ⓜ 사치품; 호화로움	☐
186	**trend**	ⓜ 경향; 유행	☐
187	**offer**	ⓢ 제공하다 ⓜ 제안, 제공	☐
188	**quality**	ⓜ 질, 품질 ⓗ 질 좋은	☐
189	**receipt**	ⓜ 영수증	☐
190	**refund**	ⓜ 환불 ⓢ 환불하다	☐
191	**guarantee**	ⓜ 보증, 보증서 ⓢ 보장하다	☐
192	**merchandise**	ⓜ 상품	☐
193	**fashionable**	ⓗ 유행하는	☐
194	**formal**	ⓗ 격식을 차린; 공식적인	☐
195	**fancy**	ⓗ 화려한; 장식이 많은	☐

			Check
196	**fabric**	ⓜ 직물, 천	☐
197	**leather**	ⓜ 가죽	☐
198	**stripe**	ⓜ 줄무늬	☐
199	**tight**	ⓗ 꽉 끼는; (고정이) 단단한 ⓑ 꽉	☐
200	**loose**	ⓗ 헐렁한, 느슨한; 풀린	☐
201	**length**	ⓜ 길이; 기간	☐
202	**alter**	ⓢ 바꾸다, 고치다	☐
203	**mend**	ⓢ 수선하다, 고치다	☐
204	**trousers**	ⓜ 바지	☐
205	**thread**	ⓜ 실 ⓢ (실을) 꿰다	☐
206	**sew**	ⓢ 바느질하다, 꿰매다	☐
207	**stitch**	ⓢ 꿰매다 ⓜ 바늘땀	☐
208	**fade**	ⓢ (색이) 바래다; 서서히 사라지다	☐
209	**collar**	ⓜ 칼라, 깃	☐
210	**detergent**	ⓜ 세제	☐

외우지 않은 단어가 있으면 **미니 단어장**에서 다시 한번 정리해 보세요.

학교, 교육

오늘 학습할 단어를 공부하고, 가리개를 사용해서 암기해 보세요.

211 **academic** [ækədémik]

㉿ 학업의; 학구적인

She was satisfied with her **academic** performance. 학평

그녀는 자신의 **학업** 성적에 만족했다.

212 **lecture** [léktʃər]

명 강의, 강연 동 강의하다

Attend **lectures**, concerts, and other activities.

성취도 **강연**, 콘서트, 그리고 다른 활동들에 참여하세요.

» **give a lecture** 강의를 하다

= **speech** 명 강연, 연설

213 **dormitory** [dɔ́ːrmitɔ̀ːri]

명 기숙사

I carried his bags to his **dormitory**. 학평

나는 그의 **기숙사**까지 그의 가방을 들어 주었다.

VOCA TIP
비격식으로 dorm으로 줄여서 써요.

학평 빈출

214 **encourage** [inkə́ːridʒ]

동 격려하다; 장려하다

How do you **encourage** other people when they are changing their behavior? 학평

다른 사람들이 그들의 행동을 바꾸려고 할 때 당신은 어떻게 그들을 **격려하나요**?

↔ **discourage** 동 낙담시키다; 막다

특히 교육, 기업, 사회생활 등을 중심 소재로 한 지문에서 '기관, 단체, 인물 등이 타인의 어떤 행동이나 변화를 격려·장려하다'라는 내용으로 제시되고, 요지나 주제를 파악하는 유형에서 자주 출제되었어요.

215 **submit** [səbmít]

동 제출하다

I wonder why you didn't **submit** your paper on time. 학평

나는 당신이 왜 제시간에 보고서를 **제출하지** 않았는지 궁금해요.

= **hand in** 제출하다

216 **suspend** [səspénd]

동 정학시키다; 중지하다

He was **suspended** from school for two weeks.

그는 학교로부터 2주간 **정학 처분을 받았다**.

217 **scholarship** [skɑ́lərʃìp]

㊔ **장학금; 학식**

This year, **scholarships** were given to 100 students. 학평

올해, 100명의 학생에게 **장학금**이 지급되었다.

➕ scholar ㊔ 학자; 장학생

VOCA TIP
* win a scholarship 장학금을 타다
* a man of great scholarship 학식이 매우 깊은 사람

218 **counsel** [káunsəl]

㊐ **상담하다** ㊔ **상담**

His job is to **counsel** the students and their parents.

그의 직업은 학생들과 학부모들을 **상담하는** 일이다.

➕ counselor ㊔ 상담가, 카운슬러

VOCA TIP
전문적인 상담 외에 '조언(하다)'를 뜻하기도 해요.

219 **pupil** [pjú:pəl]

㊔ **학생; 눈동자**

Teachers and **pupils** are looking forward to the new school year.

선생님들과 **학생들**은 새 학년을 기대하고 있다.

VOCA TIP
pupil은 영국에서 '어린 학생'을 가리켜요.

220 **improve** [imprú:v]

㊐ **향상하다; 개선되다**

I practiced more to **improve** my speaking skills. 교과서

나는 내 말하기 능력을 **향상하기** 위해 더 연습했다.

➕ improvement ㊔ 향상; 개선

➖ upgrade ㊐ 개선하다

How Different

221 **educate** [édʒukèit]

㊐ **교육하다**

Children must be **educated** about the limits they shall not cross. EBS

아이들은 넘지 말아야 할 한계에 대해 **교육받아야** 한다.

➕ education ㊔ 교육

222 **instruct** [instrʌ́kt]

㊐ **가르치다; 지시하다**

I had the pleasure of **instructing** her in Spanish. 학평

나는 그녀에게 스페인어를 **가르치는** 기쁨을 누렸다.

➕ instruction ㊔ 가르침; 지시 instructive ㊕ 유익한

- **educate** 특히 아이를 학교에 보내어 교육을 받게 하는 것을 의미함
- **instruct** 누군가에게 특정 과목이나 실용적인 기술을 가르치는 것을 의미함

223 **emphasize** [émfəsàiz]

동 강조하다

We **emphasize** the power of positive thinking.
학평 우리는 긍정적인 생각의 힘을 **강조한다**.

+ emphasis 명 강조
= stress 동 강조하다

224 **acquire** [əkwáiər]

동 얻다, 습득하다

We **acquired** the ability to do amazing things with computers. 학평
우리는 컴퓨터로 놀라운 일들을 할 수 있는 능력을 **얻었다**.

» acquire skills 기술을 습득하다

225 **knowledge** [nálidʒ]

명 지식

The great source of **knowledge** is experience.
교과서 **지식**의 훌륭한 원천은 경험이다.

VOCA TIP
학습이나 경험을 통해 얻은 정보, 아는 바, 기술, 이해 등을 폭넓게 의미해요.

226 **concept** [kánsept]

명 개념

All scientific **concepts** can be mathematized.
수능 모든 과학 **개념**은 수학화될 수 있다.

= idea 명 생각; 개념

학평 빈출

227 **term** [təːrm]

명 학기; 기간; 용어

We should not focus on short-**term** losses, but rather on long-**term** growth. 학평
우리는 단**기간**의 손실이 아니라 장**기간**의 성장에 초점을 맞추어야 한다.

» in terms of ~ 면에서, ~에 관하여
= period 명 기간

사회·경제 전반의 소재에서 '기간'이라는 뜻으로 주로 사용되었는데 short-term, long-term처럼 하이픈으로 연결되어 명사를 수식하는 형용사로 쓰이거나 in the long[short] term(장기적[단기적]으로) 등의 표현이 자주 출제되었어요.

VOCA TIP
영국에서는 1년에 세 학기인 the spring/summer/autumn term으로 나뉘고, 미국에서는 semester를 써서 the spring/fall semester 두 학기로 나뉘어요.

228 **motivate** [móutəvèit]

동 동기를 부여하다

A leader should have the ability to **motivate** others. 교과서
지도자는 다른 사람들에게 **동기를 부여하는** 능력을 가져야 한다.

+ motivation 명 동기 부여

229 **intellectual** [ìntəléktʃuəl]

㊕ 지적인, 지성의 ㊔ 지식인

Authors have rights to their **intellectual** property during their lifetimes. 수능

작가들은 평생 동안 그들의 **지적** 재산에 대한 권리를 갖는다.

VOCA TIP
* the intellectual powers 지능
* the intellectual class 지식인 계급

230 **insight** [ínsait]

㊔ 통찰력, 식견

I gained **insights** from the beautiful colors of the river. 교과서

나는 그 강의 아름다운 색깔로부터 **통찰력**을 얻었다.

+ insightful ㊕ 통찰력 있는

VOCA TIP
insight의 의미는 <in(~ 안의, ~ 안으로) + sight(보다; 시력) = 안쪽까지 봄 → 통찰력>이에요.

231 **memorize** [méməràiz]

㊐ 암기하다

I tried to **memorize** the information in the textbook. 성취도

나는 교과서에 있는 정보를 **암기하려고** 노력했다.

+ memory ㊔ 기억(력); 추억

학평 빈출

232 **reward** [riwɔ́:rd]

㊐ 보답하다, 보상하다 ㊔ 보상

You should **reward** your puppy only when he follows your order. 학평

당신은 강아지가 당신의 명령을 따를 때에만 **보상해야** 한다.

행동 심리학 주제의 지문에서 연구·조사 결과를 언급하며 as a reward(보상으로)라는 표현이 자주 등장하였고, 동사는 be rewarded(보상을 받다), rewarding(보상하기) 등의 형태로 자주 쓰였어요.

233 **institute** [ínstitu:t]

㊔ 협회, 기관; 대학

She wasn't allowed entrance from the Carnegie **Institute** of Technology. 학평

그녀는 Carnegie(카네기) 공과 **대학**에서 입학을 거절당했다.

+ institution ㊔ 협회; 제도; 도입

234 **logic** [lɑ́dʒik]

㊔ 논리

Logic must be learned through the use of examples. 수능

논리는 예시의 사용을 통해서 학습되어야 한다.

+ logical ㊕ 논리적인, 타당한

20 25 30 35 40

235 [ ][ ] **refer**
[rifə́ːr]

[동] **가리키다; 참조하다; 언급하다**

Duration **refers** to the time that events last.
[수능] 지속 시간은 사건이 지속되는 시간을 **가리킨다**.

[»] refer to A as B A를 B라고 부르다

VOCA TIP
* What does "it" refer to?
'it'은 무엇을 가리키는가?
* refer to a dictionary
사전을 참조하다
* refer to the matter
그 일을 언급하다

236 [ ][ ] **theory**
[θí(ː)əri]

[명] **이론**

Do wormholes exist only in **theory**? [교과서]
웜홀은 **이론**상으로만 존재하는가?

[»] in theory 이론상으로는
Darwin's theory of evolution 다윈의 진화론

237 [ ][ ] **standard**
[stǽndərd]

[명] **표준, 기준** [형] **표준의**

The poems written in **standard** English were called "majors." [학평]
표준 영어로 쓰인 시들은 'majors'라고 불렸다.

[+] standardize [동] 표준화하다

VOCA TIP
double standard는 '이중 잣대, 이중 기준'이라는 뜻으로 상황이나 대상에 따라 다르게 적용되는 불공평한 기준을 말해요.

238 [ ][ ] **register**
[rédʒistər]

[동] **등록하다**

I came to **register** for a yoga class. [교과서]
저는 요가 수업에 **등록하러** 왔어요.

[+] registration [명] 등록
[=] enroll [동] 등록하다

239 [ ][ ] **certificate**
[sərtífəkit]

[명] **증명서; 자격증**

Every participant will receive a **certificate** for entry! [학평]
모든 참가자는 참가 **증명서**를 받을 것입니다!

[=] license [명] 자격증, 면허

VOCA TIP
* a certificate of birth 출생증명서
* a teaching certificate
교사 자격증

240 [ ][ ] **literal**
[lítərəl]

[형] **문자 그대로의**

He didn't take what I said in a **literal** sense.
그는 내가 말한 것을 **문자 그대로의** 의미로 받아들이지 않았다.

[+] literally [부] 문자 그대로

DAY 08

학교, 교육

Use Words

빈칸을 채우며 단어를 외우고, 쓰면서 한 번 더 익히세요.

01	her ________ performance 그녀의 학업 성적	academic academic
02	attend a ________ 강의를 듣다	lecture
03	to his ________ 그의 기숙사까지	dormitory
04	________ other people 다른 사람들을 격려하다	encourage
05	________ your paper 너의 보고서를 제출하다	submit
06	be ________ed from school 학교로부터 정학을 받다	suspend
07	win a ________ 장학금을 타다	scholarship
08	________ the students 학생들을 상담하다	counsel
09	teachers and ________s 선생님들과 학생들	pupil
10	________ speaking skills 말하기 능력을 향상하다	improve
11	be ________d about the limits 한계에 대해 교육받다	educate
12	________ her in Spanish 그녀에게 스페인어를 가르치다	instruct
13	________ the power of positive thinking 긍정적인 생각의 힘을 강조하다	emphasize
14	________ skills 기술을 습득하다	acquire
15	the great source of ________ 지식의 훌륭한 원천	knowledge

16 all scientific ______________s 모든 과학 개념 | concept

17 the summer ______________ 여름 학기 | term

18 the ability to ______________ others
다른 사람들에게 동기를 부여하는 능력 | motivate

19 ______________ property rights 지적 재산권 | intellectual

20 gain ______________s 통찰력을 얻다 | insight

21 ______________ the information 정보를 암기하다 | memorize

22 ______________ your puppy with snacks
강아지에게 간식으로 보상하다 | reward

23 the Carnegie ______________ of Technology
카네기 공과 대학 | institute

24 learn ______________ 논리를 학습하다 | logic

25 ______________ to a dictionary 사전을 참조하다 | refer

26 Darwin's ______________ of evolution
다윈의 진화론 | theory

27 ______________ English 표준 영어 | standard

28 ______________ for a yoga class 요가 수업에 등록하다 | register

29 a ______________ for entry 참가 증명서 | certificate

30 in a ______________ sense 문자 그대로의 의미로 | literal

학교, 교육

3-Minute Check

오늘 학습한 단어와 뜻을 최종적으로 암기했는지 확인하세요!

			Check
211	academic	형 학업의; 학구적인	☐
212	lecture	명 강의, 강연 동 강의하다	☐
213	dormitory	명 기숙사	☐
214	encourage	동 격려하다; 장려하다	☐
215	submit	동 제출하다	☐
216	suspend	동 정학시키다; 중지하다	☐
217	scholarship	명 장학금; 학식	☐
218	counsel	동 상담하다 명 상담	☐
219	pupil	명 학생; 눈동자	☐
220	improve	동 향상하다; 개선되다	☐
221	educate	동 교육하다	☐
222	instruct	동 가르치다; 지시하다	☐
223	emphasize	동 강조하다	☐
224	acquire	동 얻다, 습득하다	☐
225	knowledge	명 지식	☐

			Check
226	concept	명 개념	☐
227	term	명 학기; 기간; 용어	☐
228	motivate	동 동기를 부여하다	☐
229	intellectual	형 지적인, 지성의 명 지식인	☐
230	insight	명 통찰력, 식견	☐
231	memorize	동 암기하다	☐
232	reward	동 보답하다, 보상하다 명 보상	☐
233	institute	명 협회, 기관; 대학	☐
234	logic	명 논리	☐
235	refer	동 가리키다; 참조하다; 언급하다	☐
236	theory	명 이론	☐
237	standard	명 표준, 기준 형 표준의	☐
238	register	동 등록하다	☐
239	certificate	명 증명서; 자격증	☐
240	literal	형 문자 그대로의	☐

외우지 않은 단어가 있으면 미니 단어장에서 다시 한번 정리해 보세요.

회사, 사회생활

오늘 학습할 단어를 공부하고, 가리개를 사용해서 암기해 보세요.

241 **firm** [fəːrm]

㉮ 회사 ㉯ 단단한; 확고한

Dave obtained a job at a building **firm**. EBS
Dave는 건설 **회사**에서 일자리를 얻었다.

= company ㉮ 회사 hard ㉯ 단단한, 굳은

VOCA TIP
* a law firm 법률 회사
* firm ground 단단한 땅
* firm belief 확고한 신념

242 **employ** [implɔ́i]

㉰ 고용하다

Jenny is the manager of a company that **employs** about 25 people. 학평
Jenny는 약 25명을 **고용한** 회사의 관리자이다.

+ employee ㉮ 근로자 employer ㉮ 고용주

243 **assign** [əsáin]

㉰ 맡기다, 배정하다

Let me **assign** this work to the other teachers. 수능
제가 이 일을 다른 선생님들에게 **맡길게요**.

+ assignment ㉮ 과제; 배정

How Different

244 **career** [kəríər]

㉮ 직업; 경력

I took the **career** counseling program. 학평
나는 **직업** 상담 프로그램을 들었다.

245 **profession** [prəféʃən]

㉮ 직업, 전문직

She is ready for more challenge in her medical **profession**. EBS
그녀는 자신의 의료 **전문직**에서 더 많은 도전을 할 준비가 되어 있다.

+ professional ㉯ 직업의, 전문직의 ㉮ 전문가

* career 오랜 기간 동안 종사하는 직업이나 경력을 의미함
* profession 특히 많은 교육이 필요한 전문적인 직업이나 직종을 의미함

246 **application** [æ̀pləkéiʃən]

㉮ 지원, 지원서; 적용

We are taking **applications** only on our homepage. 학평
저희는 홈페이지로만 **지원**을 받고 있습니다.

» fill in the application form 지원서 양식을 채우다
+ apply ㉰ 지원하다; 적용하다

VOCA TIP
컴퓨터 응용 프로그램을 뜻할 때는 app(앱)으로 줄여 쓸 수 있어요.

247 **manage**
[mǽnidʒ]

㊍ **관리하다, 경영하다; 용케 해내다**

It is important to **manage** time effectively. 교과서
시간을 효율적으로 **관리하는** 것은 중요하다.

+ **management** ⑲ 관리, 경영

---

248 **confirm**
[kənfə́ːrm]

㊍ **확인해 주다; 확정하다**

She **confirmed** the need to challenge old practices. 학평
그녀는 오래된 관행에 도전할 필요성을 **확인해 주었다**.

VOCA TIP
* confirm the rumor 소문(이 사실임)을 확인해 주다
* confirm one's reservation 예약을 확정하다

---

249 **promote**
[prəmóut]

㊍ **승진시키다**

The guard was going to be **promoted** to head of security. 학평
그 경비원은 경비 책임자로 **승진할** 예정이었다.

---

250 **commute**
[kəmjúːt]

⑲ **통근** ㊍ **통근하다**

We didn't know whether to make ready for the morning **commute** or not. 수능
우리는 아침 **통근** 준비를 해야 할지 말아야 할지를 몰랐다.

VOCA TIP
* a long commute 장거리 통근
* commute by subway 지하철로 출퇴근하다

학평 빈출

251 **purpose**
[pə́ːrpəs]

⑲ **목적**

The **purpose** of setting goals is to win the game. 학평
목표를 설정하는 **목적**은 경기에서 이기는 것이다.

» **on purpose** 일부러, 고의로
= **aim, goal** ⑲ 목적, 목표

business purpose(사업 목적), purpose of -ing(~할 목적으로), for defensive purpose(방어 목적으로) 등 다양한 표현이 폭넓은 주제의 지문에 쓰였어요. 더불어 accidentally(우연히)와 대비되는 의미인 on purpose(일부러, 고의로)도 꼭 알아두세요.

---

252 **labor**
[léibər]

⑲ **노동**

Long hours of backbreaking **labor** caused her hair to fall out. 학평
장시간의 고된 **노동**으로 인해 그녀의 머리카락이 빠졌다.

VOCA TIP
영국에서는 labour로 써요.

How Different

253 **achieve** [ətʃíːv]

㊍ **이루다, 성취하다**

We've **achieved** so many things that seemed impossible. 교과서

우리는 불가능해 보이는 아주 많은 것들을 **이루어** 왔다.

➕ achievement ㊔ 업적; 성취

🟰 accomplish ㊍ 성취하다

* achieve success 성공을 이루다
* achieve a goal 목표를 달성하다
* achieve victory 승리를 얻다

254 **obtain** [əbtéin]

㊍ **얻다, 획득하다**

You may **obtain** information from an advertisement. 학평

당신은 광고에서 정보를 **얻을지도** 모른다.

🟰 get ㊍ 얻다

- **achieve** 많은 노력 끝에 목표를 이루고 좋은 결과를 얻어 성공하는 것을 의미함
- **obtain** get보다 정중한 표현으로, 노력, 기술, 일 등을 통해 원하던 것을 얻는 것을 의미함

255 **license** [láisəns]

㊔ **면허, 자격증**

You have to renew your driver's **license**. 수능

당신은 운전**면허**를 갱신해야 합니다.

VOCA TIP

영국에서는 주로 licence로 써요.

256 **document** [dákjəmənt]

㊔ **서류, 문서**

Read your **document** carefully one last time. 학평

마지막으로 **문서**를 주의 깊게 읽어 보세요.

➕ documentary ㊎ 문서의; 기록의 ㊔ 다큐멘터리

🟰 paper ㊔ 서류, 문서

257 **attach** [ətǽtʃ]

㊍ **붙이다, 첨부하다**

We **attached** a document to the email. 학평

우리는 그 이메일에 서류를 **첨부했다**.

➕ attachment ㊔ 첨부 파일; 부착; 애착

258 **notify** [nóutəfài]

㊍ **알리다, 통지하다**

We got letters **notifying** us about the job.

우리는 그 일자리에 대해 우리에게 **통지하는** 편지를 받았다.

➕ notification ㊔ 통지; 공고문

🟰 inform ㊍ 알리다, 통지하다

VOCA TIP

접미사 -fy는 '~되게 하다'라는 뜻의 동사를 만들어요.

259 **qualify**
[kwáləfài]

㊐ **자격을 주다; 자격을 얻다**

This training course will **qualify** you for a better job.
이 훈련 과정은 당신이 더 나은 직업을 가질 **자격을 줄** 것이다.

➕ **qualification** ㊐ 자격

VOCA TIP
quality(질, 품질)와 혼동하지 마세요!

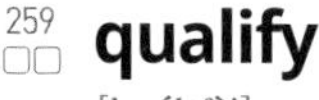

학평 빈출

260 **replace**
[ripléis]

㊐ **대신하다; 교체하다**

I think nothing can **replace** hard work in life.
학평 나는 인생에서 열심히 일하는 것을 **대신할** 수 있는 것은 아무것도 없다고 생각한다.

» **replace A with B** A를 B로 대체하다
➕ **replacement** ㊐ 대체; 교체

be easily replaced(쉽게 대체되다), nothing can replace ~(아무것도 ~을 대체할 수 없다) 등의 표현으로 어떤 사람이나 직무, 가치 등의 대체 가능성을 언급하는 내용이나 replace the tire[battery]처럼 타이어나 배터리 등 '(물건을) 교체하다'라는 뜻으로 자주 출제되었어요.

261 **quit**
[kwit]

㊐ **그만두다; 떠나다**

She **quit** her job and decided to take pictures for a living. 교과서
그녀는 직장을 **그만두고** 생계를 위해 사진을 찍기로 결심했다.

⊟ **stop** ㊐ 그만두다

VOCA TIP
* quit smoking 담배를 끊다
* quit the city 그 도시를 떠나다

262 **retire**
[ritáiər]

㊐ **은퇴하다**

An elderly carpenter was ready to **retire**. 학평
한 나이 든 목수는 **은퇴할** 준비가 되어 있었다.

➕ **retirement** ㊐ 은퇴

263 **undertake**
[ʌ̀ndərtéik]

㊐ **떠맡다, 착수하다**

He was invited to **undertake** the project for the festival.
그는 그 축제를 위한 프로젝트를 **맡아 달라는** 요청을 받았다.

VOCA TIP
특정 문제 해결을 위한 대책 본부, 특별 위원회를 task force라고 해요.

264 **task**
[tæsk]

㊐ **일, 과업**

What kinds of **tasks** can the robot do? 교과서
그 로봇은 어떤 종류의 **일**을 할 수 있나요?

» **carry out a task** 과업을 수행하다

265 **expert** [ékspəːrt]

㉠ 전문가 ㉡ 전문가의; 숙련된

Experts in economics suggest that young people stop buying unnecessary things. 학평

경제 **전문가들**은 젊은이들이 불필요한 물건들을 사는 것을 멈춰야 한다고 제안한다.

(=) **specialist** ㉠ 전문가

주로 글의 주제를 부연 설명하거나 주장을 뒷받침하기 위해 전문가의 언급이나 연구 등을 인용하는 Experts say[predict, believe] that ~(전문가들은 ~라고 말한다[예측한다, 믿는다]), according to experts (전문가에 따르면) 등의 표현이 자주 쓰였어요.

---

266 **colleague** [kɑ́liːg]

㉠ 동료

We have an unresolved problem with our **colleagues**. 학평

우리는 **동료들**과 해결되지 않은 문제가 있다.

(=) **co-worker** ㉠ 동료

---

267 **superior** [su(ː)píəriər]

㉡ 우수한; 상관의 ㉠ 윗사람; 상사

Some people are not interested in trying to appear **superior** to others. 학평

어떤 사람들은 다른 사람들보다 **우월하게** 보이려고 노력하는 데 관심이 없다.

(») **superior to** ~보다 우수한[우월한]

(↔) **inferior** ㉡ 열등한; 손아래의 ㉠ 하급자

VOCA TIP

'~보다 우수한'은 superior than이 아니라 superior to를 쓰고, 이미 비교의 의미가 들어 있기 때문에 more superior와 같은 비교 표현은 사용하지 않아요.

---

268 **clerk** [kləːrk]

㉠ 사무원, 직원; 점원

He asks the hotel **clerk** to call a taxi. 학평

그는 호텔 **직원**에게 택시를 불러 달라고 부탁한다.

---

269 **secretary** [sékrətèri]

㉠ 비서

Churchill's **secretary** asked the publisher to send his painting to England. 학평

처칠의 **비서**는 출판업자에게 그의[처칠의] 그림을 영국으로 보내 달라고 요청했다.

Secretary of Defense(국방부 장관)처럼 대문자로 시작하면 '장관'을 뜻해요.

---

270 **personnel** [pə̀ːrsənél]

㉠ 직원; 인사과

Doctors Without Borders trains local medical **personnel**. 학평

〈국경없는의사회〉는 지역 의료**진**을 양성한다.

(=) **staff** ㉠ 직원

personal(개인의)과 혼동하지 마세요!

DAY 09

회사, 사회생활

Use Words

빈칸을 채우며 단어를 외우고, 쓰면서 한 번 더 익히세요.

01 a building ____________ 건설 회사 — firm firm

02 ____________ about 25 people 약 25명을 고용하다 — employ

03 ____________ this work to others 이 일을 다른 사람들에게 맡기다 — assign

04 the ____________ counseling 직업 상담 — career

05 the medical ____________ 의료 전문직 — profession

06 fill in the ____________ form 지원서 양식을 채우다 — application

07 ____________ time effectively 시간을 효율적으로 관리하다 — manage

08 ____________ one's reservation 예약을 확정하다 — confirm

09 ____________ Lisa to head of security Lisa를 경비 책임자로 승진시키다 — promote

10 ____________ by subway 지하철로 통근하다 — commute

11 business ____________ 사업 목적 — purpose

12 long hours of ____________ 장시간의 노동 — labor

13 ____________ success 성공을 이루다 — achieve

14 ____________ information from an advertisement 광고에서 정보를 얻다 — obtain

15 renew your driver's ____________ 운전면허를 갱신하다 — license

16 read your ____________ carefully 문서를 주의 깊게 읽다 document

17 ____________ a document to the email attach
그 이메일에 서류를 첨부하다

18 ____________ us about the job notify
그 일자리에 대해 우리에게 통지하다

19 ____________ you for a better job qualify
당신에게 더 나은 직업을 가질 자격을 주다

20 ____________ A with B A를 B로 대체하다 replace

21 ____________ one's job 직장을 그만두다 quit

22 be ready to ____________ 은퇴할 준비가 되다 retire

23 ____________ the project 프로젝트를 떠맡다 undertake

24 carry out a ____________ 과업을 수행하다 task

25 an ____________ in economics 경제 전문가 expert

26 have a problem with a ____________ colleague
동료와 문제가 있다

27 ____________ to others 다른 사람들보다 우수한 superior

28 the hotel ____________ 호텔 직원 clerk

29 ask his ____________ to do something secretary
그의 비서에게 무언가 해 달라고 요청하다

30 train medical ____________ 의료진을 양성하다 personnel

DAY 09

회사, 사회생활

3-Minute Check

오늘 학습한 단어와 뜻을 최종적으로 암기했는지 확인하세요!

			Check
241	firm	ⓜ 회사 ⓗ 단단한; 확고한	☐
242	employ	ⓓ 고용하다	☐
243	assign	ⓓ 맡기다, 배정하다	☐
244	career	ⓜ 직업; 경력	☐
245	profession	ⓜ 직업, 전문직	☐
246	application	ⓜ 지원, 지원서; 적용	☐
247	manage	ⓓ 관리하다, 경영하다; 용케 해내다	☐
248	confirm	ⓓ 확인해 주다; 확정하다	☐
249	promote	ⓓ 승진시키다	☐
250	commute	ⓜ 통근 ⓓ 통근하다	☐
251	purpose	ⓜ 목적	☐
252	labor	ⓜ 노동	☐
253	achieve	ⓓ 이루다, 성취하다	☐
254	obtain	ⓓ 얻다, 획득하다	☐
255	license	ⓜ 면허, 자격증	☐

			Check
256	document	ⓜ 서류, 문서	☐
257	attach	ⓓ 붙이다, 첨부하다	☐
258	notify	ⓓ 알리다, 통지하다	☐
259	qualify	ⓓ 자격을 주다; 자격을 얻다	☐
260	replace	ⓓ 대신하다; 교체하다	☐
261	quit	ⓓ 그만두다; 떠나다	☐
262	retire	ⓓ 은퇴하다	☐
263	undertake	ⓓ 떠맡다, 착수하다	☐
264	task	ⓜ 일, 과업	☐
265	expert	ⓜ 전문가 ⓗ 전문가의; 숙련된	☐
266	colleague	ⓜ 동료	☐
267	superior	ⓗ 우수한; 상관의 ⓜ 윗사람; 상사	☐
268	clerk	ⓜ 사무원, 직원; 점원	☐
269	secretary	ⓜ 비서	☐
270	personnel	ⓜ 직원; 인사과	☐

외우지 않은 단어가 있으면 **미니 단어장**에서 다시 한번 정리해 보세요.

DAY 10

상황·사물 묘사

듣고 발음을 익혀보자!

오늘 학습할 단어를 공부하고, 가리개를 사용해서 암기해 보세요.

271 **describe** [diskráib]

[동] 묘사하다

The writer **described** Nobel as the inventor of dynamite. [교과서]
그 글쓴이는 노벨을 다이너마이트의 발명가로 **묘사했다**.

» describe A as B A를 B로 묘사하다
+ description [명] 묘사

272 **situation** [sìtʃuéiʃən]

[명] 상황

I never gave up in difficult **situations**. [교과서]
나는 어려운 **상황**에서 절대 포기하지 않았다.

= circumstance, condition [명] 상황

VOCA TIP
sitcom(시트콤)은 situation comedy의 줄임말이에요.

273 **disappear** [dìsəpíər]

[동] 사라지다

What happens if all the insects **disappear**?
[교과서] 모든 곤충이 **사라지면** 어떻게 될까?

↔ appear [동] 나타나다

274 **sudden** [sʌ́dən]

[형] 갑작스러운

You should watch out for **sudden** high waves.
[교과서] 너는 **갑작스러운** 높은 파도를 조심해야 한다.

» all of a sudden 갑자기
+ suddenly [부] 갑자기

VOCA TIP
스포츠에서 sudden death는 동점인 경우 연장전에서 한쪽이 먼저 득점하여 끝나는 단판 승부를 가리켜요.

275 **brief** [bri:f]

[형] 잠시의; 간결한

Our message to you is **brief**, but important.
[학평] 당신에게 드리는 저희의 메시지는 **간결하지만** 중요합니다.

» in brief, to be brief 간단히 말해서, 요컨대

276 **flexible** [fléksəbl]

[형] 유연한, 융통성 있는

Take a **flexible** attitude toward career choices.
[학평] 직업 선택에 대해 **유연한** 태도를 취하세요.

277 **alike**
[əláik]

㉭ 비슷한 ㉮ 비슷하게

People think identical twins are **alike** in every way. 학평
사람들은 일란성 쌍둥이가 모든 면에서 **비슷하다고** 생각한다.

↔ unlike ㉭ 서로 다른 = similar ㉭ 비슷한

VOCA TIP
형용사로 쓰일 때 명사를 수식하지 않고 be alike(비슷하다)처럼 서술 용법으로만 쓰여요.

How Different

278 **definite**
[défənit]

㉭ 확실한, 명확한

Emoticons were a **definite** advantage in non-verbal communication. 학평
이모티콘은 비언어적 의사소통에서 **확실한** 장점이었다.

= clear ㉭ 확실한

VOCA TIP
구어에서 yes의 의미를 강조할 때 Definitely!(확실히!)를 써요.

279 **distinct**
[distíŋkt]

㉭ 뚜렷한; 별개의

The history of animal species reveals a **distinct** sameness in behavior. EBS
동물 종의 역사를 살펴보면 행동에 있어 **뚜렷한** 공통점이 나타난다.

+ distinction ㉥ (뚜렷한) 차이; 구분

280 **obvious**
[ábviəs]

㉭ 명백한, 분명한

It was **obvious** that my son's teammate needed help. 학평
내 아들의 팀 동료가 도움을 필요로 했음이 **명백했다**.

» for obvious reasons 명백한 이유로

- **definite** 말이나 행동의 의미가 이해하는 데 어려움 없이 명확한 것을 묘사함
- **distinct** 뚜렷하게 보이거나 들리거나 냄새가 확연히 나는 대상을 묘사함
- **obvious** 특정 증거 없이도 매우 알아차리기 쉬운 것을 묘사함

281 **apparent**
[əpǽrənt]

㉭ 명백한; 외관상의

It became **apparent** that he was a beginner. EBS
그가 초보라는 것이 **명백해졌다**.

282 **particular**
[pərtíkjələr]

㉭ 특정한; 특별한

Do you have any **particular** style in mind? 교과서
생각하고 계신 **특정한** 스타일이 있으신가요?

» in particular 특히
= specific ㉭ 특정한; 구체적인

283 **contain** [kəntéin]

동 ~이 들어 있다, 포함하다

Onions **contain** a lot of vitamin B. 교과서
양파에는 비타민 B가 많이 **들어 있다**.

+ container 명 용기; 컨테이너

---

284 **separate** 동 [sépərèit] 형 [sépərit]

동 분리하다 형 분리된

Separate items to recycle into different boxes.
교과서 재활용할 물품들을 각각 다른 상자에 **분리하세요**.

+ separation 명 분리

VOCA TIP
* separate the eggs 계란을 분리하다
* separate accounts 분리된[별도] 계정

학평 빈출

285 **object** 명 [ábdʒekt] 동 [əbdʒékt]

명 물체; 목표 동 반대하다

3D printing technology doesn't require an original **object** to copy. 학평
3D 프린팅 기술은 복사하기 위한 원본 **물체**를 필요로 하지 않는다.

+ objection 명 반대

object는 학평에서 '물체'라는 뜻으로 과학 주제의 지문에 자주 출제되는 경향이 있고, 형용사형인 objective(객관적인)도 빈칸 유형이나 문맥상 적절한 어휘를 추론하는 문제에서 종종 출제되었어요.

VOCA TIP
UFO는 Unidentified Flying Object(미확인 비행 물체)의 약자예요.

---

286 **unusual** [ʌnjú:ʒuəl]

형 보통이 아닌, 특이한

Jim had a very **unusual** habit for a grown man. EBS
Jim은 성인 남자로서는 매우 **특이한** 습관을 가지고 있었다.

↔ usual 형 보통의, 평범한
= uncommon 형 드문, 별난

---

287 **precious** [préʃəs]

형 귀중한; 값비싼

The three goddesses got **precious** treasures.
교과서 세 여신은 **귀중한** 보물을 받았다.

= valuable 형 귀중한

VOCA TIP
My precious!(내 귀중한 사람[보물]!)처럼 애정이 가는 사람이나 사물을 칭할 때 쓰이기도 해요.

---

288 **appropriate** [əpróupriət]

형 적절한

What title would be **appropriate** for this painting? 교과서
이 그림에는 어떤 제목이 **적절할까요**?

↔ inappropriate 형 부적절한 = proper 형 적절한

289 **delicate** [délikət]

㉑ **깨지기 쉬운; 섬세한; 미묘한**

The egg is **delicate**, yet strong enough to protect its contents. 교과서
달걀은 **깨지기 쉽지만** 내용물을 보호할 만큼 충분히 튼튼하다.

VOCA TIP
* delicate skin 연약한 피부
* a delicate hand 섬세한 손
* a delicate situation 미묘한 상황

학평 빈출

290 **similar** [símələr]

㉑ **비슷한, 유사한**

The color was **similar** to that of the morning glory flower. 성취도
그 색깔은 나팔꽃 색깔과 **비슷했다**.

- be similar to ~와 비슷하다
- similarly ㉓ 비슷하게, 유사하게
- different ㉑ 다른

글의 순서를 파악하는 문제에서 (A), (B), (C) 단락 중 하나가 Similarly로 시작하며 단서를 제공해 주는 경우가 많으니 알아두세요.

291 **fundamental** [fʌ̀ndəméntəl]

㉑ **근본적인; 주요한**

Fundamental differences may exist between men and women. 학평
남녀 사이에는 **근본적인** 차이가 있을지도 모른다.

- basic ㉑ 근본적인 essential ㉑ 주요한, 핵심적인

292 **urgent** [ə́ːrdʒənt]

㉑ **긴급한; 다급한**

Rarely are phone calls **urgent**. 학평
전화가 **긴급한** 경우는 드물다.

- urgently ㉓ 긴급하게

293 **ridiculous** [ridíkjələs]

㉑ **우스운, 어리석은**

It's a **ridiculous** error to conclude that tattoos cause motorcycle accidents. 학평
문신이 오토바이 사고를 일으킨다고 결론 내리는 것은 **어리석은** 오류이다.

- foolish ㉑ 우스운, 어리석은

VOCA TIP
강조하고 싶을 때는 very ridiculous보다 absolutely ridiculous라고 주로 표현해요.

294 **faint** [feint]

㉑ **희미한; 어지러운** ㉔ **기절하다**

There was a **faint** smile on his lips. EBS
그는 입가에 **희미한** 미소를 지었다.

- dim ㉑ 흐릿한, 희미한

* faint breathing 미약한 호흡
* feel faint 어지러움을 느끼다
* faint from the heat 더위로 기절하다

295 **soak**
[souk]

㉤ **담그다; 흠뻑 적시다**

The man read the letter and **soaked** it with his tears. 학평
그 남자는 그 편지를 읽고 눈물로 그것을 **적셨다**.

VOCA TIP
* soak bread in milk
빵을 우유에 (푹) 담그다
* be soaked by the shower
소나기를 만나 흠뻑 젖다

296 **ultimate**
[ʌ́ltəmit]

㉢ **궁극적인, 최후의**

You found the **ultimate** answer to career choices. 학평
당신은 직업 선택에 대한 **궁극적인** 답을 찾았다.

㊀ **final** ㉢ 최후의, 마지막의

297 **sufficient**
[səfíʃənt]

㉢ **충분한**

If you get **sufficient** sleep, you would feel refreshed. 학평
당신이 **충분한** 수면을 취한다면, 기분이 상쾌할 것이다.

↔ **insufficient** ㉢ 불충분한
㊀ **enough** ㉢ 충분한

298 **compact**
[kάmpækt]

㉢ **소형의; 빽빽한**

Dark colors make a **compact** space look smaller.
어두운 색은 **작은** 공간을 더 작아 보이게 만든다.

299 **haste**
[heist]

㉨ **서두름, 급함**

He was in **haste** to get out of the bus.
그는 **서둘러** 버스에서 내렸다.

» **in haste** 서둘러서
㊀ **hurry** ㉨ 서두름, 급함

VOCA TIP
Haste makes waste.(서두르면 일을 그르친다.)라는 속담도 알아두세요!

300 **monotonous**
[mənάtənəs]

㉢ **단조로운**

She is tired of her **monotonous** life.
그녀는 **단조로운** 생활에 지쳐 있다.

↔ **varied** ㉢ 다채로운, 변화가 있는
㊀ **dull** ㉢ 단조로운, 따분한

DAY 10

상황·사물 묘사

Use Words

빈칸을 채우며 단어를 외우고, 쓰면서 한 번 더 익히세요.

01 ____________ him as the inventor
그를 발명가로 묘사하다 — describe

02 in difficult ____________s 어려운 상황에서 — situation

03 if all the insects ____________
만약 모든 곤충이 사라진다면 — disappear

04 ____________ high waves 갑작스러운 높은 파도 — sudden

05 a ____________ message 간결한 메시지 — brief

06 a ____________ attitude 유연한 태도 — flexible

07 ____________ in every way 모든 면에서 비슷한 — alike

08 a ____________ advantage 확실한 장점 — definite

09 a ____________ sameness 뚜렷한 공통점 — distinct

10 for ____________ reasons 명백한 이유로 — obvious

11 become ____________ that ~ ~라는 것이 명백해지다 — apparent

12 any ____________ style 어떤 특정한 스타일 — particular

13 onions that ____________ vitamin B
비타민 B가 들어 있는 양파 — contain

14 ____________ accounts 분리된[별도] 계정 — separate

15 an original ____________ 원본 물체 — object

16 an ________ habit 특이한 습관 unusual

17 get ________ treasures 귀중한 보물을 받다 precious

18 an ________ title 적절한 제목 appropriate

19 a ________ hand 섬세한 손 delicate

20 ________ in colors 색깔이 비슷한 similar

21 ________ differences 근본적인 차이 fundamental

22 ________ phone calls 긴급한 전화 urgent

23 a ________ error 어리석은 오류 ridiculous

24 a ________ smile 희미한 미소 faint

25 ________ bread in milk 빵을 우유에 담그다 soak

26 find the ________ answer 궁극적인 답을 찾다 ultimate

27 get ________ sleep 충분한 수면을 취하다 sufficient

28 a ________ space 작은 공간 compact

29 ________ makes waste. 서두름이 일을 그르친다. haste

30 her ________ life 그녀의 단조로운 생활 monotonous

DAY 10

상황·사물 묘사

3-Minute Check

오늘 학습한 단어와 뜻을 최종적으로 암기했는지 확인하세요!

			Check
271	describe	동 묘사하다	☐
272	situation	명 상황	☐
273	disappear	동 사라지다	☐
274	sudden	형 갑작스러운	☐
275	brief	형 잠시의; 간결한	☐
276	flexible	형 유연한, 융통성 있는	☐
277	alike	형 비슷한 부 비슷하게	☐
278	definite	형 확실한, 명확한	☐
279	distinct	형 뚜렷한; 별개의	☐
280	obvious	형 명백한, 분명한	☐
281	apparent	형 명백한; 외관상의	☐
282	particular	형 특정한; 특별한	☐
283	contain	동 ~이 들어 있다, 포함하다	☐
284	separate	동 분리하다 형 분리된	☐
285	object	명 물체; 목표 동 반대하다	☐

			Check
286	unusual	형 보통이 아닌, 특이한	☐
287	precious	형 귀중한; 값비싼	☐
288	appropriate	형 적절한	☐
289	delicate	형 깨지기 쉬운; 섬세한; 미묘한	☐
290	similar	형 비슷한, 유사한	☐
291	fundamental	형 근본적인; 주요한	☐
292	urgent	형 긴급한; 다급한	☐
293	ridiculous	형 우스운, 어리석은	☐
294	faint	형 희미한; 어지러운 동 기절하다	☐
295	soak	동 담그다; 흠뻑 적시다	☐
296	ultimate	형 궁극적인, 최후의	☐
297	sufficient	형 충분한	☐
298	compact	형 소형의; 빽빽한	☐
299	haste	명 서두름, 급함	☐
300	monotonous	형 단조로운	☐

외우지 않은 단어가 있으면 미니 단어장에서 다시 한번 정리해 보세요.

Wrap Up

ANSWERS p.330

A 빈칸에 알맞은 단어 혹은 우리말을 쓰시오.

01 container : contain = 용기; 컨테이너 : ____________

02 fancy : plain = ____________ : 수수한; 무늬가 없는

03 receipt : receive = ____________ : 받다

04 ____________ : spoiled = 썩은, 부패한 : 상한

05 term : period = ____________ : 기간

06 valuable : ____________ = 귀중한 : 귀중한; 값비싼

07 ____________ : inferior = 우수한; 상사 : 열등한; 하급자

08 ____________ : trendy = 경향; 유행 : 최신 유행의

09 notify : inform = ____________ : 알리다, 통지하다

10 nourish : nourishment = ____________ : 영양물, 자양분

B 영영풀이에 알맞은 단어를 〈보기〉에서 골라 쓰시오.

〈보기〉 edible fashionable encourage colleague disappear

01 suitable to be eaten ____________

02 a person that you work with ____________

03 to become impossible to see ____________

04 to give somebody support, courage or hope ____________

05 following a style that is popular at a particular time ____________

C 학습한 단어를 이용해 빈칸을 채워 문장을 완성하시오.

01 Dave는 건설 회사에서 일자리를 얻었다.
⇨ Dave obtained a job at a building ________.

02 당신은 남은 음식을 집에 가져가길 원하나요?
⇨ Do you want to take the ________ home?

03 나는 교과서에 있는 정보를 암기하려고 노력했다.
⇨ I tried to ________ the information in the textbook.

04 3D 프린터의 가격은 점점 내려가고 있고 품질은 더 좋아지고 있다.
⇨ The prices of 3D printers are getting lower and the ________ better.

D 주어진 단어를 바르게 배열하여 문장을 완성하시오.

01 Eric은 진열된 축구화 한 켤레를 본다.
(a pair of / Eric / sees / on display / soccer shoes)
⇨ ________________________________

02 샌드위치를 만들려면 빵 두 조각 사이에 스테이크를 넣으세요.
(between / place / to make a sandwich / two slices / of bread / a steak)
⇨ ________________________________

03 우리는 컴퓨터로 놀라운 일들을 할 수 있는 능력을 얻었다.
(we / the ability / acquired / amazing things / to do / with computers)
⇨ ________________________________

04 그 글쓴이는 노벨을 다이너마이트의 발명가로 묘사했다.
(Nobel / as / described / the writer / the inventor of dynamite)
⇨ ________________________________

어려운 문제도 뚝딱!

교과서 필수 단어 확인하기

01 기분이나 감정을 나타내는 단어가 <u>아닌</u> 것은? DAY 03

① depressed ② jealous ③ ashamed
④ standard ⑤ amazed

02 짝지어진 단어의 관계가 〈보기〉와 <u>다른</u> 것은? DAY 09

보기
quit – stop

① firm – company ② purpose – aim
③ obtain – get ④ achieve – accomplish
⑤ superior – inferior

03 빈칸에 들어갈 말이 순서대로 짝지어진 것은? DAY 02, 04, 08

- I'm willing ________ follow the rules for borrowing.
- This photo reminds me ________ my hometown.
- Do wormholes exist only ________ theory?

① to – on – in ② at – with – on
③ for – with – in ④ to – of – in
⑤ for – of – on

04 밑줄 친 단어의 의미가 올바르지 <u>않은</u> 것은? DAY 05

① I pulled him toward the tunnel <u>entrance</u>. (입학)
② Would you <u>repair</u> these earphones for me? (수리하다)
③ She <u>mopped</u> the floor until it looked very shiny. (닦다)
④ Successful people tend to keep a good bedtime <u>routine</u>. (일과)
⑤ The fire <u>alarm</u> went off and everyone had to go outside. (경보기)

ANSWERS p.330

[05-06] 문맥상 빈칸에 들어갈 말로 알맞은 것을 고르시오. DAY 06, 10

05

People think identical twins are ____________ in every way. They dress in matching clothes. They share the same likes and dislikes.

① faint ② flexible ③ separate
④ alike ⑤ sudden

06

When I was having lunch at the restaurant, I was not satisfied with the steak because it was too ____________ for me to eat. I asked the chef to reheat it.

① ripe ② dairy ③ rare
④ edible ⑤ roast

07 우리말과 일치하도록 빈칸에 공통으로 들어갈 한 단어를 쓰시오. DAY 04, 10

- 심리학자들은 좋은 스트레스와 나쁜 스트레스를 구별한다.
  → Psychologists distinguish ____________ good stress and bad stress.
- 남녀 사이에는 근본적인 차이가 있을지도 모른다.
  → Fundamental differences may exist ____________ men and women.

____

08 우리말과 일치하도록 괄호 안의 단어를 이용하여 문장을 완성하시오. DAY 07

James는 새 신발을 살 여유가 없었다. (buy, afford)

→ James could ________________________ new shoes.

수량, 순서, 범위

오늘 학습할 단어를 공부하고, 가리개를 사용해서 암기해 보세요.

301 **million** [míljən]

명 백만 형 백만의

If I had a **million** dollars, I could buy a dream car. 교과서

내게 **백만** 달러가 있다면 나는 꿈의 자동차를 살 수 있을 텐데.

» **millions of** 수백만의 ~, 수많은 ~

학평 빈출

302 **average** [ǽvəridʒ]

명 평균 형 평균의

In 2015, Americans spent an **average** of 5.6 hours a day on the Internet. 학평

2015년에 미국인들은 하루 **평균** 5.6시간을 인터넷에 썼다.

» **on average** 평균적으로

average는 도표 정보 파악 유형에서 an average of(평균 ~), on average(평균적으로) 등의 표현으로 도표의 내용을 진술하는 문장에 자주 쓰였어요. 이밖에도 below/above average(평균 이하/이상), average income(평균 수입) 등의 표현이 경제 및 과학 관련 지문에 출제되는 경향이 있어요.

303 **quarter** [kwɔ́ːrtər]

명 4분의 1

A **quarter** of the money was spent on clothing. 교과서

그 돈의 **4분의 1**이 의류에 소비되었다.

VOCA TIP

1달러의 4분의 1인 '25센트', 1시간의 4분의 1인 '15분', 한 경기를 4부로 나눠 하는 스포츠의 '쿼터' 등 다양한 의미가 있어요.

304 **calculate** [kǽlkjəlèit]

동 계산하다

The fish can **calculate** the speed of flying birds. 교과서

그 물고기는 날아가는 새들의 속도를 **계산할** 수 있다.

+ **calculation** 명 계산 **calculator** 명 계산기

305 **figure** [fígjər]

명 수치, 숫자; 인물

This 15% **figure** would represent "average" performance. 수능

이 15% **수치**는 '평균' 업무 수행을 나타낼 것이다.

» **figure out** 알아내다; 이해하다

= **number** 명 수, 숫자

VOCA TIP

figure가 '인물'을 뜻할 때는 leading figure(주도적 인물, 선두 주자)처럼 쓰여요.

306 **considerable** [kənsídərəbl]

형 상당한, 꽤 많은

The scholars spent a **considerable** amount of time alone thinking. 학평

그 학자들은 **상당한** 양의 시간을 홀로 생각하며 보냈다.

VOCA TIP

considerable time[importance, effort](상당한 시간[중요성, 수고])처럼 구체적인 형태가 없는 명사를 수식해요.

307 **abundant** [əbʌ́ndənt]

㊉ 풍부한

When food is **abundant**, the bird hides nuts throughout the forest. 학평

먹이가 **풍부할** 때 그 새는 숲속 여기저기에 견과를 숨겨 둔다.

㊂ plentiful ㊉ 풍부한

How Different

308 **constant** [kɑ́nstənt]

㊉ 지속적인; 변함없는

What was putting Greg into a state of **constant** stress? 학평

무엇이 Greg을 **지속적인** 스트레스 상태로 몰아넣고 있었나요?

309 **continuous** [kəntínjuəs]

㊉ 계속되는, 끊임없는

Successful people achieved their goals through **continuous** effort. 학평

성공한 사람들은 **끊임없는** 노력을 통해 목표를 이뤘다.

㊉ continue ㊍ 계속하다; 계속되다

- constant 불변성을 강조하며 일이나 상태가 변함없이 일정하게 계속되는 것을 나타냄
- continuous 연속성을 강조하며 멈추지 않고 쭉 이어지는 것을 나타냄

310 **entire** [intáiər]

㊉ 전체의; 완전한

Volcanoes can destroy **entire** cities like Pompeii. 교과서

화산은 폼페이 같은 도시 **전체**를 파괴할 수 있다.

㊂ whole ㊉ 전체의, 모든

VOCA TIP
* entire family 전 가족
* entire freedom 완전한 자유

311 **medium** [míːdiəm]

㊉ 중간의 ㊐ 매체

Do you have this skirt in a **medium** size? 성취도

이 치마 **중간** 사이즈 있나요?

VOCA TIP
'매체'를 의미하는 medium의 복수형은 media예요. '언론 매체'는 news media로 씁답니다.

312 **limit** [límit]

㊐ 제한; 한계 ㊍ 제한하다

The time **limit** for this activity is 10 minutes.

교과서 이 활동의 시간**제한**은 10분이다.

» off-limits 출입 금지의

㊉ limitation ㊐ 제한 (행위); 제약

313 **excess** [iksés]

㊀ **과잉; 초과량**

It is best to avoid both deficiency and **excess**.
학평 부족과 **과잉** 둘 다를 피하는 것이 최선이다.

in excess of ~을 초과하여
exceed ⓢ 초과하다

VOCA TIP
항공사에서 무료 수하물의 허용량을 넘은 초과 수하물을 가리켜 excess baggage라고 해요.

학평 빈출

314 **increase** 동 [inkríːs] 명 [ínkriːs]

동 **증가하다; 늘리다** 명 **증가**

The total Internet usage time **increased** steadily from 2011 to 2015. 학평
2011년에서 2015년까지 인터넷 총 사용 시간이 꾸준히 **증가했다**.

decrease 동 감소하다; 줄이다 명 감소

도표 정보 파악 유형에서 an overall percentage increase(전반적인 비율의 증가), show increased percentage(비율의 증가를 보여 주다), the number of ~ increased(~의 숫자가 증가했다)와 같이 수치나 비율의 증감을 나타내는 표현으로 자주 등장했어요.

315 **diminish** [dimíniʃ]

동 **줄다; 약화시키다**

Clichés in writing **diminish** the strength of your message. 학평
글 속의 클리셰(진부한 표현)는 메시지의 힘을 **약화시킨다**.

316 **gradual** [grǽdʒuəl]

형 **점진적인**

Experts expect a **gradual** improvement in the job market.
전문가들은 고용 시장의 **점진적인** 개선을 기대한다.

gradually 부 서서히

317 **multiply** [mʌ́ltəplài]

동 **곱하다; 크게 증가시키다**

Multiply 3 and 5 together and you get 15.
3과 5를 함께 **곱하면** 15가 된다.

multiplication 명 곱셈; 증가 multiple 형 다수의

VOCA TIP
multi-는 multicolored(다색의), multicultural(다문화의)처럼 '복수의, 다수의, 다량의'라는 뜻을 더해요.

318 **forward** [fɔ́ːrwərd]

부 **앞으로**

We can move **forward** toward our goals. 학평
우리는 우리의 목표를 향해 **앞으로** 나아갈 수 있다.

look forward to ~을 고대하다

'앞으로'라는 의미는 시간(미래로)과 공간(전방을 향하여) 모두에 쓰여요.

학평 빈출

319 **reduce** [ridúːs]

동 **줄이다; 감소하다**

Volunteering helps to **reduce** loneliness in some ways. 학평
자원봉사를 하는 것은 어떤 면으로 외로움을 **줄이는** 데 도움이 된다.

+ **reduction** 명 감소, 축소

특히 제목이나 주제를 찾는 유형 또는 빈칸 추론 유형의 문제에서 reduce 뒤에 risk(위험), stress(스트레스), concern(근심), nervousness(긴장), anxiety(불안) 등 부정적 어감의 단어가 나와서 그러한 것들을 줄이는 방법이나 효과에 대한 내용이 자주 출제되었어요.

---

320 **backward** [bǽkwərd]

부 **뒤로; 거꾸로**

I'm walking **backward** carrying a cup of coffee.
교과서 나는 커피 한 잔을 들고 **뒤로** 걷고 있다.

---

321 **afterward** [ǽftərwərd]

부 **나중에, 후에**

Afterward, the movie *Amadeus* swept eight Oscars. 수능
나중에 영화 〈Amadeus〉는 8개의 오스카상을 휩쓸었다.

» **ever afterward** 그 후로 계속[쭉]
= **later** 부 나중에

VOCA TIP
afterwards라고도 해요.

---

322 **recent** [ríːsənt]

형 **최근의**

In **recent** years, scientists have begun to recognize the issue. 수능
최근 몇 년 동안 과학자들은 그 문제를 인식하기 시작했다.

+ **recently** 부 최근에

---

323 **current** [kɔ́ːrənt]

형 **현재의; 통용되는** 명 **흐름**

Is the story related to **current** events? 교과서
그 이야기가 **현재의** 사건들과 관계가 있나요?

+ **currency** 명 통화; 유통

VOCA TIP
명사로 쓰일 때는 조류, 기류, 해류 등 '물이나 공기의 흐름' 또는 '경향, 풍조'를 의미해요.

---

324 **temporary** [témpərèri]

형 **일시적인, 임시의**

This is merely a **temporary** solution.
이것은 단지 **일시적인** 해결책일 뿐이다.

↔ **permanent** 형 영구적인

325 **former** [fɔ́ːrmər]

㉻ **전자의; 이전의**

Winston Churchill, a **former** British prime minister, was an amateur artist. 학평

전 영국 수상인 Winston Churchill은 아마추어 예술가였다.

⊜ previous ㉻ 이전의

VOCA TIP
앞에 언급된 두 개의 대상 중에서 '전자'는 the former, '후자'는 the latter를 써요.

How Different

326 **previous** [príːviəs]

㉻ **이전의, 앞서의**

The city received less tourists in 2021 compared to the **previous** year. 학평

그 도시는 2021년에 **전**년도에 비해 더 적은 수의 관광객을 받았다.

⊕ previously ㈜ 이전에

VOCA TIP
* the previous evening 전날 저녁
* a previous engagement 선약

327 **prior** [práiər]

㉻ **이전의; 우선하는**

Ticket sales end one hour **prior** to closing time. 학평

티켓 판매는 마감 시간 한 시간 **전**에 종료됩니다.

⊕ priority ㊐ 우선 사항, 우선권

• previous 이전의 일 중 가장 최근인 바로 직전의 일을 가리킴
• prior 어떤 일이 있기 이전의 일을 가리키며, 날짜, 배치, 경고, 통지, 협의 등에 관한 표현에 쓰임

328 **range** [reindʒ]

㊐ **범위** ㊈ **범위가 ~이다**

We will prepare boards in a wide **range** of sizes for rent. 학평

저희는 광**범위**한 사이즈의 보드를 대여용으로 준비할 것입니다.

329 **category** [kǽtəgɔ̀ːri]

㊐ **범주**

The store is organized by **category**. 학평

그 상점은 **범주**별로 정리되어 있다.

⊕ categorize ㊈ 범주에 넣다, 분류하다

330 **scale** [skeil]

㊐ **규모; 눈금; 저울**

What is the most important environmental problem on a global **scale**? 수능

세계적 **규모**로 가장 중요한 환경 문제는 무엇일까요?

⊜ size ㊐ 규모, 크기

VOCA TIP
* large-scale 대규모의
* the scale of a ruler 자의 눈금
* kitchen scales 주방용 저울

DAY 11

수량, 순서, 범위

Use Words

빈칸을 채우며 단어를 외우고, 쓰면서 한 번 더 익히세요.

01	a ______ dollars 백만 달러	million
02	on ______ 평균적으로	average
03	a ______ of an hour 한 시간의 4분의 1(= 15분)	quarter
04	______ the speed 속도를 계산하다	calculate
05	this 15% ______ 이 15% 수치	figure
06	a ______ amount of time 상당한 양의 시간	considerable
07	______ food 풍부한 식량	abundant
08	______ stress 지속적인 스트레스	constant
09	through ______ effort 끊임없는 노력을 통해	continuous
10	destroy ______ cities 도시 전체를 파괴하다	entire
11	a ______ size 중간 사이즈	medium
12	the time ______ 시간제한	limit
13	deficiency and ______ 부족과 과잉	excess
14	an overall percentage ______ 전반적인 비율의 증가	increase
15	______ the strength 힘을 약화시키다	diminish

16 a __________ improvement 점진적인 개선 | gradual

17 __________ 3 and 5 together 3과 5를 함께 곱하다 | multiply

18 move __________ 앞으로 나아가다 | forward

19 __________ loneliness 외로움을 줄이다 | reduce

20 walk __________ 뒤로 걷다 | backward

21 ever __________ 그 후로 계속 | afterward

22 in __________ years 최근 몇 년 동안 | recent

23 __________ events 현재의 사건들 | current

24 a __________ solution 일시적인 해결책 | temporary

25 a __________ minister 전직 장관 | former

26 the __________ year 전년도 | previous

27 one hour __________ to closing time 마감 시간 한 시간 전 | prior

28 a wide __________ of sizes 광범위한 사이즈 | range

29 be organized by __________ 범주별로 정리되다 | category

30 on a global __________ 세계적 규모로 | scale

DAY 11

수량, 순서, 범위

3-Minute Check

오늘 학습한 단어와 뜻을 최종적으로 암기했는지 확인하세요!

			Check
301	million	명 백만 형 백만의	☐
302	average	명 평균 형 평균의	☐
303	quarter	명 4분의 1	☐
304	calculate	동 계산하다	☐
305	figure	명 수치, 숫자; 인물	☐
306	considerable	형 상당한, 꽤 많은	☐
307	abundant	형 풍부한	☐
308	constant	형 지속적인; 변함없는	☐
309	continuous	형 계속되는, 끊임없는	☐
310	entire	형 전체의; 완전한	☐
311	medium	형 중간의 명 매체	☐
312	limit	명 제한; 한계 동 제한하다	☐
313	excess	명 과잉; 초과량	☐
314	increase	동 증가하다; 늘리다 명 증가	☐
315	diminish	동 줄다; 약화시키다	☐

			Check
316	gradual	형 점진적인	☐
317	multiply	동 곱하다; 크게 증가시키다	☐
318	forward	부 앞으로	☐
319	reduce	동 줄이다; 감소하다	☐
320	backward	부 뒤로; 거꾸로	☐
321	afterward	부 나중에, 후에	☐
322	recent	형 최근의	☐
323	current	형 현재의; 통용되는 명 흐름	☐
324	temporary	형 일시적인, 임시의	☐
325	former	형 전자의; 이전의	☐
326	previous	형 이전의, 앞서의	☐
327	prior	형 이전의; 우선하는	☐
328	range	명 범위 동 범위가 ~이다	☐
329	category	명 범주	☐
330	scale	명 규모; 눈금; 저울	☐

외우지 않은 단어가 있으면 미니 단어장에서 다시 한번 정리해 보세요.

DAY 12 여행, 교통

듣고 발음을 익혀보자!

오늘 학습할 단어를 공부하고, 가리개를 사용해서 암기해 보세요.

331 **baggage** [bǽgidʒ]

[명] (여행용) 짐, 수하물

We found that our **baggage** was missing. [성취도]

우리는 우리의 **짐**이 분실된 것을 알았다.

VOCA TIP 특히 영국에서는 luggage라고 해요.

332 **abroad** [əbrɔ́ːd]

[부] 해외로, 해외에서

I learn English to travel **abroad**. [교과서]

나는 **해외로** 여행을 가려고 영어를 배운다.

[=] overseas [부] 해외로, 해외에서

VOCA TIP aboard(탑승한, 승선한)와 혼동하지 마세요!

학평 빈출

333 **provide** [prəváid]

[동] 제공하다, 공급하다

He **provided** volunteers with a cold pack to hold to their forehead. [학평]

그는 자원봉사자들에게 그들의 이마에 댈 수 있는 냉찜질 팩을 **제공했다**.

[»] provide A with B, provide B for A A에게 B를 제공하다

provide는 주로 provide evidence[answers, energy, examples, help](증거[답, 에너지, 예, 도움]를 제공하다) 등의 표현으로 광범위한 주제의 지문에 출제되었고, 안내문에서는 A discount is provided(할인이 제공됩니다)와 같은 수동태 표현으로 자주 출제되었어요.

334 **accommodation** [əkὰmədéiʃən]

[명] 숙박 시설

The price includes overnight **accommodations** and breakfast. [학평]

하룻밤 **숙박 시설**과 아침 식사가 포함된 비용이다.

[+] accommodate [동] 숙박시키다; 수용하다

335 **reserve** [rizə́ːrv]

[동] 예약하다; 남겨 두다

Reserve a vast room with enough seats. [EBS]

충분한 좌석이 있는 큰 공간을 **예약하세요**.

[+] reservation [명] 예약

[=] book [동] 예약하다

336 **voyage** [vɔ́iidʒ]

[명] 항해, 여행

James was a young sailor on his first **voyage**.

James는 첫 **항해**에 나선 젊은 선원이었다.

[»] be on a voyage 항해 중이다

VOCA TIP 배·비행기·우주선으로 하는 비교적 장시간의 여행을 가리켜요.

337 **available** [əvéiləbl]

㊎ 이용할 수 있는

Unfortunately, there are no rooms **available** for five people. 학평

안타깝게도, 5명이 **이용할 수 있는** 방이 없습니다.

↔ **unavailable** ㊎ 이용할 수 없는

space(공간), service(서비스) 등 다양한 명사를 주어로 be available(이용 가능하다)의 표현이 안내문과 기타 지문에 골고루 쓰였고, free information available(이용 가능한 무료 정보), tickets[rooms] available(구할 수 있는 표[방])처럼 명사 뒤에서 수식하는 표현도 자주 출제되었어요.

338 **convenient** [kənví:niənt]

㊎ 편리한

Food delivery services are very **convenient**.

교과서 음식 배달 서비스는 매우 **편리하다**.

+ **convenience** ㊐ 편의, 편리

↔ **inconvenient** ㊎ 불편한

편의점을 convenience store라고 해요.

339 **aboard** [əbɔ́:rd]

㊊ ㊍ (배·기차·비행기 등에) 탑승한

Debbie was welcomed **aboard** the plane by the pilot. 학평

Debbie는 조종사로부터 비행기에 **탑승한** 것을 환영받았다.

+ **board** ㊏ 탑승[승차, 승선]하다

= **on board** 탑승[승차, 승선]한

VOCA TIP

승객들 또는 신입 사원 등 단체에 새로 들어온 사람에게 인사말로 Welcome aboard!(환영합니다!)라고 말해요.

340 **passenger** [pǽsəndʒər]

㊐ 승객

Nurses can take care of **passengers** during flights. 학평

비행 중에 간호사들이 **승객**을 돌볼 수 있다.

341 **depart** [dipá:rt]

㊏ 떠나다, 출발하다

Flights for London **depart** from Terminal 1.

런던행 비행기는 1번 터미널에서 **출발합니다**.

+ **departure** ㊐ 출발

↔ **arrive** ㊏ 도착하다 = **leave** ㊏ 떠나다

342 **delay** [diléi]

㊏ 지연시키다 ㊐ 지연

Train 645 to Gwangju will be **delayed** by 30 minutes. 성취도

광주행 645호 열차는 30분 **지연될** 것입니다.

343 **destination** [dèstənéiʃən]

㊔ 목적지

We found the quickest way to our **destination**.
교과서 우리는 **목적지**까지 가장 빠른 길을 찾았다.

344 **cabin** [kǽbin]

㊔ (항공기·배의) 객실, 선실; 오두막

A passenger tried to open the **cabin** door.
한 승객이 **객실** 문을 열려고 했다.

345 **crew** [kru:]

㊔ 승무원

The spacecraft took off without **crews** aboard.
학평 그 우주선은 **승무원**이 탑승하지 않은 채로 이륙했다.

VOCA TIP
crew는 배·항공기·열차의 승무원을 가리키고, 특히 비행 접객 승무원은 flight attendant라고 해요.

346 **locate** [lóukeit]

㊂ (~에 위치를) 두다; (위치를) 알아내다

The sand hills are **located** near the ocean. 학평
그 모래 언덕은 바다 근처에 **위치해** 있다.

» **be located in** ~에 위치하다
+ **location** ㊔ 위치; 위치 찾기

347 **navigate** [nǽvəgèit]

㊂ 길을 찾다; 항해하다

A self-driving car can **navigate** for you. 교과서
자율 주행 자동차는 당신을 위해 **길을 찾을** 수 있다.

» **navigate by the stars** 별을 보며 길을 찾다
+ **navigation** ㊔ 항해(술), 운항(술)

VOCA TIP
지도를 보며 길을 찾는 것, 또는 배나 비행기를 조종하는 행위 등을 의미할 때 주로 navigate를 써요.

348 **path** [pæθ]

㊔ 길

There is a **path** that looks longer on a flat map, but it is actually shorter. 학평
평평한 지도 위에서는 길어 보이는 **길**이 있는데, 그것은 실제로는 더 짧다.

» **walk along a path** 길을 따라 걷다
= **pathway** ㊔ 길

주로 과학이나 환경 관련 지문에서 물리적인 '길'을 뜻하는 내용으로 자주 출제되었고, 그 외 path to freedom[success](자유[성공]에 이르는 길)처럼 추상적인 의미로도 종종 출제되고 있어요.

사람들이 지나다녀서 만들어진 오솔길이나 좁은 보도를 뜻해요.

349 **distant** [dístənt]

[형] 먼, 멀리 떨어진

An Indian puts his ear to the ground to detect **distant** footsteps. [학평]
인디언은 **먼** 발소리를 감지하기 위해 땅에 귀를 댄다.

[+] **distance** [명] 거리
[↔] **close** [형] 가까운 [=] **far, remote** [형] 먼

VOCA TIP
* a distant view 원경
* distant relatives 먼 친척

350 **nearby** [níərbái]

[형] 근처의 [부] 근처에

Can you recommend a clothing shop **nearby**?
[교과서] **근처에 있는** 옷가게를 추천해 주시겠어요?

351 **downtown** [dàuntáun]

[명] 도심 [형] 도심의 [부] 도심으로

The museum is far away from **downtown**. [학평]
그 박물관은 **도심**에서 멀리 떨어져 있다.

[↔] **uptown** [명] 주택 지구 [형] 도심 외곽의 [부] 도심을 벗어나

VOCA TIP
도시의 상업 지구, 번화가를 가리키는데 과거 미국에서 도시 계획을 짤 때 지도상 아래쪽(남쪽) 지역을 상업 지구로 지정한 데서 유래한 말이에요.

352 **district** [dístrikt]

[명] 구역, 지구

Hongdae is one of the leading shopping **districts** in Seoul.
홍대는 서울의 대표적인 쇼핑 **지역들** 중 하나이다.

[=] **area** [명] 지역, 지구

How Different

353 **transport** [trǽnspɔ̀ːrt]

[명] 수송; 수송 수단 [동] 수송하다

Use public **transport** or a bicycle instead of your own car. [학평]
자가용 대신에 대중**교통**이나 자전거를 이용하세요.

[+] **transportation** [명] 수송, 운송; 수송 수단

VOCA TIP
미국에서는 명사형으로 쓸 때 주로 transportation이라고 해요.

354 **vehicle** [víːikl]

[명] 차량, 운송 수단

I've locked my car key inside the **vehicle**. [학평]
나는 **차** 안에 차 열쇠를 두고 잠갔다.

- **transport** 운송 기구를 비롯하여 이동을 목적으로 움직이는 행위나 방법, 시스템을 가리킴
- **vehicle** 운송 기구를 가리키며 특히 기계 장치에 의해 움직이는 이동 수단을 가리킴

355 **express** [iksprés]

㉬ 급행의 ㉮ 급행

I heard a sound like an **express** train. 교과서
나는 **급행**열차 같은 소리를 들었다.

VOCA TIP
express one's feelings(감정을 표현하다)처럼 '표현하다'라는 뜻의 동사로도 쓰여요.

356 **transfer** ㉯ [trænsfə́ːr] ㉮ [trǽnsfər]

㉯ 갈아타다; 전학시키다 ㉮ 환승; 이동

I'll tell you where you should **transfer** to. 학평
내가 너에게 어디로 **갈아타야** 하는지 알려 줄게.

transfer to another school 다른 학교로 옮기다
move ㉯ 이동하다

VOCA TIP
trans-는 다른 장소나 상태로의 이동이나 변화를 뜻하는 접두사예요.

357 **platform** [plǽtfɔːrm]

㉮ 승강장; 연단

You find a railway worker on the **platform**. 성취도
당신은 **승강장**에서 열차 직원을 발견한다.

358 **sail** [seil]

㉯ 항해하다 ㉮ 돛

It was really cool to see the boat **sailing** along the coast. EBS
해안을 따라 **항해해** 나가는 배를 보는 것은 정말 멋졌다.

sailor ㉮ 선원

359 **lighthouse** [láithàus]

㉮ 등대

This **lighthouse** has guided ships to shore for over 100 years.
이 **등대**는 100년 이상 동안 선박들을 해안으로 안내해 주었다.

360 **bump** [bʌmp]

㉯ 부딪치다 ㉮ 요철; 혹

There are ups and downs and **bumps** and shaky parts in life. 수능
인생에는 굴곡, **요철**, 그리고 흔들리는 부분이 있다.

bump into ~와 부딪치다; ~와 마주치다

VOCA TIP
'쿵, 탁'하고 부딪치는 소리, 신체 부위를 부딪치거나 찧는 소리를 나타내기도 해요.

DAY 12

여행, 교통

Use Words

빈칸을 채우며 단어를 외우고, 쓰면서 한 번 더 익히세요.

01	Our ________ is missing. 우리 짐이 분실되었다.	baggage baggage
02	travel ________ 해외로 여행을 가다	abroad
03	________ A with B A에게 B를 제공하다	provide
04	overnight ________s 하룻밤 숙박 시설	accommodation
05	________ a vast room 큰 방을 예약하다	reserve
06	his first ________ 그의 첫 항해	voyage
07	no rooms ________ 이용 가능한 방이 없음	available
08	________ food delivery services 편리한 음식 배달 서비스	convenient
09	Welcome ________! 탑승을 환영합니다!	aboard
10	take care of ________s 승객을 돌보다	passenger
11	________ from Terminal 1 1번 터미널에서 출발하다	depart
12	be ________ed by 30 minutes 30분 지연되다	delay
13	the quickest way to our ________ 목적지까지 가장 빠른 길	destination
14	open the ________ door 객실 문을 열다	cabin
15	without ________s aboard 승무원이 탑승하지 않은	crew

16 be ____________d near the ocean
바다 근처에 위치하다 | locate

17 ____________ by the stars 별을 보며 길을 찾다 | navigate

18 walk along a ____________ 길을 따라 걷다 | path

19 detect ____________ footsteps 먼 발소리를 감지하다 | distant

20 a clothing shop ____________ 근처에 있는 옷가게 | nearby

21 be far away from ____________
도심에서 멀리 떨어지다 | downtown

22 a shopping ____________ 쇼핑 지역 | district

23 use public ____________ 대중교통을 이용하다 | transport

24 inside the ____________ 차량 안에 | vehicle

25 an ____________ train 급행열차 | express

26 ____________ to another school
다른 학교로 옮기다[전학하다] | transfer

27 on the ____________ 승강장에서 | platform

28 ____________ along the coast 해안을 따라 항해하다 | sail

29 the ____________ that guides ships
선박들을 안내하는 등대 | lighthouse

30 ____________ into someone 누군가와 부딪치다 | bump

여행, 교통

3-Minute Check

오늘 학습한 단어와 뜻을 최종적으로 암기했는지 확인하세요!

No.	Word	Meaning	Check
331	**baggage**	명 (여행용) 짐, 수하물	☐
332	**abroad**	부 해외로, 해외에서	☐
333	**provide**	동 제공하다, 공급하다	☐
334	**accommodation**	명 숙박 시설	☐
335	**reserve**	동 예약하다; 남겨 두다	☐
336	**voyage**	명 항해, 여행	☐
337	**available**	형 이용할 수 있는	☐
338	**convenient**	형 편리한	☐
339	**aboard**	전 부 (배·기차·비행기 등에) 탑승한	☐
340	**passenger**	명 승객	☐
341	**depart**	동 떠나다, 출발하다	☐
342	**delay**	동 지연시키다 명 지연	☐
343	**destination**	명 목적지	☐
344	**cabin**	명 (항공기·배의) 객실, 선실; 오두막	☐
345	**crew**	명 승무원	☐

No.	Word	Meaning	Check
346	**locate**	동 (~에 위치를) 두다; (위치를) 알아내다	☐
347	**navigate**	동 길을 찾다; 항해하다	☐
348	**path**	명 길	☐
349	**distant**	형 먼, 멀리 떨어진	☐
350	**nearby**	형 근처의 부 근처에	☐
351	**downtown**	명 도심 형 도심의 부 도심으로	☐
352	**district**	명 구역, 지구	☐
353	**transport**	명 수송; 수송 수단 동 수송하다	☐
354	**vehicle**	명 차량, 운송 수단	☐
355	**express**	형 급행의 명 급행	☐
356	**transfer**	동 갈아타다; 전학시키다 명 환승; 이동	☐
357	**platform**	명 승강장; 연단	☐
358	**sail**	동 항해하다 명 돛	☐
359	**lighthouse**	명 등대	☐
360	**bump**	동 부딪치다 명 요철; 혹	☐

외우지 않은 단어가 있으면 **미니 단어장**에서 다시 한번 정리해 보세요.

운동, 스포츠

오늘 학습할 단어를 공부하고, 가리개를 사용해서 암기해 보세요.

학평 빈출

361 **physical** [fízikəl]

형 신체의; 물질적인

Physical activity reduces stress and anxiety.
학평 **신체** 활동은 스트레스와 불안을 감소시킨다.

↔ mental 형 정신의

주로 physical activity[strength, health, state](신체적 활동[힘, 건강, 상태]) 등의 표현이 심리, 교육, 건강을 주제로 한 지문에 자주 출제되었고, psychological(심리의)과 혼동하지 않도록 주의하세요.

VOCA TIP
physi(o)-는 '자연의, 물리의'라는 뜻을 가진 어근으로 physics(물리학), physician(내과 의사), physicist(물리학자) 등에 쓰여요.

---

362 **sweat** [swet]

동 땀을 흘리다 명 땀

My palms were **sweating** and slippery. 학평
내 손바닥은 **땀이 나고** 있었고 미끄러웠다.

VOCA TIP
'식은땀을 흘리다'는 break out in a cold sweat, '운동복을 입다'는 wear a sweatsuit라고 해요.

---

363 **effective** [iféktiv]

형 효과적인

What is the most **effective** way to achieve the team's goals? 교과서
팀의 목표를 달성하기 위한 가장 **효과적인** 방법은 무엇인가요?

---

364 **rapid** [rǽpid]

형 빠른, 신속한

Scenes changed at a **rapid** rate. 성취도
장면이 **빠른** 속도로 바뀌었다.

+ rapidly 부 급속히
= quick 형 빠른

---

365 **motion** [móuʃən]

명 운동; 동작

Newton's laws of **motion** apply perfectly to the world of golf. EBS
뉴턴의 **운동** 법칙은 골프의 세계에 완벽하게 적용된다.

VOCA TIP
motion picture는 '영화', motion sickness는 '멀미'를 뜻해요.

---

366 **aim** [eim]

명 목표, 목적

The lifeguard's **aim** is to reach the swimmer as quickly as possible. 학평
인명 구조원의 **목표**는 헤엄치는 사람에게 가능한 한 빨리 다가가는 것이다.

= goal 명 목표, 목적

How Different

367 **ability** [əbíləti]

명 능력; 재능

Athletes can enhance their **ability** to win through training. 학평
운동선수들은 훈련을 통해 승리하는 **능력**을 향상시킬 수 있다.

VOCA TIP
ability는 주로 to부정사를 수반하고 ability of -ing의 형태로는 쓰지 않아요.

368 **technique** [tekní:k]

명 기술; 기법

People viewed baseball as a game of skill and **technique**. 학평
사람들은 야구를 기량과 **기술**의 경기로 보았다.

VOCA TIP
technology(과학 기술)와 혼동하지 마세요!

- ability 무언가를 할 수 있는 능력을 일반적으로 뜻할 때 사용함
- technique 예술·스포츠의 기법 등 훈련을 통해 발달된 구체적인 기술을 의미함

369 **participate** [pɑːrtísəpèit]

동 참가하다, 참여하다

Only great runners can **participate** in the special race. 교과서
훌륭한 달리기 선수들만이 그 특별한 경주에 **참가할** 수 있다.

- participate in ~에 참가하다
- participation 명 참가, 참여 participant 명 참가자
- take part in ~에 참가하다

370 **compete** [kəmpí:t]

동 경쟁하다; (시합에) 참가하다

You seem to listen to rock music before you **compete**. 교과서
당신은 **시합에 참가하기** 전에 록 음악을 듣는 것 같다.

- compete against ~와 경쟁하다
- competition 명 경쟁; (경연) 대회
  competitive 형 경쟁적인

VOCA TIP
* compete for survival 생존을 위해 경쟁하다
* compete in the marathon 마라톤에 참가하다

371 **award** [əwɔ́ːrd]

명 상 동 수여하다

I tried hard and even won the MVP **award**.
교과서 나는 열심히 노력했고 심지어 MVP **상**까지 받았다.

- prize 명 상

372 **entry** [éntri]

명 참가; 입장

There is no **entry** fee! 학평 **참가**비는 없습니다!

20 25 30 35 40

373 □□ **honor** [ánər]

[명] 영광; 명예 [동] 경의를 표하다

It was a great **honor** to be invited here.
이곳에 초대받게 되어 대단히 **영광**이었습니다.

[»] **be honored to** ~하게 되어 영광이다
[↔] **dishonor** [명] 불명예 [동] 명예를 더럽히다

VOCA TIP
영국에서는 honour로 써요.

학평 빈출

374 □□ **opportunity** [àpərtú:nəti]

[명] 기회

It's a great **opportunity** to learn basic swimming techniques! [학평]
기본적인 수영 기술을 배울 수 있는 좋은 **기회**입니다!

[=] **chance** [명] 기회

안내문에서 offer a great opportunity to ~(~할 좋은 기회를 제공합니다), Don't miss the opportunity to ~(~할 기회를 놓치지 마세요) 등의 표현으로 광고나 홍보하려는 내용을 소개할 때 자주 쓰이는 경향이 있어요.

375 □□ **rank** [ræŋk]

[동] (순위를) 매기다; 차지하다 [명] 계급

The rate of injuries in Playground Activities **ranks** second highest for children. [학평]
운동장 활동에서의 부상 비율이 어린이들에게서 두 번째로 높은 **순위를 차지한다**.

376 □□ **extremely** [ikstrí:mli]

[부] 극도로

Ten people on motorbikes drove **extremely** fast in circles. [성취도]
오토바이를 탄 열 명의 사람들은 원을 그리며 **극도로** 빠르게 운전했다.

[+] **extreme** [형] 극심한; 지나친 [명] 극단

VOCA TIP
스카이다이빙, 번지 점프와 같이 위험성을 동반하는 극한 스포츠를 extreme sports라고 해요.

377 □□ **remarkable** [rimá:rkəbl]

[형] 주목할 만한

The **remarkable** growth of sports competitions created new sources of income. [학평]
스포츠 대회의 **주목할 만한** 성장은 새로운 수입원을 창출했다.

[=] **extraordinary** [형] 대단한

378 □□ **thrill** [θril]

[동] 열광시키다 [명] 황홀감, 전율

Claire was **thrilled** to see her new bicycle. [교과서]
Claire는 그녀의 새 자전거를 보고 **열광했다**.

379 **passion** [pǽʃən]

명 열정

My uncle had a **passion** for playing soccer.
교과서 나의 삼촌은 축구를 하는 것에 **열정**이 있었다.

+ **passionate** 형 열정적인

380 **spectator** [spékteitər]

명 관중

A **spectator** several rows in front stands up to get a better view. 학평
몇 줄 앞에 있는 한 **관중**이 더 잘 보기 위해 일어선다.

VOCA TIP
spectator는 스포츠 행사의 관중을 가리키고, 연주회나 영화 등의 관객에는 audience를 써요.

381 **beat** [biːt]

동 이기다; 심장이 뛰다

Our team **beat** the Canadian team in Gangneung in 2018. 교과서
우리 팀은 2018년 강릉에서 캐나다 팀을 **이겼다**.

= **defeat** 동 패배시키다

382 **rival** [ráivəl]

명 경쟁자

How did he turn a **rival** into a friend? 교과서
그는 어떻게 **경쟁자**를 친구로 만들었을까?

= **competitor** 명 경쟁자

383 **bet** [bet]

동 확신하다; 돈을 걸다 명 내기

I **bet** you can be an excellent sports club leader. 학평
저는 당신이 훌륭한 스포츠 클럽 지도자가 될 수 있다고 **확신해요**.

» **win[lose] a bet** 내기에서 이기다[지다]

VOCA TIP
주로 구어에서 'I bet (that) ~.'(틀림없이 ~이다.)라는 표현이 자주 쓰여요.

384 **warn** [wɔːrn]

동 경고하다

Experts **warn** that excessive exercise is harmful.
전문가들은 과도한 운동은 해롭다고 **경고한다**.

» **warn of** ~을 경고하다
warn against ~하지 말라고 경고하다
+ **warning** 명 경고, 주의

VOCA TIP
일반적으로 조심하라고 주의를 주거나 스포츠에서 경고를 준다는 의미로 모두 쓰여요.

385 **referee** [rèfərí:]

㉠ 심판

The **referee** called a time-out to stop the match. 학평

심판은 시합을 중단하기 위해 타임아웃을 선언했다.

appeal to the referee 심판에게 항의하다

VOCA TIP
축구, 농구, 하키 경기 등의 심판은 referee라고 하고, 야구, 테니스, 크리켓 경기 등의 심판은 umpire라고 해요.

386 **foul** [faul]

㉣ 반칙하다 ㉠ 반칙, 파울

I don't think he committed an intentional **foul**.

나는 그가 고의적인 **반칙**을 했다고 생각하지 않는다.

387 **penalty** [pénəlti]

㉠ 벌칙; 벌금; 형벌

What would be the **penalty** for breaking this rule?

이 규칙을 어긴 것에 대한 **벌칙**은 무엇일까?

= fine ㉠ 벌금

VOCA TIP
* penalty area (축구의) 벌칙 구역
* penalty for breaking traffic rules 교통 규칙 위반 벌금
* death penalty 사형

388 **whistle** [wísl]

㉠ 호루라기; 휘파람 ㉣ 호각을 불다

The judge was holding his **whistle** in his mouth. 성취도

그 심판은 입에 **호루라기**를 물고 있었다.

blow a whistle 호루라기를 불다

389 **amateur** [ǽmətʃùər]

㉠ 아마추어, 비전문가 ㉡ 아마추어의

As a young **amateur** hunter, she was full of expectation. 수능

젊은 **아마추어** 사냥꾼으로서 그녀는 기대감으로 가득 차 있었다.

↔ professional ㉠ 전문가, 프로(선수) ㉡ 전문가의

390 **tournament** [túərnəmənt]

㉠ 토너먼트, 승자 진출전

The boy has won the match and the **tournament**. 학평

그 소년은 그 시합과 **토너먼트**에서 승리했다.

VOCA TIP
경기마다 진 팀은 탈락하고 이긴 팀끼리 겨루어 최후에 남은 두 팀으로 우승을 가리는 경기 방식을 말해요.

DAY 13

운동, 스포츠

Use Words

빈칸을 채우며 단어를 외우고, 쓰면서 한 번 더 익히세요.

01 ____________ activity 신체 활동 — physical / physical

02 break out in a cold ____________ 식은땀을 흘리다 — sweat

03 the most ____________ way 가장 효과적인 방법 — effective

04 at a ____________ rate 빠른 속도로 — rapid

05 Newton's laws of ____________ 뉴턴의 운동 법칙 — motion

06 the lifeguard's ____________ 인명 구조원의 목표 — aim

07 the ____________ to win 승리하는 능력 — ability

08 a game of skill and ____________ 기량과 기술의 경기 — technique

09 ____________ in the race 경주에 참가하다 — participate

10 ____________ for survival 생존을 위해 경쟁하다 — compete

11 win the MVP ____________ MVP 상을 타다 — award

12 ____________ fee 참가 비용 — entry

13 a great ____________ 큰 영광 — honor

14 a great ____________ to learn swimming techniques
수영 기술을 배울 수 있는 좋은 기회 — opportunity

15 ____________ second highest
두 번째로 높은 순위를 차지하다 — rank

16 __________ fast 극도로 빠르게 — extremely

17 the __________ growth 주목할 만한 성장 — remarkable

18 be __________ed to see a new bicycle — thrill
새 자전거를 보고 열광하다

19 a __________ for soccer 축구에 대한 열정 — passion

20 a __________ several rows in front — spectator
몇 줄 앞에 있는 한 관중

21 __________ the Canadian team 캐나다 팀을 이기다 — beat

22 turn a __________ into a friend — rival
경쟁자를 친구로 만들다

23 lose a __________ 내기에서 지다 — bet

24 __________ against excessive exercise — warn
과도한 운동을 하지 말라고 경고하다

25 appeal to the __________ 심판에게 항의하다 — referee

26 an intentional __________ 고의적인 반칙 — foul

27 the __________ for breaking the rule — penalty
규칙을 어긴 것에 대한 벌칙

28 blow a __________ 호루라기를 불다 — whistle

29 a young __________ hunter 젊은 아마추어 사냥꾼 — amateur

30 win the __________ 토너먼트에서 승리하다 — tournament

운동, 스포츠

3-Minute Check

오늘 학습한 단어와 뜻을 최종적으로 암기했는지 확인하세요!

			Check
361	**physical**	ⓗ 신체의; 물질적인	☐
362	**sweat**	ⓓ 땀을 흘리다 ⓜ 땀	☐
363	**effective**	ⓗ 효과적인	☐
364	**rapid**	ⓗ 빠른, 신속한	☐
365	**motion**	ⓜ 운동; 동작	☐
366	**aim**	ⓜ 목표, 목적	☐
367	**ability**	ⓜ 능력; 재능	☐
368	**technique**	ⓜ 기술; 기법	☐
369	**participate**	ⓓ 참가하다, 참여하다	☐
370	**compete**	ⓓ 경쟁하다; (시합에) 참가하다	☐
371	**award**	ⓜ 상 ⓓ 수여하다	☐
372	**entry**	ⓜ 참가; 입장	☐
373	**honor**	ⓜ 영광; 명예 ⓓ 경의를 표하다	☐
374	**opportunity**	ⓜ 기회	☐
375	**rank**	ⓓ (순위를) 매기다; 차지하다 ⓜ 계급	☐

			Check
376	**extremely**	ⓑ 극도로	☐
377	**remarkable**	ⓗ 주목할 만한	☐
378	**thrill**	ⓓ 열광시키다 ⓜ 황홀감, 전율	☐
379	**passion**	ⓜ 열정	☐
380	**spectator**	ⓜ 관중	☐
381	**beat**	ⓓ 이기다; 심장이 뛰다	☐
382	**rival**	ⓜ 경쟁자	☐
383	**bet**	ⓓ 확신하다; 돈을 걸다 ⓜ 내기	☐
384	**warn**	ⓓ 경고하다	☐
385	**referee**	ⓜ 심판	☐
386	**foul**	ⓓ 반칙하다 ⓜ 반칙, 파울	☐
387	**penalty**	ⓜ 벌칙; 벌금; 형벌	☐
388	**whistle**	ⓜ 호루라기; 휘파람 ⓓ 호각을 불다	☐
389	**amateur**	ⓜ 아마추어, 비전문가 ⓗ 아마추어의	☐
390	**tournament**	ⓜ 토너먼트, 승자 진출전	☐

외우지 않은 단어가 있으면 **미니 단어장**에서 다시 한번 정리해 보세요.

문화, 예술

오늘 학습할 단어를 공부하고, 가리개를 사용해서 암기해 보세요.

학평 빈출

391 **cultural** [kʌ́ltʃərəl]

형 문화의, 문화적인

We try to find answers to the questions of **cultural** diversity. 학평

우리는 **문화적** 다양성에 대한 질문들의 답을 찾으려고 노력한다.

cultural diversity는 '문화적 다양성'이라는 뜻으로 어느 한 문화가 옳거나 그른 것이 아니라 서로 다른 사람들의 다양한 문화의 차이를 인정해야 한다는 맥락으로 자주 출제되었고, 이와 관련하여 cultural difference(문화적 차이), cultural unity(문화적 통합) 등의 표현도 함께 나오는 경향이 있어요.

VOCA TIP: multicultural(다문화의), cross-cultural(여러 문화가 섞인)도 함께 알아두세요.

392 **parade** [pəréid]

명 퍼레이드, 행진 동 행진하다

We're going to watch a **parade** at 11 a.m. 교과서

우리는 오전 11시에 **퍼레이드**를 볼 것이다.

유 march 명 행진 동 행진하다

393 **enjoyable** [indʒɔ́iəbl]

형 즐거운

Is the conversation with your friend **enjoyable**?

성취도 당신의 친구와의 대화가 **즐거운가요**?

394 **entertain** [èntərtéin]

동 즐겁게 하다

We communicate with other human beings in order to **entertain** ourselves. 성취도

우리는 스스로를 **즐겁게 하기** 위해 다른 사람들과 의사소통한다.

VOCA TIP: 연예인, 예능인을 entertainer(엔터테이너)라고 해요.

395 **impress** [imprés]

동 깊은 인상을 주다; 감명시키다

What **impressed** you most in the movie? 교과서

그 영화에서 당신에게 가장 **깊은 인상을 준** 것은 무엇인가요?

+ impression 명 인상; 감명 impressive 형 인상적인

유 move 동 감동을 주다

396 **incredible** [inkrédəbl]

형 놀라운, 대단한; 믿을 수 없는

During his short life, Raphael produced many **incredible** paintings. 성취도

짧은 생애 동안, Raphael은 많은 **놀라운** 그림을 그렸다.

유 unbelievable 형 믿을 수 없는

VOCA TIP: in-은 부정, 반대의 뜻을 더하는 접두사예요. 어원을 살펴보면 <in-(= not) + cred(믿음) + -ible(형용사 접미사) = 믿기지 않는 → 놀라운>이에요.

397 **inspire**
[inspáiər]

㊐ **영감을 주다; 고무하다**

It is possible to **inspire** people by music played with recycled instruments. 교과서
재활용된 악기로 연주한 음악으로 사람들에게 **영감을 주는** 것은 가능하다.

⊕ inspiration ㊔ 영감(을 주는 것[사람])

398 **applaud**
[əplɔ́:d]

㊐ **박수 치다; 칭찬하다**

You **applaud** every time your child identifies a letter. 학평
당신은 자녀가 글자를 알아볼 때마다 **박수를 친다**.

⊕ applause ㊔ 박수(갈채)
⊜ clap ㊐ 박수치다

VOCA TIP
* applaud the actor
그 배우에게 박수갈채를 보내다
* applaud one's honesty
정직함을 칭찬하다

399 **orchestra**
[ɔ́:rkistrə]

㊔ **오케스트라, 관현악단**

Are you planning to go to the **orchestra** concert? 교과서
너는 **오케스트라** 음악회에 갈 계획이니?

How Different

400 **choir**
[kwáiər]

㊔ **합창단, 성가대**

I forgot that you've joined the **choir**. 교과서
나는 네가 **합창단**에 들었다는 것을 잊었다.

VOCA TIP
chore(집안일)와 혼동하지 마세요!

401 **chorus**
[kɔ́:rəs]

㊔ **합창단; 합창; 후렴**

My brother sings in a male **chorus**.
나의 남동생은 남성 **합창단**에서 노래한다.

» say in chorus 일제히 말하다
sing along the chorus 후렴구를 따라 부르다

- choir 주로 노래만 부르는 교회의 성가대나 일반 합창단을 가리킴
- chorus 뮤지컬이나 연극 등에서 노래하며 춤추는 그룹을 포함한 합창단을 가리킴

402 **tune**
[tu:n]

㊔ **곡조, 선율** ㊐ **(악기의) 음을 맞추다**

The band **tuned** their instruments away from the standard to make uncommon sound. 수능
그 밴드는 흔치 않은 소리를 내려고 표준에서 벗어나 악기 **음을 맞추었다**.

» be in[out of] tune 음정이 맞다[틀리다]
tune in (라디오·TV의) 채널을 맞추다

VOCA TIP
tone(음색; 말투)과 혼동하지 마세요!

403 **instrument**
[ínstrəmənt]

명 악기; 기구

I recommend the kalimba, a small African musical **instrument**. 교과서
저는 작은 아프리카 **악기**인 칼림바를 추천합니다.

404 **compose**
[kəmpóuz]

동 작곡하다; 작문하다; 구성하다

In the 1750s Haydn began **composing** symphonies.
1750년대에 하이든은 교향곡을 **작곡하기** 시작했다.

+ composer 명 작곡가
composition 명 작곡; 작문; 구성

VOCA TIP
* compose a song 노래를 작곡하다
* compose a poem 시를 쓰다
* compose the committee 위원회를 구성하다

405 **conduct**
[kəndʌ́kt]

동 지휘하다; (특정 활동을) 하다

Susanna will **conduct** works by Brahms in tonight's concert.
Susanna는 오늘 밤 연주회에서 브람스의 작품을 **지휘할** 것이다.

+ conductor 명 지휘자

VOCA TIP
'하다'의 뜻일 때는 conduct a survey[experiment](조사[실험]를 하다)처럼 연구·조사나 수사 같은 활동을 하는 것을 가리켜요.

406 **imitate**
[ímitèit]

동 모방하다; 흉내 내다

I've heard of the expression, "Art **imitates** nature." 교과서
나는 '예술은 자연을 **모방한다**'라는 표현을 들어 본 적이 있다.

+ imitation 명 모조품; 모방
= mimic 동 흉내 내다 copy 동 베끼다

407 **copyright**
[kápiràit]

명 저작권

The duration of **copyright** protection has increased steadily over the years. 수능
저작권 보호 기간은 수년간 꾸준히 증가해 왔다.

VOCA TIP
copyright의 반대 개념으로 지적 창작물에 대한 사용의 권리를 누구나 공유할 수 있도록 하는 것을 copyleft라고 해요.

408 **theme**
[θiːm]

명 주제, 테마

The **theme** of the photo contest is pollution around the world. 교과서
그 사진 대회의 **주제**는 전 세계의 오염이다.

= subject 명 주제

409 **abstract** [ǽbstrækt]

[형] **추상적인**

In his work *Three Musicians*, Picasso used **abstract** forms. [학평]
그의 작품인 〈Three Musicians〉에서 피카소는 **추상적인** 형태를 사용했다.

[↔] concrete [형] 구체적인

VOCA TIP
love(사랑), peace(평화), beauty(아름다움) 등 형태가 없고 오감으로 느낄 수 없는 명사를 abstract noun(추상명사)이라고 해요.

410 **landscape** [lǽndskèip]

[명] **풍경; 풍경화**

Some painters used a photograph in place of the **landscape** they were painting. [수능]
어떤 화가들은 그들이 그리고 있던 **풍경** 대신 사진을 사용했다.

[=] scenery [명] 풍경

411 **admire** [ædmáiər]

[동] **감탄하다; 존경하다**

Mary **admired** the work of Edgar Degas. [학평]
Mary는 Edgar Degas(에드가 드가)의 작품에 **감탄했다**.

[+] admirable [형] 감탄할 만한 admiration [명] 감탄; 존경

412 **masterpiece** [mǽstərpìːs]

[명] **걸작, 명작**

Sunflowers is one of Gogh's **masterpieces**.
〈해바라기〉는 고흐의 **걸작** 중 하나이다.

VOCA TIP
〈master(뛰어난) + piece(작품)〉로 이루어졌어요.

413 **cast** [kæst]

[명] **출연진; 거푸집** [동] **배역을 정하다**

The film has a great **cast**.
그 영화는 **출연진**이 훌륭하다.

VOCA TIP
깁스를 (plaster) cast라고 하고 '깁스를 하다'는 wear a (plaster) cast라고 해요.

학평 빈출

414 **perform** [pərfɔ́ːrm]

[동] **공연하다; 실행하다**

Evora was known as the "Barefoot Diva" as she always **performed** without shoes. [학평]
Evora는 항상 신발을 신지 않고 **공연했기** 때문에 '맨발의 디바'로 알려졌다.

[+] performance [명] 공연; 실행; 성과

예술, 인물 관련 지문에서는 '공연[연주]하다'의 뜻인 perform과 명사형 performance로 자주 출제되었어요. 교육, 심리 등 인문 주제 지문에서 실험이나 연구 결과를 언급하며 perform well on tests(시험에서 잘 수행하다)처럼 과업을 '수행하다, 성취하다'라는 뜻으로도 자주 출제되고 있으니 다양한 뜻을 알아두세요.

20 25 30 35 40

415 **interval**
[íntərvəl]

㊔ **(연극 등의) 휴식 시간; 간격**

There is a short **interval** after the first part of the performance. 학평

1부 공연 후에 짧은 **휴식 시간**이 있다.

VOCA TIP
'(연극 등의) 휴식 시간'의 뜻으로 영국에서는 interval, 미국에서는 intermission을 써요.

416 **craft**
[kræft]

㊔ **(수)공예; 기술**

She sold her works at local **craft** fairs.

그녀는 지역 **수공예** 박람회에서 자신의 작품을 팔았다.

➕ **craftsman** ㊔ 공예가
🟰 **skill** ㊔ 솜씨, 기술

417 **carve**
[kɑːrv]

㊐ **조각하다; 새기다**

The statue was **carved** out of a single piece of stone.

그 조각상은 돌 한 덩어리로 **조각되었다**.

➕ **carving** ㊔ 조각품; 조각술

VOCA TIP
* carve stone for a statue 상을 만들려고 돌을 조각하다
* carve a design in wood 나무에 무늬를 새기다

418 **priceless**
[práislis]

㊕ **아주 귀중한, 값을 매길 수 없는**

Brian will repay you with a **priceless** gift. 교과서

Brian은 너에게 **아주 귀중한** 선물로 보답할 것이다.

🟰 **invaluable** ㊕ 매우 귀중한, 값을 헤아릴 수 없는

419 **merit**
[mérit]

㊔ **가치; 장점**

The work has outstanding artistic **merit**.

그 작품은 뛰어난 예술적 **가치**가 있다.

🟰 **value** ㊔ 가치 **advantage** ㊔ 장점

420 **noble**
[nóubl]

㊕ **고귀한; 귀족의**

She was born into a **noble** family.

그녀는 **귀족** 가문에서 태어났다.

➕ **nobility** ㊔ 고귀, 숭고

VOCA TIP
novel(소설)과 혼동하지 마세요!

DAY 14 문화, 예술

Use Words

빈칸을 채우며 단어를 외우고, 쓰면서 한 번 더 익히세요.

01	________ diversity 문화적 다양성	cultural cultural
02	watch a ________ 퍼레이드를 보다	parade
03	an ________ conversation 즐거운 대화	enjoyable
04	________ oneself 스스로를 즐겁게 하다	entertain
05	what ________ed me most 내게 가장 깊은 인상을 준 것	impress
06	many ________ paintings 많은 놀라운 그림들	incredible
07	________ people by music 음악으로 사람들에게 영감을 주다	inspire
08	________ the actor 그 배우에게 박수갈채를 보내다	applaud
09	the ________ concert 오케스트라[관현악단] 음악회	orchestra
10	join the ________ 합창단에 가입하다	choir
11	sing in a male ________ 남성 합창단에서 노래하다	chorus
12	be out of ________ 음정이 틀리다	tune
13	play a musical ________ 악기를 연주하다	instrument
14	________ symphonies 교향곡을 작곡하다	compose
15	________ works by Brahms 브람스의 작품을 지휘하다	conduct

16 Art ______________s nature. 예술은 자연을 모방한다. imitate

17 ______________ protection 저작권 보호 copyright

18 the ______________ of the photo contest theme
사진 대회의 주제

19 use ______________ forms 추상적인 형태를 사용하다 abstract

20 paint the ______________ 풍경화를 그리다 landscape

21 ______________ his work 그의 작품에 감탄하다 admire

22 one of Gogh's ______________s 고흐의 걸작 중 하나 masterpiece

23 a great ______________ 훌륭한 출연진 cast

24 ______________ without shoes 신발을 신지 않고 공연하다 perform

25 a short ______________ 짧은 휴식 시간 interval

26 local ______________ fairs 지역 수공예 박람회 craft

27 ______________ stone for a statue carve
상을 만들려고 돌을 조각하다

28 a ______________ gift 아주 귀중한 선물 priceless

29 outstanding artistic ______________ 뛰어난 예술적 가치 merit

30 be born into a ______________ family noble
귀족 가문에서 태어나다

문화, 예술

3-Minute Check

오늘 학습한 단어와 뜻을 최종적으로 암기했는지 확인하세요!

No.	Word	Meaning	Check
391	**cultural**	ⓗ 문화의, 문화적인	☐
392	**parade**	ⓜ 퍼레이드, 행진 ⓓ 행진하다	☐
393	**enjoyable**	ⓗ 즐거운	☐
394	**entertain**	ⓓ 즐겁게 하다	☐
395	**impress**	ⓓ 깊은 인상을 주다; 감명시키다	☐
396	**incredible**	ⓗ 놀라운, 대단한; 믿을 수 없는	☐
397	**inspire**	ⓓ 영감을 주다; 고무하다	☐
398	**applaud**	ⓓ 박수 치다; 칭찬하다	☐
399	**orchestra**	ⓜ 오케스트라, 관현악단	☐
400	**choir**	ⓜ 합창단, 성가대	☐
401	**chorus**	ⓜ 합창단; 합창; 후렴	☐
402	**tune**	ⓜ 곡조, 선율 ⓓ (악기의) 음을 맞추다	☐
403	**instrument**	ⓜ 악기; 기구	☐
404	**compose**	ⓓ 작곡하다; 작문하다; 구성하다	☐
405	**conduct**	ⓓ 지휘하다; (특정 활동을) 하다	☐
406	**imitate**	ⓓ 모방하다; 흉내 내다	☐
407	**copyright**	ⓜ 저작권	☐
408	**theme**	ⓜ 주제, 테마	☐
409	**abstract**	ⓗ 추상적인	☐
410	**landscape**	ⓜ 풍경; 풍경화	☐
411	**admire**	ⓓ 감탄하다; 존경하다	☐
412	**masterpiece**	ⓜ 걸작, 명작	☐
413	**cast**	ⓜ 출연진; 거푸집 ⓓ 배역을 정하다	☐
414	**perform**	ⓓ 공연하다; 실행하다	☐
415	**interval**	ⓜ (연극 등의) 휴식 시간; 간격	☐
416	**craft**	ⓜ (수)공예; 기술	☐
417	**carve**	ⓓ 조각하다; 새기다	☐
418	**priceless**	ⓗ 아주 귀중한, 값을 매길 수 없는	☐
419	**merit**	ⓜ 가치; 장점	☐
420	**noble**	ⓗ 고귀한; 귀족의	☐

외우지 않은 단어가 있으면 **미니 단어장**에서 다시 한번 정리해 보세요.

문학

오늘 학습할 단어를 공부하고, 가리개를 사용해서 암기해 보세요.

421 **literature** [lítərətʃùər]

㊔ 문학

Churchill won the Nobel Prize in **Literature** in 1953. 교과서

처칠은 1953년에 노벨 **문학**상을 탔다.

» English literature 영문학

학평 빈출

422 **publish** [pʌ́bliʃ]

㊍ 출판하다; 발표하다

Her second novel was **published** in 1995 and was made into a movie. 학평

그녀의 두 번째 소설은 1995년에 **출판되었고** 영화로 만들어졌다.

+ publication ㊔ 출판　publisher ㊔ 출판인; 출판사

인물의 정보에 대한 일치 여부를 고르는 유형에서 인물이 작가일 때 published five books(5권의 책을 출판했다), her first novel, *The Valley of Decision*, was published(그녀의 첫 소설 <The Valley of Decision>이 출판되었다) 등의 표현으로 자주 출제되었어요.

423 **author** [ɔ́:θər]

㊔ 저자, 작가

An **author** develops an idea for a book. 교과서

작가는 책을 위한 생각을 발전시킨다.

= writer ㊔ 작가

424 **poet** [póuit]

㊔ 시인

He was a **poet** who loved the stars. 교과서

그는 별을 사랑한 **시인**이었다.

VOCA TIP
(한 편의) 시는 poem, (집합적) 시, 운문은 poetry라고 해요.

425 **fiction** [fíkʃən]

㊔ 소설; 허구

Jessie is more famous for being an editor than a **fiction** writer. 학평

Jessie는 **소설** 작가보다 편집자로 더 유명하다.

↔ non-fiction ㊔ 실화

VOCA TIP
sci-fi 또는 SF는 science fiction(공상 과학 소설[영화])의 줄임말이에요.

426 **tragedy** [trǽdʒədi]

㊔ 비극

When **tragedy** strikes, the question we usually ask is "Why?" 성취도

비극이 닥칠 때 우리가 보통 하는 질문은 "왜?"이다.

» end in tragedy 비극으로 끝나다

↔ comedy ㊔ 희극

427 **realistic**
[rì(ː)əlístik]

㉻ 사실적인; 현실적인

The scenes from the movie were exciting and very **realistic**. 교과서
그 영화 장면들은 흥미진진하고 매우 **사실적**이었다.

+ reality ㉢ 현실, 실제
↔ unrealistic ㉻ 비현실적인

428 **mystery**
[místəri]

㉢ 추리 소설; 불가사의, 미스터리

Emma has read all of his **mystery** books. 교과서
Emma는 그의 **추리 소설**을 모두 읽었다.

+ mysterious ㉻ 신비한, 불가사의한

429 **biography**
[baiágrəfi]

㉢ 전기, 일대기

I'm reading a **biography** of Einstein. 교과서
나는 아인슈타인의 **전기**를 읽고 있다.

VOCA TIP
autobiography는 '자서전'을 의미해요.

학평 빈출

430 **imagine**
[imǽdʒin]

㉦ 상상하다

Imagine you want to write a book about how to manage time. 학평
당신이 시간을 관리하는 방법에 대한 책을 쓰고 싶어 한다고 **상상해 보라**.

+ imagination ㉢ 상상(력) imaginary ㉻ 상상의

글의 도입부에 'Imagine (that) ~.'(~을 상상해 보라.), 또는 'Can you imagine ~?'(~을 상상할 수 있나요?) 등 가상의 상황을 예로 들고 필자의 주장이나 주제를 전개해 나가는 방식으로 자주 출제되었어요.

431 **pleasure**
[pléʒər]

㉢ 즐거움, 기쁨

Encourage your child to read for **pleasure**.
당신의 자녀가 **즐거움**을 위해[취미로] 책을 읽도록 격려하세요.

+ please ㉦ 기쁘게 하다
↔ displeasure ㉢ 불쾌감 = enjoyment ㉢ 즐거움

VOCA TIP
감사 인사에 대해 My pleasure.(도움이 되어 기쁩니다.)라고 답할 수 있어요.

432 **symbol**
[símbəl]

㉢ 상징; 기호

Nazar Boncuğu is a traditional Turkish **symbol** for good luck. 교과서
'나자르 본주'는 튀르키예의 전통적인 행운의 **상징**이다.

+ symbolic ㉻ 상징적인 symbolize ㉦ 상징하다

VOCA TIP
* a symbol of peace 평화의 상징
* a chemical symbol 화학 기호

How Different

433 **interpret** [intə́ːrprit]

[동] 해석하다; 통역하다

To **interpret** those finds, the journalists had to learn Russian. [수능]

그 발견물을 **해석하기** 위해서 기자들은 러시아어를 배워야 했다.

[+] interpreter [명] 통역사

[↔] misinterpret [동] 잘못 해석하다

VOCA TIP

외국어를 통역하는 것 외에도 interpret a dream[poem](꿈[시]을 해석하다)과 같이 어떤 것의 의미를 판단하고 이해하는 것을 의미해요.

434 **translate** [trǽnzleit]

[동] 번역하다; 해석하다

The students will **translate** a Korean story into English. [교과서]

그 학생들이 한국어 이야기를 영어로 **번역할** 것이다.

[+] translation [명] 번역; 해석 translator [명] 번역가

- interpret 주로 말을 통해 다른 언어로 옮기는 것을 가리킴
- translate 주로 글이나 문서를 통해 다른 언어로 옮기는 것을 가리킴

435 **saying** [séiiŋ]

[명] 속담, 격언

Let's read famous **sayings** about dreams. [교과서]

꿈에 관한 유명한 **격언들**을 읽어 봅시다.

[»] as the saying goes 속담에서 말하듯이

[=] proverb [명] 속담

436 **context** [kántekst]

[명] 맥락, 문맥

Storytellers present material in dramatic **context** to the students. [학평]

이야기꾼들은 학생들에게 자료를 극적인 **맥락**에 넣어 제시한다.

[»] in[out of] context 전후 사정을 고려하여[무시하고]

VOCA TIP

context의 의미는 <con-(함께) + text(짜인 물건) = 앞뒤를 짜 맞춘 것 → 문맥, 전후 관계>예요.

437 **imply** [implái]

[동] 내포하다; 암시하다

What a text **implies** is often of great interest to us. [학평]

글이 **내포하는** 것은 종종 우리에게 큰 관심사이다.

438 **revise** [riváiz]

[동] 수정하다, 개정하다

Two weeks later he turned in the **revised** report. [학평]

2주 후에 그는 **수정된** 보고서를 제출했다.

VOCA TIP

re-는 review(재검토하다), remake(다시 만들다), replay(재생하다) 등 '다시, 재(再)'의 의미를 더해요.

439 **classic**
[klǽsik]

[형] 일류의; 고전의 [명] 고전

How about watching the **classic** children's film *The Adventures of Huckleberry Finn*?
고전 어린이 영화인 〈허클베리 핀의 모험〉을 보는 건 어때?

[+] **classical** [형] 클래식 음악의; 고전주의의

440 **paragraph**
[pǽrəgræ̀f]

[명] 단락

Can you pick out the three mistakes in this **paragraph**?
이 **단락**에서 세 개의 오류를 찾아낼 수 있나요?

VOCA TIP
보통 하나의 주제를 담고 있고 새로운 행에서 시작하는 한 문장 이상으로 이루어진 글을 가리켜요.

441 **phrase**
[freiz]

[명] 구; 관용구

You need to use short **phrases** instead of long sentences. [학평]
당신은 긴 문장 대신에 짧은 **구**를 사용할 필요가 있다.

[=] **idiom** [명] 관용구

VOCA TIP
두 단어 이상으로 이루어진 문장 성분을 가리켜요.

How Different

442 **outline**
[áutlàin]

[명] 개요; 윤곽 [동] 간단히 설명하다

This is a brief **outline** of the proposal.
이것이 그 제안의 간략한 **개요**입니다.

443 **summarize**
[sʌ́məràiz]

[동] 요약하다

How about **summarizing** the first chapter and bringing copy? [학평]
제1 장을 **요약해서** 복사본을 가져오는 게 어때?

[+] **summary** [명] 요약
[=] **sum up** 요약하다

VOCA TIP
영국에서는 summarise로 써요.

- **outline** 무언가를 시작하기 전에 생각의 요점만 제시하며 개괄적으로 설명하는 것을 가리킴
- **summarize** 글의 핵심 내용을 간단하게 줄여 설명하는 것을 가리킴

444 **version**
[vɔ́ːrʒən]

[명] ~판, 버전, 변형

There is also a dance **version** on the song in the album. [교과서]
이 앨범에는 그 노래의 댄스 **버전**도 수록되어 있다.

[»] **the latest version** 최신판

445 **romance**
[roumǽns]

㉮ **연애 소설; 로맨스**

The least popular genre among boys was **romance**. 학평

남자아이들에게 가장 인기 없는 장르는 **연애 소설**이었다.

+ romantic ⓗ 연애의; 낭만적인

446 **rhyme**
[raim]

㉮ **(각)운** ⓢ **운을 맞추다**

A Can you think of a **rhyme** for "face"?

'face'에 맞는 **운**을 생각해 낼 수 있나요?

B Grace! What do you say?

'grace'요! 어때요?

영국에서는 monologue, 미국에서는 monolog로 주로 써요.

447 **monologue**
[mánəlɔ̀(:)g]

㉮ **독백**

Five actors each performed a ten-minute **monologue**.

다섯 명의 배우가 각각 10분간의 **독백**을 연기했다.

448 **narrator**
[nǽreitər]

㉮ **서술자, 내레이터**

The **narrator** said, "Stop and think." 교과서

그 **서술자**는 "멈춰서 생각하라."라고 말했다.

+ narration ㉮ 서술; 내레이션

'표시(하는 것)'의 의미와 관련하여 집게손가락을 index finger라고 해요.

449 **index**
[índeks]

㉮ **색인; 지수, 지표**

The people wrote their names and goals on **index** cards. 학평

그 사람들은 **색인** 카드에 그들의 이름과 목표를 적었다.

» **body mass index** 체질량 지수(= BMI)

sub-는 '아래, 하위'를 뜻하는 접두사예요.

450 **subtitle**
[sʌ́btàitl]

㉮ **자막; 부제** ⓢ **자막을[부제를] 달다**

Lisa wants to understand K-pop songs without **subtitles**. 교과서

Lisa는 **자막** 없이 한국 대중가요를 이해하기를 원한다.

DAY 15

문학

Use Words

빈칸을 채우며 단어를 외우고, 쓰면서 한 번 더 익히세요.

01 English ___________ 영문학 | literature literature

02 ___________ a novel 소설을 출판하다 | publish

03 the ___________ of a book 책의 저자 | author

04 a ___________ who loved the stars
별을 사랑한 시인 | poet

05 a ___________ writer 소설 작가 | fiction

06 end in ___________ 비극으로 끝나다 | tragedy

07 the ___________ scenes 사실적인 장면들 | realistic

08 ___________ books 추리 소설책 | mystery

09 read a ___________ 전기를 읽다 | biography

10 ___________ you write a book.
당신이 책을 쓴다고 상상해 보라. | imagine

11 for ___________ 즐거움을 위해 | pleasure

12 a ___________ for good luck 행운의 상징 | symbol

13 ___________ a dream 꿈을 해석하다 | interpret

14 ___________ a Korean story into English
한국어 이야기를 영어로 번역하다 | translate

15 read famous ___________s 유명한 격언들을 읽다 | saying

16 in dramatic __________ 극적인 맥락 context

17 what texts __________ 글이 내포하는 것 imply

18 __________ his report 그의 보고서를 수정하다 revise

19 watch the __________ film 고전 영화를 보다 classic

20 in this __________ 이 단락에서 paragraph

21 use short __________s 짧은 구를 사용하다 phrase

22 a brief __________ of the proposal 그 제안의 간략한 개요 outline

23 __________ the first chapter 제1 장을 요약하다 summarize

24 the latest __________ 최신판 version

25 the __________ genre 연애 소설 장르 romance

26 a __________ for "face" 'face'에 맞는 운 rhyme

27 perform a __________ 독백을 연기하다 monologue

28 the __________ of a story 이야기의 서술자 narrator

29 write their names on __________ cards 색인 카드에 그들의 이름을 적다 index

30 understand K-pop songs without __________s 자막 없이 한국 대중가요를 이해하다 subtitle

문학

3-Minute Check

오늘 학습한 단어와 뜻을 최종적으로 암기했는지 확인하세요!

			Check
421	literature	명 문학	☐
422	publish	동 출판하다; 발표하다	☐
423	author	명 저자, 작가	☐
424	poet	명 시인	☐
425	fiction	명 소설; 허구	☐
426	tragedy	명 비극	☐
427	realistic	형 사실적인; 현실적인	☐
428	mystery	명 추리 소설; 불가사의, 미스터리	☐
429	biography	명 전기, 일대기	☐
430	imagine	동 상상하다	☐
431	pleasure	명 즐거움, 기쁨	☐
432	symbol	명 상징; 기호	☐
433	interpret	동 해석하다; 통역하다	☐
434	translate	동 번역하다; 해석하다	☐
435	saying	명 속담, 격언	☐

			Check
436	context	명 맥락, 문맥	☐
437	imply	동 내포하다; 암시하다	☐
438	revise	동 수정하다, 개정하다	☐
439	classic	형 일류의; 고전의 명 고전	☐
440	paragraph	명 단락	☐
441	phrase	명 구; 관용구	☐
442	outline	명 개요; 윤곽 동 간단히 설명하다	☐
443	summarize	동 요약하다	☐
444	version	명 ~판, 버전, 변형	☐
445	romance	명 연애 소설; 로맨스	☐
446	rhyme	명 (각)운 동 운을 맞추다	☐
447	monologue	명 독백	☐
448	narrator	명 서술자, 내레이터	☐
449	index	명 색인; 지수, 지표	☐
450	subtitle	명 자막; 부제 동 자막을[부제를] 달다	☐

외우지 않은 단어가 있으면 **미니 단어장**에서 다시 한번 정리해 보세요.

Wrap Up

ANSWERS p.330

A 빈칸에 알맞은 단어 혹은 우리말을 쓰시오.

01 impress : impressive = ____________ : 인상적인

02 number : ____________ = 수, 숫자 : 수치, 숫자; 인물

03 ____________ : far = 먼, 멀리 떨어진 : 먼

04 realistic : unrealistic = ____________ : 비현실적인

05 ____________ : arrive = 떠나다, 출발하다 : 도착하다

06 mental : ____________ = 정신의 : 신체의; 물질적인

07 ____________ : comedy = 비극 : 희극

08 beat : defeat = ____________ : 패배시키다

09 continuous : continue = ____________ : 계속하다; 계속되다

10 abstract : concrete = ____________ : 구체적인

B 영영풀이에 알맞은 단어를 〈보기〉에서 골라 쓰시오.

〈보기〉 reduce referee delay admire biography

01 to make somebody or something late ____________

02 to respect somebody for what they have done ____________

03 the official who controls the game in sports ____________

04 the story of a person's life written by somebody else ____________

05 to make something less or smaller in size or quantity ____________

C 학습한 단어를 이용해 빈칸을 채워 문장을 완성하시오.

01 2주 후에 그는 수정된 보고서를 제출했다.
⇨ Two weeks later he turned in the __________ report.

02 티켓 판매는 마감 시간 한 시간 전에 종료됩니다.
⇨ Ticket sales end one hour __________ to closing time.

03 뉴턴의 운동 법칙은 골프의 세계에 완벽하게 적용된다.
⇨ Newton's laws of __________ apply perfectly to the world of golf.

04 충분한 좌석이 있는 큰 공간을 예약하세요.
⇨ __________ a vast room with enough seats.

D 주어진 단어를 바르게 배열하여 문장을 완성하시오.

01 그 학생들이 한국어 이야기를 영어로 번역할 것이다.
(will translate / the students / into / a Korean story / English)
⇨ ______________________________

02 훌륭한 달리기 선수들만이 그 특별한 경주에 참가할 수 있다.
(the special race / can participate / only great runners / in)
⇨ ______________________________

03 내게 백만 달러가 있다면 나는 꿈의 자동차를 살 수 있을 텐데.
(I / I / if / could / had / a million dollars / a dream car / buy)
⇨ ______________________________

04 그는 자원봉사자들에게 그들의 이마에 댈 수 있는 냉찜질 팩을 제공했다.
(volunteers / he / to hold / provided / to their forehead / with a cold pack)
⇨ ______________________________

교과서 필수 단어 확인하기

01 단어의 성격이 나머지와 다른 것은? DAY 15

① biography ② mystery ③ tragedy
④ tournament ⑤ romance

02 밑줄 친 단어의 영영풀이로 알맞은 것은? DAY 12

I learn English to travel abroad.

① not far away ② traveling very fast
③ in or to a foreign country ④ able to be used or easily bought
⑤ on or onto a ship, plane, bus or train

03 빈칸에 알맞은 단어가 아닌 것은? DAY 11, 12

- Food delivery services are very ________.
- I've locked my car key inside the ________.
- A ________ of the money was spent on clothing.
- The fish can ________ the speed of flying birds.

① vehicle ② convenient ③ calculate
④ destination ⑤ quarter

04 밑줄 친 부분의 의미가 올바르지 않은 것은? DAY 14, 15

① He was a poet who loved the stars. (시인)
② I forgot that you've joined the choir. (관현악단)
③ Let's read famous sayings about dreams. (격언)
④ Brian will repay you with a priceless gift. (아주 귀중한)
⑤ In the 1750s Haydn began composing symphonies. (작곡하다)

ANSWERS p.331

[05-06] 빈칸에 공통으로 알맞은 것을 고르시오. DAY 11, 15

05

- You need to look at the words in ______________.
- Storytellers present material in dramatic ______________ to the students.

① index ② context ③ outline
④ narrator ⑤ rhyme

06

- You should ______________ the amount of fat in your diet.
- The time ______________ for this activity is 10 minutes.

① diminish ② figure ③ limit
④ multiply ⑤ range

07 틀린 부분을 찾아 바르게 고친 뒤 전체 문장을 다시 쓰시오. DAY 13

Athletes can enhance their ability of winning through training.

____

08 우리말과 일치하도록 괄호 안의 단어를 이용하여 문장을 완성하시오. DAY 14

재활용된 악기로 연주한 음악으로 사람들에게 영감을 주는 것은 가능하다.
(by music, inspire, with, play)

→ It is possible ________________________________ recycled instruments.

수능 유형 확인하기

DAY 01~15

☑ ANSWERS p.331

| 함축 의미 파악하기 |

수능 21번 유형

밑줄 친 부분의 의미가 구체적으로 무엇인지 알아내는 유형으로, 글의 핵심과 연관된 부분이 밑줄로 제시되므로 이를 파악하는 것이 중요해요. 자신이 생각한 답을 밑줄 친 부분에 넣어 앞뒤 내용과 연결되는지 확인해 보세요!

밑줄 친 at the "sweet spot"이 다음 글에서 의미하는 바로 가장 적절한 것은? [기출 변형]

For almost all things in life, there can be too much of a good thing. Even the best things in life aren't so great in **excess**. This **concept** has been discussed since the time of Aristotle. He argued that being virtuous means finding a balance. For example, people should **trust** others, but if someone **trusts** other people too much they are **considered** easily deceived. For this **trait**, it is best to avoid both deficiency and **excess**. The best way is to live at the "sweet **spot**" that maximizes well-being. Aristotle's suggestion is that virtue is the midpoint, where someone is neither too **generous** nor too cheap, neither too afraid nor **extremely** brave.

① at the time of a biased **decision**
② in the area of material richness
③ away from social pressure
④ in the middle of two extremes
⑤ at the moment of instant **pleasure**

Word Check 윗글에서 그동안 학습한 단어를 확인하고 각각의 우리말 뜻을 쓰시오.

excess	______	concept	______
trust	______	consider	______
trait	______	spot	______
generous	______	extremely	______
decision	______	pleasure	______

New Words

argue	[동] 주장하다	deficiency	[명] 부족, 결핍
maximize	[동] 극대화하다	biased	[형] 편향된

☑ ANSWERS p.331

| 빈칸 내용 추론하기 |

수능 31~34번 유형

빈칸에 적절한 단어나 어구를 찾는 유형으로, 글의 주제나 요지, 또는 중요한 세부 사항과 관련 있는 내용이 빈칸에 들어가요. 빈칸이 포함된 문장을 먼저 읽고 그 문장의 역할을 생각해 보세요!

다음 빈칸에 들어갈 말로 가장 적절한 것은? 기출 변형

One real **concern** in the marketing industry today is how to ____________ for broadcast advertising exposure in the age of the remote control and mobile devices. Now, consumers can mute and skip over commercials entirely. Some advertisers are **desperate** to make their advertisements more interesting and entertaining to discourage viewers from skipping their ads; still others are simply giving up on television advertising altogether. Some **experts predict** that cable providers and advertisers will eventually be forced to **provide** incentives in order to **encourage** consumers to watch their messages. These incentives may come in the form of coupons, or a reduction in the cable bill for each advertisement watched.

* mute: 음소거하다

① guide people
② **reduce** the cost
③ keep a close eye
④ **deliver** any goods any time
⑤ win the battle

Word Check 윗글에서 그동안 학습한 단어를 확인하고 각각의 우리말 뜻을 쓰시오.

concern	____________	desperate	____________
expert	____________	predict	____________
provide	____________	encourage	____________
reduce	____________	deliver	____________

New Words

age	명 시대	remote	형 원격의
skip	동 건너뛰다	incentive	명 유인책, 장려책

신체, 행동

오늘 학습할 단어를 공부하고, 가리개를 사용해서 암기해 보세요.

451 **facial** [féiʃəl]

ⓗ 얼굴의

The symbols are used to represent a **facial** expression. 교과서

그 기호들은 **얼굴의** 표정을 나타내기 위해 쓰인다.

+ face ⓜ 얼굴

학평 빈출

452 **muscle** [mʌ́sl]

ⓜ 근육; 근력

Kids don't gain the same **muscle** from lifting weights that an adult would. 학평

아이들은 역기를 드는 것으로부터 어른들이 얻을 수 있는 것과 같은 **근육**을 얻지 못한다.

+ muscular ⓗ 근육의; 근육질의

학평에서 muscle은 건강, 신체, 심리 등을 주제로 한 지문에 자주 출제되었고, muscle strength(근력), muscle pain(근육통), lifting weights(역기 들기), flexibility(유연성) 등의 관련어가 주로 함께 나오므로 알아두면 유용해요.

VOCA TIP
mussel(홍합)과 혼동하지 마세요!

453 **wrinkle** [ríŋkl]

ⓜ 주름 ⓓ 주름이 생기다

Like walnuts, the brain has **wrinkles**, too. 교과서

호두처럼 뇌에도 **주름**이 있다.

454 **chest** [tʃest]

ⓜ 가슴; 상자

The man shot his friend twice, in the **chest** and leg. 교과서

그 남자는 그의 친구의 **가슴**과 다리에 두 번 총을 쐈다.

VOCA TIP
* chest pain 가슴 통증
* a treasure chest 보물 상자

455 **forehead** [fɔ́(:)rid, fɔ́:rhèd]

ⓜ 이마

The doctor told him to bathe his daughter's **forehead** with cool water. 학평

그 의사는 그에게 차가운 물로 딸의 **이마**를 씻기라고 말했다.

= brow ⓜ 이마

VOCA TIP
<fore-(앞의) + head(머리)>로 이루어졌어요.

456 **thigh** [θai]

ⓜ 허벅지

He complained of a sharp pain in the left **thigh**.

그는 왼쪽 **허벅지**의 심한 통증을 호소했다.

457 **breathe** [bri:ð]

㊍ **숨을 쉬다, 호흡하다**

If the person is not **breathing**, begin CPR. 교과서

그 사람이 **숨을 쉬지** 않으면, CPR(심폐 소생술)을 시작하세요.

» breathe in[out] 숨을 들이쉬다[내쉬다]

+ breath ㊐ 숨, 호흡

458 **receive** [risíːv]

㊍ **받다**

She **received** her medical degree from Cornell Medical School in 1981. 학평

그녀는 1981년에 Cornell 의과 대학에서 의학 학위를 **받았다**.

+ receipt ㊐ 영수증; 수령

인물에 관한 내용 일치·불일치를 파악하는 유형의 지문에 receive a degree[prize](학위[상]를 받다) 등의 표현이 자주 쓰였고, receive a phone call[letter, gift](전화[편지, 선물]을 받다) 등 일상생활에서 자주 쓰이는 표현들이나 receive support[assistance, praise](지지[도움, 칭찬]를 받다)처럼 추상적인 행위를 겪는 것에 관한 표현이 다양한 지문에 등장했어요.

459 **whisper** [wíspər]

㊍ **속삭이다** ㊐ **속삭임**

Tom watched the queen **whisper** in a servant's ear. 교과서

Tom은 여왕이 하인의 귀에 대고 **속삭이는** 것을 지켜보았다.

= murmur ㊍ 속삭이다, 중얼거리다

VOCA TIP
연극에서 다른 인물에게는 들리지 않고 관객에게만 들리도록 약속된 대사인 방백(傍白)을 stage whisper라고 해요.

460 **grab** [græb]

㊍ **움켜쥐다, 잡아채다** ㊐ **잡아채기**

I reached for something to **grab** but there was nothing. EBS

나는 뭐라도 **움켜쥐기** 위해 손을 뻗었지만 아무것도 없었다.

= seize ㊍ 꽉 붙잡다 snatch ㊍ 잡아채다

VOCA TIP
주로 구어에서 grab a taxi(택시를 급히 잡다), grab a bite(요기하다) 등과 같이 '급히 ~하다'라는 뜻으로도 쓰여요.

461 **rush** [rʌʃ]

㊍ **서두르다** ㊐ **서두름**

Mr. Nelson says goodbye and **rushes** out the door. 교과서

Nelson 씨는 작별 인사를 하고 **서둘러** 문밖으로 나간다.

= hurry ㊍ 서두르다

462 **expose** [ikspóuz]

㊍ **드러내다, 노출시키다; 폭로하다**

Exposing one's teeth in formal settings was once thought to be rude. 성취도

공식적인 자리에서 자신의 치아를 **드러내는** 것은 한때 무례하게 여겨졌다.

+ exposure ㊐ 노출; 폭로

= reveal ㊍ 드러내다

VOCA TIP
* expose a plant to sunlight 식물을 햇빛에 노출시키다
* expose a plot 음모를 폭로하다

463 **pronounce** [prənáuns]

동 발음하다

Underline the letter which is not **pronounced** in the word "sign". 교과서

단어 'sign'에서 **발음되지** 않는 글자에 밑줄을 그으세요.

➕ **pronunciation** 명 발음

학평 빈출

464 **approach** [əpróutʃ]

명 접근(법) 동 다가가다, 접근하다

This **approach** can help you make friends with honest people. 학평

이 **접근법**은 여러분이 정직한 사람들과 친구가 되도록 도와줄 수 있다.

학평에서 approach는 '접근법, 처리 방법'이라는 뜻의 명사로 많이 쓰였으며, try new approaches(새로운 접근을 시도하다), create a fresh approach(신선한 접근법을 창조하다) 등의 표현을 이용해 문제 해결을 위한 새로운 방식을 시도하는 내용이 자주 언급되었어요.

VOCA TIP
approach the moon(달에 접근하다)과 같이 뒤에 전치사 to 없이 바로 목적어가 와요.

465 **glance** [glæns]

명 흘긋 봄 동 흘긋 보다

Lisa recognizes the skirt at a **glance**. 교과서

Lisa는 **한눈**에 그 치마를 알아본다.

» **at a glance** 한눈에, 즉시
glance through 대충 훑어보다

466 **chase** [tʃeis]

동 뒤쫓다; 추구하다 명 추적; 추구

The hunting dogs **chased** the farmer's lambs. 학평 그 사냥개들은 그 농부의 양들을 **뒤쫓았다**.

〓 **pursue** 동 추구하다; 뒤쫓다

VOCA TIP
도망치려는 대상을 붙잡기 위해 빠르게 따라가는 것을 의미하며, pursue가 더 문어적 표현이에요.

467 **spill** [spil]

동 엎지르다; 엎질러지다 명 유출

Her coffee **spilled** all over her clothes and desk. 교과서

그녀의 커피가 그녀의 옷과 책상 곳곳에 **엎질러졌다**.

» **spill over** 넘치다
spill out 털어놓다

VOCA TIP
spill the beans는 '(비밀을) 무심코 말해 버리다', cry over spilled milk는 '이미 엎지른 물[되돌릴 수 없는 일]을 두고 한탄하다'라는 뜻의 관용 표현이에요.

468 **lean** [liːn]

동 기울이다; 기대다

Bicycles turn not just by steering but also by **leaning**. 학평

자전거는 (핸들을) 조종하는 것뿐만 아니라 (몸을) **기울임**으로써 방향을 바꾼다.

» **lean on** ~에 기대다[의지하다]

469 **tap**
[tæp]

㊍ **톡톡 두드리다** ㊐ **두드리기**

Marie **tapped** her pencil on the desk. 교과서
Marie는 연필로 책상을 **톡톡 두드렸다**.

㊀ **pat** ㊍ 토닥거리다

VOCA TIP
영국에서는 명사로 '수도꼭지'라는 뜻으로도 써요.

How Different

470 **bind**
[baind]

㊍ **묶다; 감다; 결속하다**

I'm going to **bind** the packages with red ribbon.
나는 빨간 리본으로 소포들을 **묶을** 것이다.

㊀ **tie up** 묶다

VOCA TIP
* bind him to a chair 그를 의자에 묶다
* bind (up) a wound 상처에 붕대를 감다
* bind a community 지역 사회를 결속하다

471 **fasten**
[fǽsən]

㊍ **매다; 잠그다; 고정하다**

You have to **fasten** your seat belt. 교과서
여러분은 안전벨트를 **매야** 합니다.

↔ **unfasten** ㊍ 풀다

- **bind** 밧줄이나 끈 같은 것으로 묶거나 붕대로 두르는 것을 의미함
- **fasten** 지퍼, 단추 등을 채우거나 창문이나 문을 단단히 잠그는 것을 의미함

472 **twist**
[twist]

㊍ **구부리다; 비틀다; 삐다**

When you tie a knot, you are **twisting** material. 성취도
매듭을 묶을 때 당신은 재료를 **구부리고** 있다.

＋ **twisted** ㊎ 뒤틀린; 접질린

VOCA TIP
* twist the wire 철사를 구부리다
* twist one's arm 팔을 비틀다
* twist one's ankle 발목을 삐다

473 **clap**
[klæp]

㊍ **박수를 치다** ㊐ **박수, 박수 소리**

All the people started **clapping** and singing.
학평 모든 사람들이 **박수 치고** 노래하기 시작했다.

» **give somebody a clap** ~에게 박수를 쳐 주다
㊀ **applaud** ㊍ 박수를 치다

474 **squeeze**
[skwiːz]

㊍ **짜다** ㊐ **짜기**

A child sees the mother **squeeze** an orange.
학평 한 아이는 엄마가 오렌지를 **짜는** 것을 본다.

» **squeeze A into B** A를 B에 밀어 넣다
＋ **squeezer** ㊐ 압착기

475 **shift** [ʃift]

[동] **옮기다; 바뀌다** [명] **변화; 교대 근무**

Take a big step forward with the left foot and **shift** weight off the back foot. [학평]
왼발로 크게 한 걸음 앞으로 나가 뒷발에서 무게를 **옮기세요**.

[=] move [동] 옮기다; 바뀌다 change [명] 변화

VOCA TIP
* The scene shifts. 장면이 바뀐다.
* a dramatic shift 극적인 변화
* the night shift 야간 교대 근무

476 **pitch** [pitʃ]

[동] **내던지다; 투구하다** [명] **투구**

That baseballs were **pitched** to two different batters. [수능]
그 야구공들은 두 명의 다른 타자들에게 **던져졌다**.

[+] pitcher [명] 투수
[=] throw [동] 던지다

VOCA TIP
음악에서는 '음높이'를 의미하고 절대 음감을 perfect pitch라고 해요.

477 **tremble** [trémbl]

[동] **떨다; 떨리다** [명] **떨림**

Slowly he stepped and **trembled** with fear. [EBS]
그는 천천히 걸어갔고 두려움으로 **떨었다**.

[=] shake [동] 떨다; 떨리다

VOCA TIP
추위·공포·흥분 등으로 몸을 떨거나 떨리는 목소리로 말하는 것 또는 물건이 바람에 흔들리는 것 등을 가리켜요.

478 **deed** [di:d]

[명] **행위, 행동**

Someone on a team is rewarded by his good **deeds**. [학평]
팀에서 누군가는 좋은 **행동**으로 인해 보상받는다.

[=] act [명] 행동

479 **shave** [ʃeiv]

[동] **면도하다** [명] **면도**

He **shaves** in the shower every morning.
그는 매일 아침 샤워 중에 **면도한다**.

480 **spit** [spit]

[동] **(침 등을) 뱉다** [명] **침; 뱉기**

It's disgusting to **spit** on the street.
길에 **침을 뱉는** 것은 역겹다.

DAY 16

신체, 행동

Use Words

빈칸을 채우며 단어를 외우고, 쓰면서 한 번 더 익히세요.

01	a ________ expression 얼굴 표정	facial
02	gain ________ 근육을 얻다	muscle
03	The brain has ________s. 뇌에는 주름이 있다.	wrinkle
04	in the ________ and leg 가슴과 다리에	chest
05	his daughter's ________ 그의 딸의 이마	forehead
06	a sharp pain in the left ________ 왼쪽 허벅지의 심한 통증	thigh
07	________ through a nose 코로 호흡하다	breathe
08	________ her medical degree 그녀의 의학 학위를 받다	receive
09	________ in his ear 그의 귀에 대고 속삭이다	whisper
10	something to ________ 움켜쥘 무언가	grab
11	________ out the door 서둘러 문밖으로 나가다	rush
12	________ one's teeth 치아를 드러내다	expose
13	________ a word 단어를 발음하다	pronounce
14	________ the moon 달에 접근하다	approach
15	at a ________ 한눈에	glance

16 ____________ the farmer's lambs 농부의 양들을 뒤쫓다 chase

17 ____________ coffee all over her desk spill

그녀의 책상 곳곳에 커피를 엎지르다

18 turn by ____________ing 기울임으로써 방향을 바꾸다 lean

19 ____________ her pencil on the desk tap

그녀의 연필로 책상을 톡톡 두드리다

20 ____________ the packages with red ribbon bind

빨간 리본으로 소포들을 묶다

21 ____________ your seat belt 안전벨트를 매다 fasten

22 ____________ the wire 철사를 구부리다 twist

23 start to ____________ 박수를 치기 시작하다 clap

24 ____________ an orange 오렌지를 짜다 squeeze

25 a dramatic ____________ 극적인 변화 shift

26 ____________ a baseball 야구공을 던지다 pitch

27 ____________ with fear 두려움으로 떨다 tremble

28 good ____________s 좋은 행동 deed

29 ____________ in the shower 샤워 중에 면도하다 shave

30 ____________ on the street 길에 침을 뱉다 spit

신체, 행동

3-Minute Check

오늘 학습한 단어와 뜻을 최종적으로 암기했는지 확인하세요!

			Check
451	facial	형 얼굴의	☐
452	muscle	명 근육; 근력	☐
453	wrinkle	명 주름 동 주름이 생기다	☐
454	chest	명 가슴; 상자	☐
455	forehead	명 이마	☐
456	thigh	명 허벅지	☐
457	breathe	동 숨을 쉬다, 호흡하다	☐
458	receive	동 받다	☐
459	whisper	동 속삭이다 명 속삭임	☐
460	grab	동 움켜쥐다, 잡아채다 명 잡아채기	☐
461	rush	동 서두르다 명 서두름	☐
462	expose	동 드러내다, 노출시키다; 폭로하다	☐
463	pronounce	동 발음하다	☐
464	approach	명 접근(법) 동 다가가다, 접근하다	☐
465	glance	명 흘긋 봄 동 흘긋 보다	☐

			Check
466	chase	동 뒤쫓다; 추구하다 명 추적; 추구	☐
467	spill	동 엎지르다; 엎질러지다 명 유출	☐
468	lean	동 기울이다; 기대다	☐
469	tap	동 톡톡 두드리다 명 두드리기	☐
470	bind	동 묶다; 감다; 결속하다	☐
471	fasten	동 매다; 잠그다; 고정하다	☐
472	twist	동 구부리다; 비틀다; 삐다	☐
473	clap	동 박수를 치다 명 박수, 박수 소리	☐
474	squeeze	동 짜다 명 짜기	☐
475	shift	동 옮기다; 바뀌다 명 변화; 교대 근무	☐
476	pitch	동 내던지다; 투구하다 명 투구	☐
477	tremble	동 떨다; 떨리다 명 떨림	☐
478	deed	명 행위, 행동	☐
479	shave	동 면도하다 명 면도	☐
480	spit	동 (침 등을) 뱉다 명 침; 뱉기	☐

외우지 않은 단어가 있으면 **미니 단어장**에서 다시 한번 정리해 보세요.

건강, 안전

오늘 학습할 단어를 공부하고, 가리개를 사용해서 암기해 보세요.

481 **spread** [spred]

명 확산 동 퍼뜨리다; 펼치다

Health professionals can forecast the **spread** of the flu. 교과서

건강 전문가들은 독감의 **확산**을 예측할 수 있다.

VOCA TIP
* spread the news 그 소식을 퍼뜨리다
* spread wings 날개를 펼치다

482 **symptom** [símptəm]

명 증상

We will search online about flu **symptoms**.

교과서 우리는 온라인으로 독감 **증상들**에 관해 조사할 것이다.

483 **medical** [médikəl]

형 의학의, 의료의

They provide free **medical** treatment for children of poor families. 수능

그들은 가난한 가정의 아동들에게 무료 **의학적** 치료를 제공한다.

+ medicine 명 의학; 약

484 **injure** [índʒər]

동 다치게 하다

The animals ran down the streets and **injured** hundreds of people. 교과서

그 동물들은 거리로 달려 나와 수백 명의 사람들을 **다치게 했다**.

+ injury 명 부상

= hurt 동 다치게 하다

VOCA TIP
축구 및 운동 경기에서 선수 부상 등으로 뺏긴 시간을 감안해서 주는 추가 시간을 injury time이라고 해요.

485 **mental** [méntəl]

형 정신의, 마음의

We should learn about our own **mental** health.

성취도 우리는 우리 자신의 **정신** 건강에 대해 배워야 한다.

↔ physical 형 육체의, 신체의

486 **illness** [ílnis]

명 병, 아픔

His environment might be causing the **illness**.

학평 그의 환경이 그 **병**을 일으키고 있는지도 모른다.

+ ill 형 아픈

= disease 명 병, 질병

VOCA TIP
-ness는 형용사를 추상명사로 만드는 접미사예요.

487 **vital** [váitəl]

㉠ **(생명 유지에) 필수적인**

Water is **vital** in helping our brains to function properly. 학평
물은 우리 뇌가 제대로 기능하는 것을 돕는 데 **필수적**이다.

➕ vitality 명 활력

VOCA TIP
사람이 살아 있음을 보여 주는 호흡, 체온, 심장 박동 등의 측정치를 vital signs(바이털 사인, 활력 징후)라고 해요.

학평 빈출

488 **suffer** [sʌ́fər]

동 **고통받다; (불쾌한 일을) 겪다**

After Daylight Saving Time begins, many drivers **suffer** from jet lag. 학평
일광 절약 시간제가 시작된 후, 많은 운전자들이 시차로 인한 피로감으로 **고통받는다**.

» suffer from ~으로 고통받다
➕ suffering 명 고통, 괴로움

주로 suffer from 다음에 sickness(병), heart failure(심부전), endemic diseases(풍토병) 등 질병 관련 명사(구)가 와서 '병을 앓다'라는 뜻으로 자주 출제되었고 your self-worth suffers, your confidence can suffer 등 '자아 존중감[자신감]이 상처를 입다'라는 의미의 표현도 종종 쓰였어요.

489 **heal** [hiːl]

동 **낫다; 낫게 하다**

Give the person the time and space needed to **heal**. 학평
그 사람에게 **낫기** 위해 필요한 시간과 공간을 주세요.

➕ healing 명 치유
〓 cure 동 치료하다

490 **digest** [daidʒést]

동 **소화하다; 소화되다**

Some bacteria help us **digest** our food. 교과서
어떤 박테리아는 우리가 음식을 **소화하는** 것을 돕는다.

➕ digestion 명 소화 digestive 형 소화의; 소화를 돕는

VOCA TIP
음식을 소화하는 것 외에 '(어떤 것의 뜻을) 잘 이해하다, 음미하다'라는 뜻도 있어요.

491 **dental** [déntəl]

형 **치과의; 치아의**

He has a **dental** appointment at 3 p.m. 학평
그는 오후 3시에 **치과** 예약이 있다.

➕ dentist 명 치과 의사; 치과

VOCA TIP
<dent(치아) + -al(~의)>에서 유래했어요.

492 **awake** [əwéik]

형 **깨어 있는** 동 **깨다; 깨우다**

Listening to music keeps me **awake**. 교과서
음악을 듣는 것은 나를 **깨어 있게** 한다.

〓 awaken 동 깨다; 깨우다

493 **immune** [imjúːn]

㉿ **면역성이 있는**

Your **immune** system is working to fight off the infection. 학평

여러분의 **면역** 체계는 감염을 물리치기 위해 작동하고 있다.

» **immune reaction** 면역 반응

494 **scratch** [skrætʃ]

㉿ **긁다; 할퀴다** ㉿ **찰과상**

Beth talked to Steve **scratching** her head. 교과서

Beth는 머리를 **긁으며** Steve에게 말했다.

» **without a scratch** 하나도 다치지 않고

495 **circulate** [sə́ːrkjəlèit]

㉿ **순환시키다; 순환하다**

The heart **circulates** blood around the body.

심장은 몸 전체로 혈액을 **순환시킨다**.

+ **circulation** ㉿ 순환; 유통

VOCA TIP
혈액·공기 등이 순환하는 것 외에 '(소문 등이) 돌다, 퍼지다'라는 뜻도 있어요.

496 **strain** [strein]

㉿ **혹사하다** ㉿ **압박; 염좌**

Don't **strain** your eyes by reading in a poor light.

침침한 조명 아래에서 책을 읽어서 눈을 **혹사하지** 마세요.

= **pressure** ㉿ 압박

497 **bruise** [bruːz]

㉿ **멍** ㉿ **멍이 들다; 멍이 들게 하다**

He had a huge **bruise** over his eye.

그는 눈 위에 큰 **멍**이 들었다.

» **get a bruise** 타박상을 입다

VOCA TIP
과일 표면에 난 흠집을 가리킬 때도 bruise를 써요.

498 **pulse** [pʌls]

㉿ **맥박** ㉿ **고동치다**

The doctor checked the **pulse** of my left wrist.

그 의사는 내 왼쪽 손목의 **맥박**을 쟀다.

= **beat** ㉿ 고동, 맥박 ㉿ 고동치다

VOCA TIP
purse(지갑; 핸드백)와 혼동하지 마세요!

499 **paralyze** [pǽrəlàiz]

㊂ 마비시키다

After the accident, he was **paralyzed** from the waist down.
그 사고 후에 그는 허리 아래로(하반신이) **마비되었다**.

➕ paralysis ⓜ 마비

VOCA TIP
sanitary facility는 공중 화장실, sanitary pad는 생리대를 의미해요.

500 **sanitary** [sǽnitèri]

ⓗ 위생의; 위생적인

They worked to improve **sanitary** conditions in Africa.
그들은 아프리카의 **위생** 상태를 개선하기 위해 일했다.

↔ insanitary ⓗ 비위생적인, 불결한
= clean ⓗ 깨끗한

VOCA TIP
병원 응급실을 emergency room (= ER)이라고 해요.

501 **emergency** [imə́ːrdʒənsi]

ⓜ 비상, 비상사태

I pushed open an **emergency** exit door. 성취도
나는 **비상**구 문을 밀어서 열었다.

= crisis ⓜ 위기

502 **survive** [sərváiv]

㊂ 생존하다; 견뎌 내다

Several animal species help other injured animals **survive**. 학평
몇몇 동물 종들은 다른 부상당한 동물들이 **생존하도록** 돕는다.

➕ survival ⓜ 생존

survive in dry areas[the Arctic](건조한 지역[북극]에서 생존하다), survive the cold[snowstorm](추위[눈보라]를 견뎌 내다) 등의 표현으로 인류나 동·식물의 생존 조건 또는 방법에 관한 맥락에서 자주 쓰였고, 글의 주제나 제목을 찾는 유형의 선택지에 자주 출제되는 경향이 있어요.

503 **rescue** [réskjuː]

㊂ 구하다, 구조하다 ⓜ 구조

We collected animal **rescue** supplies such as pet carrying cages. 교과서
우리는 반려동물 운반용 케이지와 같은 동물 **구조** 물품을 모았다.

= save ㊂ 구하다

VOCA TIP
'(갑자기 강한 감정을) 터뜨리다'의 뜻으로도 쓰여요.

504 **explode** [iksplóud]

㊂ 폭발하다; 폭발시키다

A bomb **exploded** in a crowded train station.
붐비는 기차역에서 폭탄이 **폭발했다**.

➕ explosion ⓜ 폭발

How Different

505 **harm** [hɑːrm]

㉢ 해치다 ㉢ 해, 피해

Watching too much TV can do **harm** to your eyes. 교과서

TV를 너무 많이 보는 것은 여러분의 눈에 **해**를 끼칠 수 있다.

» do[cause] harm 해를 끼치다; 해가 되다

\+ harmful ㉢ 해로운 harmless ㉢ 무해한

506 **damage** [dǽmidʒ]

㉢ 손상하다 ㉢ 손상, 피해

Chewing ice can **damage** your teeth. 교과서

얼음을 씹는 것은 여러분의 치아를 **손상할** 수 있다.

- harm 사람이나 사물에 주로 물리적 손상을 입히는 것을 의미함
- damage harm보다 더 심한 해를 끼치는 것을 의미함

507 **poison** [pɔ́izən]

㉢ 독, 독약 ㉢ 독살하다

Small animals developed weapons such as **poison** to protect themselves. 수능

작은 동물들은 자신을 보호하기 위해 **독**과 같은 무기를 개발했다.

\+ poisonous ㉢ 독성이 있는

508 **deadly** [dédli]

㉢ 치명적인

Accidentally eating spoiled food can have **deadly** results. 수능

실수로 상한 음식을 먹는 것은 **치명적인** 결과를 초래할 수 있다.

= fatal ㉢ 치명적인

VOCA TIP
비격식으로 부사 '지독히, 극도로'라는 뜻도 있어요.

509 **drown** [draun]

㉢ 물에 빠지다; 익사하다

If you take in too much water, like one who is **drowning**, it could kill you. 학평

만약 여러분이 **물에 빠진** 사람처럼 물을 너무 많이 마시면 죽을 수도 있다.

VOCA TIP
draw(그리다)의 과거분사 drawn과 혼동하지 마세요!

510 **crack** [kræk]

㉢ 갈라지다; 금이 가게 하다 ㉢ 금

He just arrived in time before the river ice **cracked**. 교과서

그는 강 얼음이 **갈라지기** 전에 제시간에 도착했다.

VOCA TIP
목소리가 잠기거나 갈라지는 것도 crack으로 표현해요.

DAY 17

건강, 안전

Use Words

빈칸을 채우며 단어를 외우고, 쓰면서 한 번 더 익히세요.

01 the ________ of the flu 독감의 확산 | spread spread

02 flu ________s 독감 증상들 | symptom

03 ________ treatment 의학적 치료 | medical

04 ________ hundreds of people 수백 명의 사람들을 다치게 하다 | injure

05 ________ health 정신 건강 | mental

06 cause the ________ 병을 일으키다 | illness

07 ________ functions 필수적인 기능 | vital

08 ________ from jet lag 시차증으로 고통받다 | suffer

09 time needed to ________ 낫기 위해 필요한 시간 | heal

10 ________ food 음식을 소화하다 | digest

11 have a ________ appointment 치과 예약이 있다 | dental

12 keep me ________ 나를 깨어 있게 하다 | awake

13 your ________ system 면역 체계 | immune

14 ________ her head 그녀의 머리를 긁다 | scratch

15 ________ blood around the body 몸 전체로 혈액을 순환시키다 | circulate

16 __________ your eyes 눈을 혹사하다 strain

17 a huge __________ over his eye 그의 눈 위에 큰 멍 bruise

18 check the __________ 맥박을 재다 pulse

19 be __________d from the waist down 하반신이 마비되다 paralyze

20 __________ conditions 위생 상태 sanitary

21 an __________ exit door 비상구 문 emergency

22 help injured animals __________ 부상당한 동물들이 생존하도록 돕다 survive

23 animal __________ supplies 동물 구조 물품 rescue

24 A bomb __________d. 폭탄이 폭발했다. explode

25 do __________ to your eyes 눈에 해를 끼치다 harm

26 __________ your teeth 치아를 손상하다 damage

27 weapons such as __________ 독과 같은 무기 poison

28 __________ results 치명적인 결과 deadly

29 a __________ing person 물에 빠진 사람 drown

30 before the river ice __________ed 강 얼음이 갈라지기 전에 crack

DAY 17

건강, 안전

3-Minute Check

오늘 학습한 단어와 뜻을
최종적으로 암기했는지 확인하세요!

			Check
481	spread	[명] 확산 [동] 퍼뜨리다; 펼치다	☐
482	symptom	[명] 증상	☐
483	medical	[형] 의학의, 의료의	☐
484	injure	[동] 다치게 하다	☐
485	mental	[형] 정신의, 마음의	☐
486	illness	[명] 병, 아픔	☐
487	vital	[형] (생명 유지에) 필수적인	☐
488	suffer	[동] 고통받다; (불쾌한 일을) 겪다	☐
489	heal	[동] 낫다; 낫게 하다	☐
490	digest	[동] 소화하다; 소화되다	☐
491	dental	[형] 치과의; 치아의	☐
492	awake	[형] 깨어 있는 [동] 깨다; 깨우다	☐
493	immune	[형] 면역성이 있는	☐
494	scratch	[동] 긁다; 할퀴다 [명] 찰과상	☐
495	circulate	[동] 순환시키다; 순환하다	☐

			Check
496	strain	[동] 혹사하다 [명] 압박; 염좌	☐
497	bruise	[명] 멍 [동] 멍이 들(게 하)다	☐
498	pulse	[명] 맥박 [동] 고동치다	☐
499	paralyze	[동] 마비시키다	☐
500	sanitary	[형] 위생의; 위생적인	☐
501	emergency	[명] 비상, 비상사태	☐
502	survive	[동] 생존하다; 견뎌 내다	☐
503	rescue	[동] 구하다, 구조하다 [명] 구조	☐
504	explode	[동] 폭발하다; 폭발시키다	☐
505	harm	[동] 해치다 [명] 해, 피해	☐
506	damage	[동] 손상하다 [명] 손상, 피해	☐
507	poison	[명] 독, 독약 [동] 독살하다	☐
508	deadly	[형] 치명적인	☐
509	drown	[동] 물에 빠지다; 익사하다	☐
510	crack	[동] 갈라지다; 금이 가게 하다 [명] 금	☐

외우지 않은 단어가 있으면 **미니 단어장**에서 다시 한번 정리해 보세요.

지형, 기후

오늘 학습할 단어를 공부하고, 가리개를 사용해서 암기해 보세요.

511 **arctic** [ɑ́:rktik]

형 북극의 명 북극

The story is about endangered animals in the **Arctic** areas. 교과서

그 이야기는 **북극** 지역의 멸종 위기에 처한 동물들에 관한 것이다.

↔ antarctic 형 남극의 명 남극

VOCA TIP
명사일 때는 the Arctic으로 쓰고, 형용사도 Arctic으로 쓸 때가 많아요.

학평 빈출

512 **surface** [sə́:rfis]

명 표면; 수면

Some planets do not have **surfaces** to land on. 학평

어떤 행성들은 착륙할 **표면**을 가지고 있지 않다.

주로 과학, 동·식물을 주제로 한 지문에서 the earth's surface(지구 표면), the surface of the water(수면), the surface of the stone(돌의 표면) 등의 표현으로 '지면, 수면' 또는 '물체의 표면'을 뜻하는 경우가 많았고, While different on the surface, ~(표면적으로는 다를지라도 ~)와 같이 '겉보기'라는 뜻으로도 쓰이는 것을 알아두세요.

VOCA TIP
<sur-(위에) + face(얼굴)>에서 유래했어요.

513 **underwater** [ʌ̀ndərwɔ́:tər]

형 물속의 부 물속에서

About 80% of the city was **underwater**. 교과서

그 도시의 약 80퍼센트가 **물속에** 잠겼다.

514 **marine** [məríːn]

형 해양의

Catching too much **marine** life in one place can destroy the ocean. 교과서

한곳에서 너무 많은 **해양** 생물을 잡는 것은 바다를 파괴할 수 있다.

VOCA TIP
접두사 sub-(아래)가 붙은 submarine은 '잠수함'이라는 뜻이에요.

515 **surround** [səráund]

동 둘러싸다

The Arctic Ocean is **surrounded** by Asia, North America and Europe. 교과서

북극해는 아시아, 북아메리카, 유럽으로 **둘러싸여** 있다.

+ surroundings 명 환경

516 **pole** [poul]

명 (지구의) 극; 막대기

Does it snow a lot in the South **Pole**? 교과서

남**극**에는 눈이 많이 오나요?

» North Pole 북극 South Pole 남극

+ polar 형 극지방의

517 **volcanic** [vɑlkǽnik]

형 화산의

Jejudo is a **volcanic** island, which is not suitable for farming. 교과서

제주도는 **화산**섬이라서 농업에 적합하지 않다.

+ **volcano** 명 화산

518 **vast** [væst]

형 광대한, 막대한

Mongolia is a **vast** country in Northeast Asia.

성취도 몽골은 동북아시아에 있는 **광대한** 나라이다.

+ **vastness** 명 광대(함)

= **huge** 형 거대한

VOCA TIP 범위·크기·양 등이 어마어마하다는 뜻이에요.

519 **reflect** [riflékt]

동 반사하다; 반영하다

Mirrors and other smooth, shiny surfaces **reflect** light. 학평

거울 그리고 다른 부드럽고 반짝이는 표면은 빛을 **반사한다**.

» **reflect on** ~을 반성하다

+ **reflection** 명 반사; (거울 등에 비친) 상; 반영

VOCA TIP <re-(뒤로, 반대로) + flect(구부리다)>에서 유래했어요.

520 **stream** [striːm]

명 개울, 시내

The kids were playing in the little **stream** that the rain had made. 학평

그 아이들은 빗물이 만들어 놓은 작은 **개울**에서 놀고 있었다.

VOCA TIP 보통 강보다 더 작은 물줄기를 가리켜요.

521 **steep** [stiːp]

형 가파른

The slope is too **steep** for the skiers to try. 수능

그 경사는 스키 선수들이 시도하기에 너무 **가파르다**.

↔ **gradual** 형 완만한

522 **curve** [kəːrv]

명 (도로의) 커브; 곡선 동 곡선을 이루다

When I came out of that **curve**, I was in the outside lane near the cliff. 학평

내가 그 **커브**에서 나왔을 때, 나는 절벽 근처의 바깥 차선에 있었다.

+ **curved** 형 곡선의, 굽은

523 **shallow**
[ʃǽlou]

㉠ 얕은

There are **shallow** pools for small children. 학평
작은 아이들을 위한 **얕은** 수영장이 있습니다.

↔ deep ㉠ 깊은

* shallow water 얕은 물
* a shallow trick 얄팍한 속임수

524 **peak**
[piːk]

㉡ 산꼭대기; 최고점 ㉢ 절정에 달하다

They reached the **peak** after five hours of climbing.
그들은 다섯 시간의 등산 후에 **산꼭대기**에 도착했다.

= top ㉡ 꼭대기, 정상

peek(재빨리 훔쳐보다)와 혼동하지 마세요!

525 **broad**
[brɔːd]

㉠ 넓은

The river is **broad** and nearly straight.
그 강은 **넓고** 거의 일직선이다.

+ broaden ㉢ 넓어지다; 넓히다
= wide ㉠ 넓은

526 **swamp**
[swɑmp]

㉡ 늪, 습지

He fell into a **swamp** and couldn't get out.
그는 **늪**에 빠졌고 나오지 못했다.

학평 빈출

527 **environment**
[inváiərənmənt]

㉡ 환경

When you head off into the wilderness, it is important to fully prepare for the **environment**. 학평
여러분이 황야로 향할 때, **환경**에 충분히 대비하는 것이 중요하다.

+ environmental ㉠ 환경의

학평에서 environment는 natural environment(자연 환경), marine environment(해양 환경) 등 자연 환경의 뜻뿐만 아니라 learning[teaching, working] environment(학습[교수, 근무] 환경) 등 사람의 감정이나 사물에 대한 관점에 영향을 주는 주위의 상황을 의미하는 뜻으로도 자주 출제되었어요.

528 **preserve**
[prizə́ːrv]

㉢ 보존하다; 보호하다

Dinosaurs' bones have been **preserved** as fossils. 학평
공룡 뼈들은 화석으로 **보존되었다**.

+ preservation ㉡ 보존, 보호
= conserve ㉢ 보존하다

preserve fruit in sugar(과일을 설탕 절임하다)처럼 식품을 가공 처리하여 보존하는 것에도 쓰여요.

529 □□ **erupt** [irʌ́pt]

[동] **폭발하다, 분출하다**

An active volcano in Indonesia **erupted** in 1815. [교과서]

1815년에 인도네시아의 한 활화산이 **폭발했다**.

[+] **eruption** [명] 폭발, 분출

VOCA TIP
화산이 폭발하고 화산재가 분출하는 것 외에도 강한 감정을 터뜨리는 것을 의미해요.

530 □□ **emit** [imít]

[동] **내뿜다, 발하다**

Bikes do not **emit** greenhouse gases.

자전거는 온실가스를 **내뿜지** 않는다.

[+] **emission** [명] 배출, 방출

[=] **give off** 내다, 발하다

VOCA TIP
* emit black smoke 검은 연기를 내뿜다
* emit light 빛을 발하다
* emit a sound 소리를 내다

531 □□ **climate** [kláimit]

[명] **기후**

Unfortunately, **climate** change is going to make farming harder. [교과서]

불행히도, **기후** 변화는 농사짓는 것을 더 어렵게 만들 것이다.

532 □□ **temperature** [témpərətʃər]

[명] **기온, 온도; 체온**

What is the average **temperature** in July in the South Pole? [교과서]

남극의 7월 평균 **기온**은 몇 도인가요?

533 □□ **disaster** [dizǽstər]

[명] **재난, 재해, 참사**

We have to be prepared for various natural **disasters**. [교과서]

우리는 다양한 자연**재해**에 대비가 되어 있어야 한다.

[+] **disastrous** [형] 처참한

[=] **catastrophe** [명] 재앙, 참사

VOCA TIP
* a man-made disaster 인재(人災)
* an air disaster 항공기 참사

534 □□ **earthquake** [ə́ːrθkwèik]

[명] **지진**

How did James react when the **earthquake** hit? [교과서]

지진이 났을 때 James는 어떻게 반응했나요?

[+] **earthquake-proof** [형] 내진의

535 **forecast** [fɔ́ːrkæ̀st]

㊔ **예보** ㊍ **예보하다, 예측하다**

The weather **forecast** says it'll clear up soon.
수능 일기 **예보**에 의하면 곧 맑아질 것이라고 한다.

= predict ㊍ 예측하다

VOCA TIP
<fore-(미리) + cast(던지다)>로 이루어졌어요.

How Different

536 **hurricane** [hə́ːrəkèin]

㊔ **허리케인**

Central America has been hit hard by a series of **hurricanes**. 학평
중앙아메리카는 일련의 **허리케인**으로 큰 타격을 입었다.

537 **typhoon** [taifúːn]

㊔ **태풍**

A **typhoon** is going to hit the island tonight.
교과서 **태풍**이 오늘 밤 그 섬을 강타할 것이다.

- **hurricane** 대서양 서부 해역에서 발생하는 열대성 저기압을 가리킴
- **typhoon** 태평양 서부 해역에서 발생하는 열대성 저기압을 가리킴

538 **humid** [hjúːmid]

㊞ **습한**

It was so hot and **humid** that I couldn't enjoy the tour. 수능
너무 덥고 **습해서** 나는 그 여행을 즐길 수 없었다.

+ humidity ㊔ 습기; 습도

539 **moisture** [mɔ́istʃər]

㊔ **수분, 습기**

The amount of **moisture** in the air influences musical pitch. 학평
공기 중의 **습기**의 양은 음높이에 영향을 미친다.

+ moist ㊞ 촉촉한
moisturize ㊍ (피부에 크림 등을 발라) 촉촉하게 하다

VOCA TIP
semi-tropical 또는 subtropical은 '아열대의'라는 뜻이에요.

540 **tropical** [trápikəl]

㊞ **열대의**

This plant is native to a **tropical** climate. 학평
이 식물은 **열대** 기후 지역이 원산지이다.

+ tropic ㊔ 열대 지방

DAY 18

지형, 기후

Use Words

빈칸을 채우며 단어를 외우고, 쓰면서 한 번 더 익히세요.

01	the ____________ areas 북극 지역	arctic arctic
02	a ____________ to land on 착륙할 표면	surface
03	The city was ____________. 그 도시가 물속에 잠겼다.	underwater
04	____________ life 해양 생물	marine
05	be ____________ed by ~으로 둘러싸이다	surround
06	the South ____________ 남극	pole
07	a ____________ island 화산섬	volcanic
08	a ____________ country 광대한 나라	vast
09	____________ light 빛을 반사하다	reflect
10	the little ____________ 작은 개울	stream
11	the ____________ slope 가파른 경사	steep
12	come out of the ____________ 커브에서 나오다	curve
13	____________ pools 얕은 수영장	shallow
14	reach the ____________ 산꼭대기에 도착하다	peak
15	a ____________ river 넓은 강	broad

16 fall into a ____________ 늪에 빠지다 swamp

17 prepare for the ____________ 환경에 대비하다 environment

18 ____________ dinosaurs' bones 공룡 뼈들을 보존하다 preserve

19 A volcano ____________ed. 화산이 폭발했다. erupt

20 ____________ greenhouse gases 온실가스를 내뿜다 emit

21 ____________ change 기후 변화 climate

22 the average ____________ 평균 기온 temperature

23 a natural ____________ 자연재해 disaster

24 when the ____________ hit 지진이 났을 때 earthquake

25 the weather ____________ 일기 예보 forecast

26 a series of ____________s 일련의 허리케인 hurricane

27 a ____________ that hit the island 그 섬을 강타한 태풍 typhoon

28 hot and ____________ 덥고 습한 humid

29 the amount of ____________ 습기의 양 moisture

30 a ____________ climate 열대 기후 tropical

DAY 18

지형, 기후

3-Minute Check

오늘 학습한 단어와 뜻을 최종적으로 암기했는지 확인하세요!

			Check
511	arctic	형 북극의 명 북극	☐
512	surface	명 표면; 수면	☐
513	underwater	형 물속의 부 물속에서	☐
514	marine	형 해양의	☐
515	surround	동 둘러싸다	☐
516	pole	명 (지구의) 극; 막대기	☐
517	volcanic	형 화산의	☐
518	vast	형 광대한, 막대한	☐
519	reflect	동 반사하다; 반영하다	☐
520	stream	명 개울, 시내	☐
521	steep	형 가파른	☐
522	curve	명 (도로의) 커브; 곡선 동 곡선을 이루다	☐
523	shallow	형 얕은	☐
524	peak	명 산꼭대기; 최고점 동 절정에 달하다	☐
525	broad	형 넓은	☐

			Check
526	swamp	명 늪, 습지	☐
527	environment	명 환경	☐
528	preserve	동 보존하다; 보호하다	☐
529	erupt	동 폭발하다, 분출하다	☐
530	emit	동 내뿜다, 발하다	☐
531	climate	명 기후	☐
532	temperature	명 기온, 온도; 체온	☐
533	disaster	명 재난, 재해, 참사	☐
534	earthquake	명 지진	☐
535	forecast	명 예보 동 예보하다, 예측하다	☐
536	hurricane	명 허리케인	☐
537	typhoon	명 태풍	☐
538	humid	형 습한	☐
539	moisture	명 수분, 습기	☐
540	tropical	형 열대의	☐

외우지 않은 단어가 있으면 **미니 단어장**에서 다시 한번 정리해 보세요.

자연 과학, 실험

오늘 학습할 단어를 공부하고, 가리개를 사용해서 암기해 보세요.

541 **scientific** [sàiəntífik]

㊎ 과학의; 과학적인

Hangeul is one of the most **scientific** writing systems in the world. 교과서

한글은 세계에서 가장 **과학적인** 문자 체계 중 하나이다.

학평 빈출

542 **chemical** [kémikəl]

㊔ 화학 물질 ㊎ 화학의

Every event that makes you smile produces feel-good **chemicals** in your brain. 학평

당신을 미소 짓게 만드는 온갖 사건들은 당신의 뇌에서 기분 좋게 만들어 주는 **화학 물질**을 생산한다.

+ chemistry ㊔ 화학

학평에서 chemical은 release[contain] chemicals(화학 물질을 방출하다[포함하다]), toxic chemicals(유독성 화학 물질) 등 명사형으로 자주 쓰였어요. 형용사로 쓰인 chemical formula(화학 공식), chemical compounds(화학 화합물) 등의 표현도 알아두세요.

543 **physics** [fíziks]

㊔ 물리학

The company applied **physics** to create flying skateboards. 교과서

그 회사는 나는 스케이트보드를 만들기 위해 **물리학**을 적용했다.

VOCA TIP 복수형처럼 보이지만 학문 이름이므로 단수 취급해요.

544 **biology** [baiálədʒi]

㊔ 생물학

Max taught **biology** at a high school. 학평

Max는 고등학교에서 **생물학**을 가르쳤다.

+ biological ㊎ 생물학의 biologist ㊔ 생물학자

VOCA TIP <bio-(생물) + -logy(학문)>로 이루어졌어요.

545 **evolution** [èvəlú:ʃən]

㊔ 진화

The fossil record provides evidence of **evolution**. 모평

화석 기록은 **진화**의 증거를 제공한다.

+ evolve ㊍ 진화하다; 발달하다

VOCA TIP revolution(혁명)과 혼동하지 마세요!

546 **extinct** [ikstíŋkt]

㊎ 멸종된

Dinosaurs were different from anything alive today and are **extinct**. 학평

공룡들은 오늘날 살아 있는 어떤 것과도 달랐고 **멸종되었다**.

+ extinction ㊔ 멸종

547 **liquid** [líkwid]

㉠ 액체 ㉡ 액체의

When ice melts, it turns to **liquid** water. 성취도
얼음이 녹으면 그것은 **액체인** 물로 변한다.

548 **solid** [sάlid]

㉠ 고체 ㉡ 고체의; 단단한

The raw egg is fluid inside, while the hard-boiled egg is **solid**. 학평
날달걀은 안이 유동체인 반면에 완숙 달걀은 **고체**이다.

= **firm** ㉡ 단단한

VOCA TIP
a solid evidence(확실한 증거)에서처럼 '기반이 탄탄한, 확실한'의 뜻도 있어요.

549 **pure** [pjuər]

㉡ 순수한; 깨끗한

Newton projected the colors back into the prism, which resulted in **pure** white light. 학평
뉴턴은 프리즘에 색을 다시 투사했고, **순수한** 백색광이 나왔다.

+ **purify** ㉢ 정화하다
↔ **impure** ㉡ 순수하지 못한; 불결한

550 **cell** [sel]

㉠ 세포; 감방

Vitamin B helps make new, healthy **cells**. 교과서
비타민 B는 새롭고 건강한 **세포**를 만드는 것을 돕는다.

+ **cellular** ㉡ 세포의; 휴대 전화의

VOCA TIP
특히 미국에서 비격식으로 cellphone(휴대 전화)을 뜻하기도 해요.

551 **reproduce** [rìːprədúːs]

㉢ 번식하다; 복사하다; 재현하다

There is a good reason why birds **reproduce** by laying eggs. 학평
새들이 알을 낳아서 **번식하는** 타당한 이유가 있다.

+ **reproduction** ㉠ 번식; 복사
= **breed** ㉢ 번식하다

VOCA TIP
<re-(다시) + produce(생산하다)>로 이루어졌어요.

552 **animate** ㉡ [ǽnəmit] ㉢ [ǽnəmèit]

㉡ 살아 있는, 생물인 ㉢ 생기를 불어넣다

Children at this age cannot distinguish between **animate** and inanimate objects.
이 나이의 아이들은 **살아 있는** 것과 죽은 것을 구별할 수 없다.

+ **animation** ㉠ 생기; 만화 영화
↔ **inanimate** ㉡ 무생물의, 죽은
= **living** ㉡ 살아 있는

20 25 30 35 40

553 experiment [ikspérəmənt]
㉮ 실험 ⑤ 실험하다

We're excited about doing different kinds of **experiments**. 교과서
우리는 다양한 종류의 **실험**을 하게 되어 신이 난다.

+ experimental ⓗ 실험의; 실험적인
= test ⓜ 실험, 시험

학평 빈출

554 research [ríːsəːrtʃ, risə́ːrtʃ]
ⓜ 연구, 조사 ⑤ 연구하다, 조사하다

Research shows that contact with pets can decrease blood pressure. 학평
연구는 반려동물과의 접촉이 혈압을 낮출 수 있음을 보여 준다.

+ researcher ⓜ 연구원, 조사원

research shows[suggests, finds] that ~(연구는 ~임을 보여 준다[시사한다, 발견한다]), according to research(연구에 따르면) 등의 표현이 주장을 뒷받침하기 위한 연구 결과를 언급할 때 자주 나왔어요. 연구 결과의 내용이 제목이나 빈칸에 들어갈 말의 단서가 되는 경우가 많으니 주의해서 살펴봐야 해요.

555 positive [pázitiv]
ⓗ 양의; 양성의; 긍정적인

There is a **positive** correlation between caffeine intake and staying alert. 학평
카페인 섭취와 주의력 유지 사이에는 **양의** 상관관계가 있다.

↔ negative ⓗ 음의; 음성의; 부정적인

VOCA TIP
* test positive for Covid-19 코로나19 양성 반응을 보이다
* a positive attitude 긍정적인 태도

556 effect [ifékt]
ⓜ 영향; 효과; 결과

Researchers studied the **effects** of a smile on individuals during a stressful situation. 학평
연구원들은 스트레스가 많은 상황에서 미소가 개인에게 미치는 **영향**을 연구했다.

+ effective ⓗ 효과적인

VOCA TIP
affect(영향을 미치다)와 혼동하지 마세요!

557 measure [méʒər]
⑤ 측정하다 ⓜ 단위; 척도

The Smart Weight Scale can **measure** your body fat. 교과서
스마트 체중계는 여러분의 체지방을 **측정할** 수 있다.

VOCA TIP
중요성이나 가치 등을 '평가하다'라는 뜻도 있어요.

558 analyze [ǽnəlàiz]
⑤ 분석하다

She **analyzed** my team's problems and then found the solution. 교과서
그녀는 우리 팀의 문제를 **분석하고** 해결책을 찾았다.

+ analysis ⓜ 분석

559 **laboratory** [lǽbərətɔ̀ːri]

명 **실험실**

Meat will be grown in a **laboratory** using animal cells. 교과서

고기는 동물 세포를 사용하여 **실험실**에서 재배될 것이다.

VOCA TIP 비격식으로 lab이라고도 해요.

560 **identical** [aidéntikəl]

형 **동일한; 일란성의**

Both cars reached the **identical** spot. 수능

두 차 모두 **동일한** 지점에 도달했다.

- identical to[with] ~와 동일한
- different 형 다른
- same 형 같은

VOCA TIP same보다 동일성을 더 강조해요.

561 **absorb** [əbzɔ́ːrb]

동 **흡수하다; 받아들이다**

When spinach **absorbs** water, it also **absorbs** many other things from the soil. 교과서

물을 **흡수할** 때, 시금치는 또한 흙으로부터 많은 다른 것들을 **흡수한다**.

- absorption 명 흡수; 몰두

VOCA TIP
* absorb oxygen 산소를 흡수하다
* absorb information 정보를 받아들이다

How Different

562 **compound** 명 형 [kɑ́mpaund] 동 [kəmpáund]

명 **화합물** 형 **합성의** 동 **혼합하다**

Compounds that nourish us come from plants. 학평

우리에게 영양분을 공급하는 **화합물**이 식물에서 나온다.

563 **mixture** [míkstʃər]

명 **혼합물; 혼합**

Pour the **mixture** into the mold. 교과서

혼합물을 틀에 부으세요.

- mix 동 섞다; 섞이다

- **compound** 특히 화학 반응으로 결합된 혼합물을 가리킴
- **mixture** 서로 다른 재료들의 혼합물을 가리킴

564 **matter** [mǽtər]

명 **물질; 문제** 동 **중요하다**

Per unit of **matter**, the brain uses more energy than other organs. 학평

물질 단위당 뇌는 다른 기관보다 더 많은 에너지를 사용한다.

- substance 명 물질

565 **mass** [mæs]

명 **질량; 덩어리** 형 **대량의; 대중의**

The apple doesn't have much **mass**. 학평
사과는 큰 **질량**을 가지고 있지 않다.

▶ **a mass of** 많은, 대량의

* the mass of a planet 행성의 질량
* a mass of rock 바윗덩어리
* mass production 대량 생산
* mass media 대중 매체

566 **flame** [fleim]

명 **불길, 불꽃**

He saw **flames** coming from the upside-down car. EBS
그는 뒤집어신 차에서 **불길**이 타오르는 것을 보았다.

= **fire** 명 불

567 **filter** [fíltər]

명 **여과 장치** 동 **거르다**

You cannot actually drink the book, but you can use it as a **filter**. 교과서
여러분은 실제로 그 책을 마실 수는 없지만, **여과 장치**로 사용할 수는 있다.

▶ **filter out** 걸러 내다

568 **contaminate** [kəntǽmənèit]

동 **오염시키다**

Some supplements are **contaminated** with heavy metals. 학평
어떤 보충제들은 중금속으로 **오염되어** 있다.

+ **contamination** 명 오염
= **pollute** 동 오염시키다

569 **decay** [dikéi]

명 **부식** 동 **부패하다; 썩게 하다**

Very few of the people had tooth **decay**. 성취도
그 사람들 중 **썩은** 이(충치)가 있는 사람은 거의 없었다.

= **rot** 명 부식 동 썩다; 부패시키다

물리적인 부패 외에 사회 제도나 영향력 등이 '쇠퇴(하다)'라는 뜻도 있어요.

570 **microscope** [máikrəskòup]

명 **현미경**

They are looking at the blood samples under the **microscope**.
그들은 **현미경**으로 혈액 샘플을 보고 있다.

VOCA TIP

<micro-(작은) + -scope(보는 기계)>로 이루어졌어요.

DAY 19

자연 과학, 실험

Use Words

빈칸을 채우며 단어를 외우고, 쓰면서 한 번 더 익히세요.

01 the ____________ writing system 과학적인 문자 체계 — scientific — scientific

02 toxic ____________s 유독성 화학 물질 — chemical

03 apply ____________ 물리학을 적용하다 — physics

04 teach ____________ 생물학을 가르치다 — biology

05 evidence of ____________ 진화의 증거 — evolution

06 ____________ dinosaurs 멸종된 공룡들 — extinct

07 turn to ____________ 액체로 변하다 — liquid

08 The hard-boiled egg is ____________.
완숙 달걀은 고체이다. — solid

09 ____________ white light 순수한 백색광 — pure

10 make new ____________s 새 세포를 만들다 — cell

11 ____________ by laying eggs 알을 낳아서 번식하다 — reproduce

12 ____________ objects 살아 있는 것 — animate

13 different kinds of ____________s 다양한 종류의 실험 — experiment

14 according to ____________ 연구에 따르면 — research

15 test ____________ 양성 반응을 보이다 — positive

16 the ___________s of a smile 미소의 영향 effect

17 ___________ your body fat 체지방을 측정하다 measure

18 ___________ problems 문제를 분석하다 analyze

19 be grown in a ___________ 실험실에서 재배되다 laboratory

20 the ___________ spot 동일한 지점 identical

21 ___________ water 물을 흡수하다 absorb

22 ___________s that nourish us 우리에게 영양분을 공급하는 화합물 compound

23 pour the ___________ 혼합물을 붓다 mixture

24 per unit of ___________ 물질 단위당 matter

25 the ___________ of a planet 행성의 질량 mass

26 ___________s coming from the car 차에서 나오는 불길 flame

27 as a ___________ 여과 장치로서 filter

28 be ___________d with heavy metals 중금속으로 오염되다 contaminate

29 have tooth ___________ 썩은 이가 있다 decay

30 under the ___________ 현미경으로 microscope

자연 과학, 실험

3-Minute Check

오늘 학습한 단어와 뜻을 최종적으로 암기했는지 확인하세요!

			Check
541	scientific	ⓗ 과학의; 과학적인	☐
542	chemical	ⓜ 화학 물질 ⓗ 화학의	☐
543	physics	ⓜ 물리학	☐
544	biology	ⓜ 생물학	☐
545	evolution	ⓜ 진화	☐
546	extinct	ⓗ 멸종된	☐
547	liquid	ⓜ 액체 ⓗ 액체의	☐
548	solid	ⓜ 고체 ⓗ 고체의; 단단한	☐
549	pure	ⓗ 순수한; 깨끗한	☐
550	cell	ⓜ 세포; 감방	☐
551	reproduce	ⓓ 번식하다; 복사하다; 재현하다	☐
552	animate	ⓗ 살아 있는, 생물인 ⓓ 생기를 불어넣다	☐
553	experiment	ⓜ 실험 ⓓ 실험하다	☐
554	research	ⓜ 연구, 조사 ⓓ 연구하다, 조사하다	☐
555	positive	ⓗ 양의; 양성의; 긍정적인	☐

			Check
556	effect	ⓜ 영향; 효과; 결과	☐
557	measure	ⓓ 측정하다 ⓜ 단위; 척도	☐
558	analyze	ⓓ 분석하다	☐
559	laboratory	ⓜ 실험실	☐
560	identical	ⓗ 동일한; 일란성의	☐
561	absorb	ⓓ 흡수하다; 받아들이다	☐
562	compound	ⓜ 화합물 ⓗ 합성의 ⓓ 혼합하다	☐
563	mixture	ⓜ 혼합물; 혼합	☐
564	matter	ⓜ 물질; 문제 ⓓ 중요하다	☐
565	mass	ⓜ 질량; 덩어리 ⓗ 대량의; 대중의	☐
566	flame	ⓜ 불길, 불꽃	☐
567	filter	ⓜ 여과 장치 ⓓ 거르다	☐
568	contaminate	ⓓ 오염시키다	☐
569	decay	ⓜ 부식 ⓓ 부패하다; 썩게 하다	☐
570	microscope	ⓜ 현미경	☐

외우지 않은 단어가 있으면 **미니 단어장**에서 다시 한번 정리해 보세요.

기술, 우주

오늘 학습할 단어를 공부하고, 가리개를 사용해서 암기해 보세요.

571 **technology** [teknálədʒi]
명 기술
He made a small statue using **technology**. 교과서
그는 **기술**을 사용해서 작은 조각상을 만들었다.
+ technological 형 기술의

572 **invent** [invént]
동 발명하다
It is believed that paper was **invented** in China. 교과서
종이는 중국에서 **발명되었다고** 알려져 있다.
+ invention 명 발명; 발명품   inventor 명 발명가

573 **artificial** [àːrtəfíʃəl]
형 인공의; 가짜의
I talked about the effects of **artificial** light. 교과서
나는 **인공** 빛의 영향에 관해 이야기했다.
↔ natural 형 자연의   = man-made 형 인공의

574 **intelligence** [intélidʒəns]
명 지능
What does artificial **intelligence**(AI) make possible? 교과서
인공 **지능**은 무엇을 가능하게 하나요?
+ intelligent 형 똑똑한; 지능이 있는

VOCA TIP
Central Intelligence Agency(미국 중앙정보부)에서처럼 '기밀; 정보 요원들'이라는 뜻도 있어요.

학평빈출
575 **source** [sɔːrs]
명 원천, 근원; 출처
The goverment is encouraging the use of renewable **sources** of energy. 학평
정부는 재생 가능한 에너지**원**의 사용을 장려하고 있다.

학평에서 source는 energy[power] source(에너지[전력]원)처럼 '사물의 원천이나 근원' 또는 source of stress[anxiety](스트레스[불안] 요인)처럼 '문제의 근원'을 뜻하거나 sources of information(정보의 출처)처럼 '자료나 정보의 출처'를 뜻하는 표현 등이 다양하게 출제되었어요.

576 **adapt** [ədǽpt]
동 적응하다; 조정하다
Your mind has not yet **adapted** to the new development. 학평
당신의 마음은 아직 새로운 발전에 **적응하지** 못했다.
+ adaptation 명 적응; 각색

VOCA TIP
adopt(입양하다; 채택하다)와 혼동하지 마세요!

577 **advance** [ədvǽns]

명 진보 동 전진하다; 발전하다

Due to technological **advances**, scientists can get detailed weather information. 학평

기술의 **진보** 덕분에 과학자들은 상세한 기상 정보를 얻을 수 있다.

- in advance 미리, 사전에
- advanced 형 선진의; 상급의

VOCA TIP
* adjust the volume 음량을 조절하다
* adjust to a new environment 새로운 환경에 적응하다

578 **adjust** [ədʒʌ́st]

동 조절하다; 적응하다

You can **adjust** your body temperature to avoid sweating. 학평

당신은 땀을 흘리지 않기 위해 체온을 **조절할** 수 있다.

- adjustment 명 조절; 적응
- adapt 동 조절하다; 적응하다

579 **method** [méθəd]

명 방법

There are many **methods** for finding answers to the mysteries of the universe. 학평

우주의 신비에 대한 답을 찾기 위한 많은 **방법들**이 있다.

- means 명 수단, 방법

electric(전기의)과 구별하세요!

580 **electronic** [ilektrɑ́nik]

형 전자의

These thoughts are turned into **electronic** signals. 교과서

이 생각들은 **전자** 신호로 바뀐다.

How Different

581 **device** [diváis]

명 장치, 기구

The women stay in the water without any breathing **devices**. 교과서

그 여성들은 아무 호흡 **장치** 없이 물속에 머문다.

- devise 동 고안하다

VOCA TIP
* camping equipment 캠핑 장비
* office equipment 사무기기
* equipment for a factory 공장의 설비

582 **equipment** [ikwípmənt]

명 장비, 용품; 설비

Be sure to wear protective **equipment** such as a helmet. 학평

반드시 헬멧과 같은 보호 **장비**를 착용하세요.

- equip 동 장비를 갖추다

- **device** 특정 목적을 위해 고안된 개별 도구나 기계 장치를 가리킴
- **equipment** 특정 목적·활동을 위해 필요한 장비나 용품의 총체를 가리킴

583 **alternative** [ɔːltə́ːrnətiv]

㉻ 대체의 ㉷ 대안

Solar energy can be an **alternative** energy source for us. 수능

태양열 에너지는 우리의 **대체** 에너지원이 될 수 있다.

⊕ **alternatively** ㉸ 그 대신에

584 **function** [fʌ́ŋkʃən]

㉷ 기능 ㉶ 기능하다

You need to increase your water intake to revive your brain **function**. 학평

여러분은 뇌 **기능**을 되살리기 위해 수분 섭취를 늘릴 필요가 있다.

⊕ **functional** ㉻ 기능상의; 실용적인

학평에서 function은 brain function, function of our brain으로 인간이나 동물의 '뇌 기능'을 이야기하는 지문에 등장하였고 The Function of ~(~의 기능)와 같은 표현이 제목 찾기 유형의 선택지로 자주 출제되는 경향이 있어요. 동사로 쓰인 function effectively(효과적으로 기능하다) 같은 표현도 알아두세요.

585 **innovate** [ínəvèit]

㉶ 혁신하다

There are opportunities to improve, **innovate**, and grow. 수능

발전하고, **혁신하고**, 성장할 기회들이 있다.

⊕ **innovation** ㉷ 혁신, 쇄신 **innovative** ㉻ 혁신적인

VOCA TIP
renovate((낡은 건물 등을) 개조하다, 보수하다)와 혼동하지 마세요!

586 **combine** [kəmbáin]

㉶ 결합하다

White light can be produced by **combining** the spectral colors. 학평

백색광은 스펙트럼 색상을 **결합하여** 만들어질 수 있다.

⊕ **combined** ㉻ 결합된 **combination** ㉷ 결합

587 **transmit** [trænzmít]

㉶ 전송하다; 전염시키다

The plain old telephone only **transmitted** speech and sounds. 수능

평범한 구식 전화는 오직 말과 소리만 **전송했다**.

⊜ **send** ㉶ 보내다

VOCA TIP
* transmit a radio wave 전파를 보내다
* transmit germs 병균을 옮기다

588 **install** [instɔ́ːl]

㉶ 설치하다

If you want the TV **installed**, there is an additional fee. 학평

TV가 **설치되기**를 원하시면 추가 요금이 있습니다.

⊕ **installation** ㉷ 설치; 설비

VOCA TIP
장비나 가구, 또는 컴퓨터 프로그램을 설치하는 것을 의미해요.

589 **accelerate**
[əksélərèit]

[동] **가속화하다; 가속화되다**

This money would **accelerate** technical progress in renewable energy. [수능]
이 돈은 재생 가능한 에너지의 기술적 진보를 **가속화할** 것이다.

[+] **acceleration** [명] 가속 **accelerator** [명] 가속 장치

VOCA TIP
* accelerate growth
성장을 촉진하다
* Economic growth accelerates.
경제 성장이 가속화되다.

590 **pioneer**
[pàiəníər]

[명] **개척자, 선구자** [동] **개척하다**

The woman was a **pioneer** in the field of space science. [교과서]
그 여성은 우주 과학 분야의 **선구자**였다.

[+] **pioneering** [형] 개척적인, 선구적인

591 **vacuum**
[vǽkjuəm]

[명] **진공** [동] **진공청소기로 청소하다**

The machine looked similar to today's **vacuum** cleaners. [교과서]
그 기계는 오늘날의 **진공**청소기와 비슷하게 보였다.

592 **wireless**
[wáiərlis]

[형] **무선의**

I'd like to buy some **wireless** earphones. [학평]
나는 **무선** 이어폰을 사고 싶다.

[+] **wire** [명] 전선

VOCA TIP
<wire(전선) + -less(없는)>로 이루어졌어요.

593 **astronaut**
[ǽstrənɔ̀:t]

[명] **우주 비행사**

I wish I could float around like an **astronaut**! [교과서] 나는 **우주 비행사**처럼 떠다닐 수 있으면 좋겠어!

VOCA TIP
비격식으로 남자 우주 비행사는 spaceman, 여자 우주 비행사는 spacewoman이라고도 해요.

594 **gravity**
[grǽvəti]

[명] **중력**

Since there's no **gravity** in space, we had to grow plants in special bags. [교과서]
우주에는 **중력**이 없기 때문에, 우리는 특별한 봉지에 식물을 키워야 했다.

[»] **zero gravity** 무중력

595 **globe** [gloub]

㉺ **지구, 세계; 지구본**

Some people argue that technology makes the **globe** sick. 학평

몇몇 사람들은 기술이 **지구**를 아프게 만든다고 주장한다.

➕ global ㉻ 지구의, 세계적인

〓 earth ㉺ 지구

> VOCA TIP
> glove(장갑)와 혼동하지 마세요!

596 **orbit** [ɔ́ːrbit]

㉺ **궤도** ㉹ **궤도를 돌다**

The scientist suddenly understands what keeps the moon in its **orbit**. 학평

그 과학자는 무엇이 달을 **궤도**에 있게 하는지 갑자기 이해한다.

597 **satellite** [sǽtəlàit]

㉺ **(인공)위성; (행성의) 위성**

When cameras were put on board orbiting **satellites**, astronomers could see the universe clearly. 학평

카메라가 궤도 **위성**에 부착되었을 때 천문학자들은 우주를 뚜렷하게 볼 수 있었다.

» launch a satellite 인공위성을 발사하다

598 **eclipse** [iklíps]

㉺ **(해, 달의) 식(蝕)**

I watched the total **eclipse** of the moon last night. 학평

나는 어젯밤 개기 월**식**을 보았다.

> VOCA TIP
> * a solar eclipse 일식
> * a lunar eclipse 월식
> * a partial eclipse 부분식

599 **galaxy** [gǽləksi]

㉺ **은하(계); 은하수**

The photographs of the night sky showed unknown stars and **galaxies**. 학평

그 밤하늘 사진들은 알려지지 않은 별들과 **은하들**을 보여 주었다.

> VOCA TIP
> 은하수는 the Milky Way라고도 해요.

600 **comet** [kámit]

㉺ **혜성**

There are vast numbers of **comets** in the solar system.

태양계에는 엄청나게 많은 **혜성들**이 있다.

DAY 20

기술, 우주

Use Words

빈칸을 채우며 단어를 외우고, 쓰면서 한 번 더 익히세요.

01 use ________ 기술을 사용하다 technology technology

02 ________ paper 종이를 발명하다 invent

03 the effects of ________ light 인공 빛의 영향 artificial

04 artificial ________ 인공 지능 intelligence

05 renewable ________s of energy 재생 가능한 에너지원 source

06 ________ to the development 발전에 적응하다 adapt

07 technological ________s 기술의 진보 advance

08 ________ your body temperature 체온을 조절하다 adjust

09 ________s for finding answers 답을 찾기 위한 방법들 method

10 ________ signals 전자 신호 electronic

11 a breathing ________ 호흡 장치 device

12 protective ________ 보호 장비 equipment

13 an ________ energy 대체 에너지 alternative

14 your brain ________ 뇌의 기능 function

15 opportunities to ________ 혁신할 기회들 innovate

16 ____________ the colors 색상들을 결합하다 combine

17 ____________ sounds 소리를 전송하다 transmit

18 ____________ the TV TV를 설치하다 install

19 ____________ technical progress
기술적 진보를 가속화하다 accelerate

20 a ____________ in the field 그 분야의 선구자 pioneer

21 a ____________ cleaner 진공청소기 vacuum

22 ____________ earphones 무선 이어폰 wireless

23 float like an ____________ 우주 비행사처럼 떠다니다 astronaut

24 no ____________ in space 우주에는 중력이 없음 gravity

25 make the ____________ sick 지구를 아프게 만들다 globe

26 the moon's ____________ 달의 궤도 orbit

27 launch a ____________ 인공위성을 발사하다 satellite

28 the total ____________ of the moon 개기 월식 eclipse

29 discover a ____________ 은하를 발견하다 galaxy

30 ____________s in the solar system 태양계의 혜성들 comet

DAY 20

기술, 우주

3-Minute Check

오늘 학습한 단어와 뜻을 최종적으로 암기했는지 확인하세요!

			Check
571	technology	명 기술	☐
572	invent	동 발명하다	☐
573	artificial	형 인공의; 가짜의	☐
574	intelligence	명 지능	☐
575	source	명 원천, 근원; 출처	☐
576	adapt	동 적응하다; 조정하다	☐
577	advance	명 진보 동 전진하다; 발전하다	☐
578	adjust	동 조절하다; 적응하다	☐
579	method	명 방법	☐
580	electronic	형 전자의	☐
581	device	명 장치, 기구	☐
582	equipment	명 장비, 용품; 설비	☐
583	alternative	형 대체의 명 대안	☐
584	function	명 기능 동 기능하다	☐
585	innovate	동 혁신하다	☐

			Check
586	combine	동 결합하다	☐
587	transmit	동 전송하다; 전염시키다	☐
588	install	동 설치하다	☐
589	accelerate	동 가속화하다; 가속화되다	☐
590	pioneer	명 개척자, 선구자 동 개척하다	☐
591	vacuum	명 진공 동 진공 청소기로 청소하다	☐
592	wireless	형 무선의	☐
593	astronaut	명 우주 비행사	☐
594	gravity	명 중력	☐
595	globe	명 지구, 세계; 지구본	☐
596	orbit	명 궤도 동 궤도를 돌다	☐
597	satellite	명 (인공)위성; (행성의) 위성	☐
598	eclipse	명 (해, 달의) 식(蝕)	☐
599	galaxy	명 은하(계); 은하수	☐
600	comet	명 혜성	☐

외우지 않은 단어가 있으면 **미니 단어장**에서 다시 한번 정리해 보세요.

Wrap Up

ANSWERS p.332

A 빈칸에 알맞은 단어 혹은 우리말을 쓰시오.

01 ____________ : chemistry = 화학 물질; 화학의 : 화학

02 dental : dentist = ____________ : 치과 의사; 치과

03 natural : ____________ = 자연의 : 인공의; 가짜의

04 ____________ : paralysis = 마비시키다 : 마비

05 ____________ : predict = 예보; 예보[예측]하다 : 예측하다

06 forehead : brow = ____________ : 이마

07 adapt : adaptation = ____________ : 적응; 각색

08 ____________ : deep = 얕은 : 깊은

09 shift : move = ____________ : 옮기다; 바뀌다

10 solid : firm = ____________ : 단단한

B 영영풀이에 알맞은 단어를 〈보기〉에서 골라 쓰시오.

(보기)
invent extinct climate survive approach

01 no longer in existence ____________

02 to continue to live or exist ____________

03 to come near to something in distance or time ____________

04 to produce something that has not existed before ____________

05 the regular pattern of weather conditions of a particular place ____________

C 학습한 단어를 이용해 빈칸을 채워 문장을 완성하시오.

01 여러분의 면역 체계는 감염을 물리치기 위해 작동하고 있다.
⇨ Your ____________ system is working to fight off the infection.

02 어떤 행성들은 착륙할 표면을 가지고 있지 않다.
⇨ Some planets do not have ____________ to land on.

03 그녀의 커피가 그녀의 옷과 책상 곳곳에 엎질러졌다.
⇨ Her coffee ____________ all over her clothes and desk.

04 우리는 다양한 종류의 실험을 하게 되어 신이 난다.
⇨ We're excited about doing different kinds of ____________.

05 그 기계는 오늘날의 진공청소기와 비슷하게 보였다.
⇨ The machine looked similar to today's ____________ cleaners.

D 주어진 단어를 바르게 배열하여 문장을 완성하시오.

01 연구원들은 스트레스가 많은 상황에서 미소가 개인에게 미치는 영향을 연구했다.
(during a stressful situation / researchers / on / the effects / individuals / of a smile / studied)
⇨ ____

02 종이는 중국에서 발명되었다고 알려져 있다.
(that / paper / it / was invented / is believed / in China)
⇨ ____

03 그들은 다섯 시간의 등산 후에 산꼭대기에 도착했다.
(the peak / they / five hours / reached / of climbing / after)
⇨ ____

04 TV를 너무 많이 보는 것은 여러분의 눈에 해를 끼칠 수 있다.
(too much TV / watching / to / harm / your eyes / can do)
⇨ ____

어려운 문제도 뚝딱!

사회

오늘 학습할 단어를 공부하고, 가리개를 사용해서 암기해 보세요.

601 **necessary** [nésəsèri]

㉺ 필요한, 필수의

The book provides the information **necessary** to make our town better. 교과서

그 책은 우리 마을을 더 좋게 만드는 데 **필요한** 정보를 제공한다.

↔ unnecessary ㉺ 불필요한 = essential ㉺ 필수적인

602 **cause** [kɔːz]

㉹ 원인; 이유 ㊍ 일으키다

Find one of the **causes** of social problems.

교과서 사회 문제의 **원인** 중 하나를 찾아 보세요.

= bring about 일으키다

VOCA TIP
* cause and effect 원인과 결과
* reasonable cause 합리적인 이유
* cause the car accident 차 사고를 일으키다

603 **occur** [əkə́ːr]

㊍ 일어나다, 발생하다

How did you feel when the incident **occurred**?

교과서 그 사건이 **일어났을** 때 여러분은 기분이 어땠나요?

= happen ㊍ 일어나다, 발생하다

학평 빈출

604 **tend** [tend]

㊍ (~하는) 경향이 있다

Modern-day men **tend** to spend a lot of time and money on their appearance. 학평

현대 남성들은 외모에 많은 시간과 돈을 소비하는 **경향이 있다**.

+ tendency ㉹ 경향; 기질

특히 People[We, Animals] tend to(사람들은[우리는, 동물들은] ~하는 경향이 있다) 등의 표현을 사용하여 중심 소재나 주제와 관련하여 어떤 일반적인 경향을 소개한 후 그것을 뒷받침하거나 반박하는 내용이 이어지는 흐름으로 자주 출제되었어요.

605 **include** [inklúːd]

㊍ 포함하다

The stories will be **included** in the social studies textbook. 교과서

그 이야기들은 사회 교과서에 **포함될** 것이다.

+ including ㉿ ~을 포함한

606 **belong** [bilɔ́(ː)ŋ]

㊍ 속하다; 제자리에 있다

We **belong** to many different groups. 교과서

우리는 많은 다양한 집단에 **속한다**.

+ belongings ㉹ 소유물, 소지품

VOCA TIP
belong, own처럼 '소유의 상태'를 나타내는 동사는 진행형으로 쓸 수 없어요.

607 **general** [ʤénərəl]

㊎ **일반적인**

When people hear something very **general**, they often believe that it applies to them. 학평

사람들은 아주 **일반적인** 것을 들을 때, 보통 그것이 자신에게 적용된다고 믿는다.

» in general 보통; 전반적으로

VOCA TIP 종합 병원을 general hospital이라고 해요.

How Different

608 **influence** [ínfluəns]

㊍ **영향을 주다** ㊐ **영향**

The way we communicate **influences** our ability to build healthy communities. 학평

우리가 의사소통하는 방식은 건강한 공동체를 만드는 우리 능력에 **영향을 준다**.

» have an influence on ~에 영향을 주다

+ influential ㊎ 영향력 있는

VOCA TIP 특히 소셜 미디어에서 영향력을 행사하는 사람을 influencer라고 해요.

609 **affect** [əfékt]

㊍ **영향을 미치다**

We often let emotion **affect** our judgment. 학평

우리는 종종 감정이 우리의 판단에 **영향을 미치게** 한다.

VOCA TIP 명사 effect(영향; 효과)와 혼동하지 마세요!

- influence 본보기를 통해 사람의 사고나 행동에 간접적으로 영향을 주는 것을 주로 가리킴
- affect 변화를 초래하는 등 직접적인 영향을 주는 것을 가리킴

610 **consist** [kənsíst]

㊍ **이루어져 있다**

The native people of the island **consist** of 12 tribes. 학평

그 섬의 원주민은 12개의 부족으로 **이루어져 있다**.

= be made up of (~으로) 이루어져 있다

611 **differ** [dífər]

㊍ **다르다**

People may **differ** in the kinds of activities they prefer. 교과서

사람들은 그들이 선호하는 활동의 종류에 따라 **다를** 수 있다.

+ difference ㊐ 차이

612 **relate** [riléit]

㊍ **관련이 있다; 관련짓다**

Some traditions in African dress **relate** to traditions of handwork. 학평

아프리카 의상의 몇 가지 전통은 수작업의 전통과 **관련이 있다**.

+ relation ㊐ 관계; 친척

613 **aspect** [ǽspekt]

㉮ 측면

The way people start their day impacts every **aspect** of their lives. 학평

사람들이 하루를 시작하는 방법은 그들의 삶의 모든 **측면**에 영향을 미친다.

614 **community** [kəmjúːnəti]

㉮ 공동체, 지역 사회

What can I do for my **community**? 교과서

내가 우리 **공동체**를 위해 무엇을 할 수 있을까요?

How Different

615 **advantage** [ædvǽntidʒ]

㉮ 장점, 유리한 점

You can get the **advantage** of everybody else's experience. 학평

여러분은 다른 모든 사람의 경험의 **장점**을 취할 수 있다.

» **take advantage of** ~을 이용하다

↔ **disadvantage** ㉮ 약점, 불리한 점

616 **benefit** [bénəfit]

㉮ 이익, 혜택 ㉯ (~에게) 이롭다; 이익을 얻다

When people work together, the overall size of **benefit** almost always expands. 학평

사람들이 협력할 때, **이익**의 전체 크기는 거의 항상 확대된다.

+ **beneficial** ㉱ 유익한, 이로운

VOCA TIP 영국에서는 child benefit(아동 수당), housing benefit(주택 수당) 등 정부가 지급하는 '수당, 보조금'을 뜻하기도 해요.

- **advantage** 다른 것보다 유리하거나 우세하게 만드는 특징을 가리킴
- **benefit** 어떤 것으로부터 얻는 이익이나 삶을 개선하는 유용한 점을 가리킴

617 **contribute** [kəntríbjuːt]

㉯ 기여하다; 기부하다

Nobel decided to do something to **contribute** to the world. 교과서

노벨은 세계에 **기여하기** 위해 무언가를 하기로 결심했다.

+ **contribution** ㉮ 기부금; 기여

VOCA TIP <con-(함께) + tribute(주다)>에서 유래했어요.

618 **voluntary** [vάləntèri]

㉱ 자원봉사의; 자발적인

People might benefit from being involved in a **voluntary** program. 학평

사람들은 **자원봉사** 프로그램에 참여하는 것으로 이익을 얻을지도 모른다.

↔ **involuntary** ㉱ 본의 아닌; 무심결의

VOCA TIP -ary는 '~의, ~에 관한'이라는 뜻의 형용사를 만드는 접미사예요.

619 **complex** [kámpleks]

㉱ 복잡한 ㉵ 복합 건물

What if we lived in the place where things changed in very **complex** ways? 학평

만약 우리가 매우 **복잡한** 방식으로 상황이 변하는 곳에서 산다면 어떨까요?

㊌ complicated ㉱ 복잡한

VOCA TIP
* a complex problem 복잡한 문제
* a housing complex 주택 단지

학평 빈출

620 **factor** [fǽktər]

㉵ 요인, 요소

There is a very important **factor** that determines whether you will influence others. 학평

당신이 다른 사람들에게 영향을 줄지 아닐지를 결정하는 매우 중요한 **요인**이 있다.

an essential[important] factor in ~(~에 필수적인[중요한] 요인), factors to determine ~(~을 결정하는 요소), factors that improve ~(~을 발전시키는 요소) 등 어떤 결과를 초래하는 요인이라는 의미의 표현들이 지문에 자주 쓰였고, 도표를 이해하는 지문이나 주제를 찾는 유형의 선택지에도 자주 출제되었어요.

621 **proper** [prápər]

㉱ 적절한

Great ideas, like great wines, need **proper** aging. 학평

위대한 아이디어들은 훌륭한 와인과 같이 **적절한** 숙성이 필요하다.

㊌ appropriate ㉱ 적절한

622 **generation** [dʒènəréiʃən]

㉵ 세대; 발생

We want the next **generation** to be able to see the endangered animals. 교과서

우리는 다음 **세대**가 멸종 위기에 처한 동물들을 볼 수 있기를 바란다.

VOCA TIP
* the younger generation 젊은 세대
* the generation of heat 열의 발생

623 **ethic** [éθik]

㉵ 윤리, 도덕

When a team member shows a strong work **ethic**, others follow his behavior. 학평

한 팀원이 강한 직업 **윤리**를 보이면 다른 사람들은 그의 행동을 따른다.

㊉ ethical ㉱ 윤리적인, 도덕적인

624 **burden** [bə́ːrdən]

㉵ 부담, 짐 ㉿ 부담[짐]을 지우다

Responsibility is when one takes on a **burden** and accepts the outcome. 학평

책임이란 **부담**을 떠안고 그 결과를 받아들이는 것이다.

625 **indicate** [índikèit]

㊀ **나타내다, 가리키다**

People adjust themselves to a social signal that **indicates** appropriate behavior. 수능
사람들은 적절한 행동을 **나타내는** 사회적 신호에 자신을 적응시킨다.

➕ indicator ⓜ 지표; 표시기

VOCA TIP
손으로 가리키는 행위 또는 어떤 것의 표시, 징후가 되는 것, 어떤 뜻을 암시하는 것 등을 의미해요.

626 **circumstance** [sə́ːrkəmstæ̀ns]

ⓜ **상황, 환경**

Under the right **circumstances**, groups are remarkably intelligent. 학평
적절한 **상황**에서, 집단은 놀라울 정도로 똑똑하다.

⊜ situation ⓜ 상황

627 **civil** [sívəl]

ⓗ **시민의; 민간의**

She spoke out for **civil** rights. 학평
그녀는 **시민의** 권리를 위해 목소리를 냈다.

➕ civilian ⓜ 민간인

VOCA TIP
* civil duties 시민의 의무
* a civil airport 민간 비행장

628 **status** [stéitəs, stǽtəs]

ⓜ **지위, 신분; 상태**

Minorities tend not to have much power or **status**. 수능
소수 집단은 많은 힘이나 **지위**를 갖지 못하는 경향이 있다.

⊜ rank ⓜ 지위

629 **mutual** [mjúːtʃuəl]

ⓗ **상호간의; 공동의**

Saying good things about each other may benefit **mutual** relations. 학평
서로에게 좋은 말을 하는 것은 **상호** 관계에 이익이 될 수 있다.

➕ mutually ⓟ 서로, 상호간에

VOCA TIP
* mutual respect 상호간의 존중
* a mutual interest 공동의 관심사

630 **charity** [tʃǽrəti]

ⓜ **자선 단체; 자선**

We donated to a **charity** that protects wild animals. 교과서
우리는 야생 동물을 보호하는 **자선 단체**에 기부했다.

DAY 21

사회

Use Words

빈칸을 채우며 단어를 외우고, 쓰면서 한 번 더 익히세요.

01 the ___________ information 필요한 정보 — necessary necessary

02 the ___________ of social problems 사회 문제의 원인 — cause

03 When did the incident ___________?
언제 그 사건이 일어났나요? — occur

04 ___________ to spend a lot of time
많은 시간을 소비하는 경향이 있다 — tend

05 ___________ the stories 그 이야기들을 포함하다 — include

06 ___________ to groups 집단에 속하다 — belong

07 something ___________ 일반적인 것 — general

08 ___________ our ability 우리의 능력에 영향을 주다 — influence

09 ___________ our judgment
우리의 판단에 영향을 미치다 — affect

10 ___________ of 12 tribes 12개의 부족으로 이루어져 있다 — consist

11 ___________ in what they prefer
그들이 무엇을 선호하는지에 따라 다르다 — differ

12 ___________ to traditions 전통과 관련이 있다 — relate

13 every ___________ 모든 측면 — aspect

14 for my ___________ 우리 공동체를 위해 — community

15 get the ___________ 장점을 취하다 — advantage

16 the overall size of ____________ 이익의 전체 크기 benefit

17 ____________ to the world 세계에 기여하다 contribute

18 a ____________ program 자원봉사 프로그램 voluntary

19 in ____________ ways 복잡한 방식으로 complex

20 an important ____________ 중요한 요인 factor

21 ____________ aging 적절한 숙성 proper

22 the next ____________ 다음 세대 generation

23 a work ____________ 직업 윤리 ethic

24 take on a ____________ 부담을 떠안다 burden

25 ____________ appropriate behavior 적절한 행동을 나타내다 indicate

26 the right ____________ 적절한 상황 circumstance

27 ____________ rights 시민의 권리 civil

28 much power or ____________ 많은 힘이나 지위 status

29 ____________ relations 상호 관계 mutual

30 donate to a ____________ 자선 단체에 기부하다 charity

사회

3-Minute Check

오늘 학습한 단어와 뜻을 최종적으로 암기했는지 확인하세요!

			Check
601	necessary	형 필요한, 필수의	☐
602	cause	명 원인; 이유 동 일으키다	☐
603	occur	동 일어나다, 발생하다	☐
604	tend	동 (~하는) 경향이 있다	☐
605	include	동 포함하다	☐
606	belong	동 속하다; 제자리에 있다	☐
607	general	형 일반적인	☐
608	influence	동 영향을 주다 명 영향	☐
609	affect	동 영향을 미치다	☐
610	consist	동 이루어져 있다	☐
611	differ	동 다르다	☐
612	relate	동 관련이 있다; 관련짓다	☐
613	aspect	명 측면	☐
614	community	명 공동체, 지역 사회	☐
615	advantage	명 장점, 유리한 점	☐

			Check
616	benefit	명 이익, 혜택 동 (~에게) 이롭다; 이익을 얻다	☐
617	contribute	동 기여하다; 기부하다	☐
618	voluntary	형 자원봉사의; 자발적인	☐
619	complex	형 복잡한 명 복합 건물	☐
620	factor	명 요인, 요소	☐
621	proper	형 적절한	☐
622	generation	명 세대; 발생	☐
623	ethic	명 윤리, 도덕	☐
624	burden	명 부담, 짐 동 부담[짐]을 지우다	☐
625	indicate	동 나타내다, 가리키다	☐
626	circumstance	명 상황, 환경	☐
627	civil	형 시민의; 민간의	☐
628	status	명 지위, 신분; 상태	☐
629	mutual	형 상호간의; 공동의	☐
630	charity	명 자선 단체; 자선	☐

외우지 않은 단어가 있으면 **미니 단어장**에서 다시 한번 정리해 보세요.

경제, 금융

오늘 학습할 단어를 공부하고, 가리개를 사용해서 암기해 보세요.

631 **economic** [iːkənάmik]

㉻ **경제의**

What **economic** activities do we take part in?
교과서 우리는 어떤 **경제** 활동에 참여하는가?

+ economy ⓜ 경제　economical ㉻ 절약하는, 경제적인

VOCA TIP economics는 '경제학'을 뜻해요.

학평 빈출

632 **consumer** [kənsúːmər]

ⓜ **소비자**

Consumers like some products because of their feel. 학평
소비자들은 느낌 때문에 일부 제품을 좋아한다.

+ consume ⓢ 소모하다, 소비하다
consumption ⓜ 소모

마케팅 관련 지문이나 특히 도표 유형에서 소비자들의 성향에 관해 진술하는 내용이 자주 출제되었고, 건강이나 과학 관련 지문에서는 동사형인 consume을 이용한 consume energy[calories](에너지[칼로리]를 소모하다) 등의 표현이 쓰였어요.

633 **exchange** [ikstʃéindʒ]

ⓢ **교환하다** ⓜ **교환; 환전**

Can I **exchange** this shirt for a different color?
교과서 이 셔츠를 다른 색으로 **교환할** 수 있을까요?

» in exchange for ~ 대신의, 교환으로

VOCA TIP <ex-(바깥으로)+change(바꾸다)>로 이루어졌어요.

634 **demand** [dimǽnd]

ⓜ **수요; 요구** ⓢ **요구하다**

More **demands** lead to higher prices. 학평
수요가 많아지면 가격이 오른다.

» in demand 수요가 많은
+ demanding ㉻ 힘든; 요구가 많은

635 **merchant** [mə́ːrtʃənt]

ⓜ **상인**

He was the richest **merchant** in Genoa. 교과서
그는 제노바에서 가장 부유한 **상인**이었다.

636 **income** [ínkʌm]

ⓜ **소득, 수입**

The activities bring in new sources of **income**.
학평 그 활동들은 새로운 **수입**원을 가져온다.

= earnings ⓜ 소득, 수입

VOCA TIP <in(안으로)+come(오다)>에서 유래했어요.

637 **charge** [tʃɑːrdʒ]

[동] 청구하다; 충전하다 [명] 요금

"This was a favor. I won't **charge** you for this," said Mr. Baker. [교과서]
"이건 호의예요. 나는 이것을 당신에게 **청구하지** 않을게요."라고 Baker 씨가 말했다.

[»] free of charge 무료로; 무료의

638 **decline** [dikláin]

[동] 감소하다; 거절하다 [명] 하락

In 2020, India's rubber production **declined**.
[학평] 2020년 인도의 고무 생산량이 **감소했다**.

VOCA TIP
<de-(아래로) + cline(기울다)>으로 이루어졌어요.

639 **expense** [ikspéns]

[명] 비용; 경비

Dunbar published his first book at his own **expense**. [학평]
Dunbar는 그의 첫 번째 책을 자**비**로 출판했다.

[+] expensive [형] 비싼

VOCA TIP
living expenses (생활비), school expenses(학비), medical expenses(의료비) 등 '(특정한 목적에 드는) 경비'의 뜻일 때 복수형으로 써요.

How Different

640 **deal** [diːl]

[명] 거래; 대우 [동] 다루다

The seller wanted to close the **deal** as soon as possible. [학평]
그 판매자는 가능한 한 빨리 그 **거래**를 성사시키고 싶었다.

[»] deal with ~을 다루다
[+] dealer [명] 중개인

641 **trade** [treid]

[명] 무역, 거래 [동] 거래하다

Türkiye has a long tradition of **trade**. [교과서]
튀르키예는 오랜 **무역**의 전통을 가지고 있다.

[+] trader [명] 상인

642 **commerce** [kámərs]

[명] 상업; 무역

The rise in **commerce** and the decline of religion allowed science to develop. [수능]
상업의 융성과 종교의 쇠락이 과학이 발전하는 것을 가능하게 했다.

[+] commercial [형] 상업의 [명] 광고 방송

VOCA TIP
* the Department of Commerce (미국) 상무부
* electronic commerce 전자 상거래

- **deal** 회사나 상점뿐만 아니라 사람들 사이의 사소한 거래를 가리킴
- **trade** 물건이나 서비스를 사고파는 거래로 특히 나라 사이의 거래, 무역을 가리킴
- **commerce** 주로 나라 간의 거래를 의미하며 매매와 관련된 운송, 광고 등 모든 활동을 포괄함

643 **budget**
[bʌ́dʒit]

[명] **예산** [동] **예산을 세우다**

To save money, we need to have a tighter **budget**. [교과서]
돈을 절약하기 위해 우리는 더 빠듯한 **예산**이 필요하다.

VOCA TIP
a budget flight(저가 항공편)처럼 '저렴한'이라는 뜻도 있어요.

644 **bargain**
[bá:rgin]

[명] **싼 물건; 합의** [동] **흥정하다**

The chair was a real **bargain** at that price.
그 의자는 그 가격이면 정말 **싼 물건**이었다.

VOCA TIP
할인하는 물건을 찾아다니는 사람을 bargain hunter라고 해요.

645 **negotiate**
[nigóuʃièit]

[동] **협상하다**

They **negotiated** the purchase of a motorcycle.
[학평] 그들은 오토바이 구매를 **협상했다**.

[+] negotiation [명] 협상

학평 빈출

646 **amount**
[əmáunt]

[명] **총액; 양**

People have a limited **amount** of money to spend and a limited **amount** of time to shop.
[학평] 사람들은 소비할 수 있는 돈의 **총액**과 쇼핑할 수 있는 시간의 **양**이 제한되어 있다.

[=] sum [명] 총액, 액수 quantity [명] 양

amount는 amount of money(time, information, food)(돈(시간, 정보, 음식)의 양) 등으로 물질명사의 양을 의미하며 다양한 지문에 쓰였어요. great(considerable, enormous) amount 등 '많은 양'을 의미하는 다양한 표현이 쓰였고, 도표 이해 문제에서는 the smallest(largest) amount(가장 적은(많은) 양), the same amount of ~ as A(A와 같은 양의 ~) 등의 비교 표현을 잘 파악해야 해요.

647 **finance**
[fáinæns, fənǽns]

[명] **자금; 재정** [동] **자금을 대다**

You may want to raise your **finances** to buy a larger house. [수능]
당신은 더 큰 집을 사려고 **자금**을 늘리고 싶을지도 모른다.

[+] financial [형] 재정의, 금융의

VOCA TIP
fiancé(약혼자)와 혼동하지 마세요!

648 **invest**
[invést]

[동] **투자하다**

The companies **invested** all their money in tracks and engines. [학평]
그 회사들은 그들의 모든 돈을 선로와 엔진에 **투자했다**.

[+] investment [명] 투자 investor [명] 투자자

VOCA TIP
수익을 위해 돈을 투자하거나 어떤 것에 시간·노력을 쏟는 것을 의미해요.

649 **target** [tá:rgit]

㊔ 목표; 과녁 ㊕ 겨냥하다

Advertisers find new outlets that reach their **target** audiences. 학평

광고주들은 그들의 **목표** 시청자들에게 도달하는 새로운 출구를 찾는다.

= **aim** ㊔ 목표 ㊕ 겨냥하다; 목표하다

VOCA TIP
* an export target 수출 목표액
* miss a target 과녁을 빗나가다
* target single men 독신 남성을 겨냥하다

650 **risk** [risk]

㊔ 위험(성) ㊕ 위태롭게 하다

You might accept high **risk** investment for a high return. 학평

여러분은 고수익을 위해 고**위험** 투자를 받아들일지도 모른다.

» **at risk** 위험에 처한
take a risk 모험을 하다

+ **risky** ㊎ 위험한

How Different

651 **worth** [wə:rθ]

㊎ ~의 가치가 있는 ㊔ 가치; ~어치

This table is **worth** only a few pounds. 교과서

이 탁자는 고작 몇 파운드**의 가치가 있다**.

+ **worthy** ㊎ ~ 받을 만한; 훌륭한

652 **value** [vǽlju:]

㊔ 가치 ㊕ 소중히 여기다; 평가하다

People link the **value** of a service with the amount of money that is exchanged for it. 학평

사람들은 서비스의 **가치**를 그 서비스와 교환되는 돈의 액수와 관련짓는다.

+ **valuable** ㊎ 귀중한, 값비싼

• **worth** 주로 금전적·경제적 가치를 의미함
• **value** 가격뿐만 아니라 개인적 의미의 중요성을 포함한 더 넓은 의미의 가치를 의미함

653 **credit** [krédit]

㊔ 신용 거래; 신용

The store had some problems accepting **credit** card payments. 학평

그 가게는 **신용** 카드 결제를 승인하는 데 어떤 문제가 있었다.

VOCA TIP
돈과 관련된 뜻 외에 대학의 '학점'이나 영화·TV 프로그램 등 참여한 사람들의 이름이 올라가는 '크레디트'를 뜻해요.

654 **account** [əkáunt]

㊔ 계좌

Have you put money in a savings **account**? 교과서

여러분은 예금 **계좌**에 돈을 넣어 본 적이 있나요?

VOCA TIP
an Internet account(인터넷 계정)처럼 정보 서비스의 이용 '계정'을 뜻하기도 해요.

영국에서 주식은 share를 써요.

655 stock
[stɑk]

명 주식; 재고

Investing in the **stock** market is a risk. 학평
주식 시장에 투자하는 것은 위험성이 있다.

in[out of] stock 비축[품절]되어

IMF는 International Monetary Fund(국제 통화 기금)의 약자예요.

656 fund
[fʌnd]

명 기금, 자금

She helped raise **funds** to support the orphans. 학평
그녀는 고아들을 후원하는 **기금**을 모으는 것을 도왔다.

+ fundraising 명 모금

VOCA TIP

* foreign currency 외화
* have wide currency 널리 통용되다

657 currency
[kə́:rənsi]

명 통화, 화폐; 통용

You can exchange your **currency** for dollars at the airport.
공항에서 당신의 **화폐**를 달러로 환전할 수 있습니다.

+ current 형 통용되는

658 asset
[ǽset]

명 자산, 재산

They have hidden **assets** in banks around the world.
그들은 전 세계 은행에 숨겨진 **자산**을 가지고 있다.

= property 명 재산, 자산

659 loan
[loun]

명 대출, 대출금

It took four years to repay my student **loan**.
내가 학자금 **대출**을 다 갚는 데 4년이 걸렸다.

살 사람이 나올 때까지 값을 깎아 내려가는 역경매를 Dutch auction이라고 해요.

660 auction
[ɔ́:kʃən]

명 경매 동 경매하다

The painting was sold at **auction** last week.
그 그림은 지난주 **경매**에서 팔렸다.

DAY 22 경제, 금융 Use Words

빈칸을 채우며 단어를 외우고, 쓰면서 한 번 더 익히세요.

01 ____________ activities 경제 활동 | economic economic

02 products that ____________s like 소비자들이 좋아하는 제품들 | consumer

03 ____________ this shirt for a different color 이 셔츠를 다른 색으로 교환하다 | exchange

04 more ____________s 더 많은 수요 | demand

05 the richest ____________ 가장 부유한 상인 | merchant

06 new sources of ____________ 새로운 수입원 | income

07 free of ____________ 요금이 무료인 | charge

08 India's rubber production ____________d. 인도의 고무 생산량이 감소했다. | decline

09 at his own ____________ 그 자신의 비용으로 | expense

10 close a ____________ 거래를 성사하다 | deal

11 a long tradition of ____________ 오랜 무역의 전통 | trade

12 the rise in ____________ 상업의 융성 | commerce

13 a tight ____________ 빠듯한 예산 | budget

14 a real ____________ 정말 싼 물건 | bargain

15 ____________ the purchase 구매를 협상하다 | negotiate

16 the __________ of money 돈의 총액 | amount

17 raise your __________s 자금을 늘리다 | finance

18 __________ all their money 그들의 모든 돈을 투자하다 | invest

19 __________ audiences 목표 시청자들 | target

20 at __________ 위험에 처한 | risk

21 __________ only a few pounds 고작 몇 파운드의 가치가 있는 | worth

22 the __________ of a service 서비스의 가치 | value

23 __________ card payments 신용 카드 결제 | credit

24 a savings __________ 예금 계좌 | account

25 the __________ market 주식 시장 | stock

26 raise __________s 기금을 모으다 | fund

27 exchange your __________ for dollars 화폐를 달러로 환전하다 | currency

28 hidden __________s in banks 은행에 숨겨진 자산 | asset

29 repay my student __________ 내 학자금 대출을 갚다 | loan

30 be sold at __________ 경매로 팔리다 | auction

DAY 22

경제, 금융

3-Minute Check

오늘 학습한 단어와 뜻을 최종적으로 암기했는지 확인하세요!

			Check
631	economic	ⓗ 경제의	☐
632	consumer	ⓜ 소비자	☐
633	exchange	ⓓ 교환하다 ⓜ 교환; 환전	☐
634	demand	ⓜ 수요; 요구 ⓓ 요구하다	☐
635	merchant	ⓜ 상인	☐
636	income	ⓜ 소득, 수입	☐
637	charge	ⓓ 청구하다; 충전하다 ⓜ 요금	☐
638	decline	ⓓ 감소하다; 거절하다 ⓜ 하락	☐
639	expense	ⓜ 비용; 경비	☐
640	deal	ⓜ 거래; 대우 ⓓ 다루다	☐
641	trade	ⓜ 무역, 거래 ⓓ 거래하다	☐
642	commerce	ⓜ 상업; 무역	☐
643	budget	ⓜ 예산 ⓓ 예산을 세우다	☐
644	bargain	ⓜ 싼 물건; 합의 ⓓ 흥정하다	☐
645	negotiate	ⓓ 협상하다	☐

			Check
646	amount	ⓜ 총액; 양	☐
647	finance	ⓜ 자금; 재정 ⓓ 자금을 대다	☐
648	invest	ⓓ 투자하다	☐
649	target	ⓜ 목표; 과녁 ⓓ 겨냥하다	☐
650	risk	ⓜ 위험(성) ⓓ 위태롭게 하다	☐
651	worth	ⓗ ~의 가치가 있는 ⓜ 가치; ~어치	☐
652	value	ⓜ 가치 ⓓ 소중히 여기다; 평가하다	☐
653	credit	ⓜ 신용 거래; 신용	☐
654	account	ⓜ 계좌	☐
655	stock	ⓜ 주식; 재고	☐
656	fund	ⓜ 기금, 자금	☐
657	currency	ⓜ 통화, 화폐; 통용	☐
658	asset	ⓜ 자산, 재산	☐
659	loan	ⓜ 대출, 대출금	☐
660	auction	ⓜ 경매 ⓓ 경매하다	☐

외우지 않은 단어가 있으면 미니 단어장에서 다시 한번 정리해 보세요.

정치

오늘 학습할 단어를 공부하고, 가리개를 사용해서 암기해 보세요.

661 **political** [pəlítikəl]

형 정치의, 정치적인

What did he ask his **political** rival to do? 교과서

그는 그의 **정치적** 경쟁자에게 무엇을 하도록 요청했는가?

+ politics 명 정치(학)　politician 명 정치인

학평 빈출

662 **public** [pʌ́blik]

형 대중의; 공공의 명 대중

Town halls were used to discuss **public** issues. 학평

타운 홀(공회당)들은 **공공의** 쟁점을 논의하는 데 이용되었다.

↔ private 형 사적인; 사유의

public speaking(대중 연설), public opinion(대중의 의견), public interest(공익), public transportation(대중교통), public library(공공 도서관), public school(공립학교) 등 다양한 표현이 다양한 주제의 지문에 널리 쓰이고 빈칸 유형의 선택지에 잘 나오는 경향이 있어요.

VOCA TIP
- a public bath 대중목욕탕
- public places 공공장소
- the public 대중

663 **organization** [ɔ̀ːrgənaizéiʃən]

명 단체, 조직

Lucy created an **organization** to support girls' education in India. 교과서

Lucy는 인도 소녀들의 교육을 지원하기 위한 **단체**를 만들었다.

+ organize 동 조직하다; 체계화하다

664 **elect** [ilékt]

동 선출하다, 뽑다

We are sure that you will be **elected** if you run. 교과서

우리는 네가 출마하면 **선출될** 것이라고 확신한다.

+ election 명 선거; 당선

665 **democracy** [dimákrəsi]

명 민주주의

The Greeks developed the idea of **democracy**.

학평 그리스인들은 **민주주의**의 개념을 발전시켰다.

VOCA TIP
<demos(민중) + -cracy(통치)>로 이루어졌어요.

666 **insist** [insíst]

동 고집하다, 주장하다

Some people **insist** on finding the best possible decision. 학평

어떤 사람들은 가능한 최선의 결정을 찾기를 **고집한다**.

» insist on[upon] ~을 고집하다

667 **official** [əfíʃəl]

명 관리, 공무원 형 공식의; 공적인

He offered one cup to the Polish **official**. 교과서
그는 컵 하나를 폴란드 **관리**에게 주었다.

+ officially 부 공식적으로

VOCA TIP
* an official announcement 공식 발표
* an official duty 공적 업무

668 **represent** [rèprizént]

동 대표하다; 대변하다; 나타내다

Her art **represents** the voices of people suffering from social injustice. 학평
그녀의 예술은 사회적 불의에 시달리는 사람들의 목소리를 **대변한다**.

+ representative 형 대표하는 명 대표자

VOCA TIP
* represent the company 그 회사를 대표하다
* represent ideas by words 생각을 말로 나타내다

학평 빈출

669 **policy** [pɑ́ləsi]

명 정책, 방침

The staff handed in a report on foreign **policy**.
학평 그 직원은 외교 **정책**에 관한 보고서를 제출했다.

+ policymaker 명 정책 입안자

글의 목적을 찾는 유형에서 회사나 기관의 정책에 대해 설명하는 내용에 쓰이는 경향이 있고, adopt a new policy(새로운 정책을 채택하다), return policy(환불 정책), welfare policy(복지 정책) 등의 표현이나 Honesty is the best policy.(정직이 최고의 방책이다.)라는 속담도 알아두면 유용해요.

670 **desire** [dizáiər]

명 욕망, 욕구 동 바라다

He had a strong **desire** to be a politician. 학평
그는 정치가가 되고자 하는 강한 **욕망**이 있었다.

+ desirable 형 바람직한
= longing 명 갈망

671 **persuade** [pərswéid]

동 설득하다

They could **persuade** members of a rival tribe.
학평 그들은 경쟁 부족의 구성원들을 **설득할** 수 있었다.

+ persuasive 형 설득력 있는 persuasion 명 설득

672 **postpone** [postpóun]

동 연기하다, 미루다

I'm sorry that the reopening was **postponed**.
수능 재개장이 **연기되어** 유감입니다.

= put off 연기하다

VOCA TIP
post-는 '다음의, 뒤의'를 뜻하는 접두사예요.

* deny a rumor 소문을 부인하다
* deny a charge 혐의를 부인하다

673 **deny** [dinái]

동 **부인하다**

Few philosophers would **deny** that human beings are historical. EBS
인간이 역사적이라는 것을 **부인할** 철학자는 거의 없을 것이다.

+ **denial** 명 부인
↔ **admit** 동 인정하다

VOCA TIP
* a sense of justice 정의감
* a court of justice 법원

674 **justice** [dʒʌ́stis]

명 **정의, 공정성; 사법**

The flowers symbolize a person's will to fight for **justice**. 교과서
그 꽃들은 **정의**를 위해 싸우는 인간의 의지를 상징한다.

↔ **injustice** 명 불의, 불평등

675 **appoint** [əpɔ́int]

동 **임명하다**

He was **appointed** a new Minister for Culture.
학평 그는 새로운 문화부 장관으로 **임명되었다.**

+ **appointment** 명 임명

VOCA TIP
사회·정치적 또는 상업적 목적을 이루기 위한 조직적인 운동을 가리켜요.

676 **campaign** [kæmpéin]

명 **캠페인, 운동**

The purpose of this **campaign** is to encourage more people to vote. 성취도
이 **캠페인**의 목적은 더 많은 사람들이 투표하도록 장려하는 것이다.

677 **candidate** [kǽndidèit]

명 **후보자, 지원자**

He will register as a presidential **candidate**. 수능
그는 대통령 **후보자**로 등록할 것이다.

= **applicant** 명 지원자

678 **committee** [kəmíti]

명 **위원회**

According to the **Committee**, the Winter Olympics will never return if the global warming continues. 교과서
위원회에 따르면, 만약 지구 온난화가 계속된다면 동계 올림픽은 결코 돌아오지 않을 것이다.

679 **immediate** [imíːdiət]

[형] **즉각적인**

I want **immediate** action to solve this urgent problem. [수능]

저는 이 긴급한 문제를 해결할 **즉각적인** 조치를 원합니다.

[+] **immediately** [부] 즉시

How Different

680 **debate** [dibéit]

[명] **토론; 논쟁** [동] **논의하다**

Now, we will start the three-minute **debate**.

[교과서] 이제 우리는 3분 **토론**을 시작하겠습니다.

[»] **under debate** 논의 중인

[=] **discuss** [동] 논의하다

681 **dispute** [dispjúːt]

[명] **분쟁** [동] **반박하다; 분쟁하다**

He had a breakfast with representatives to talk about the **dispute**. [EBS]

그는 **분쟁**에 대해 논의하기 위해 대표들과 아침 식사를 했다.

[»] **beyond dispute** 논란의 여지 없이; 해결된

[=] **argument** [명] 논쟁; 언쟁

- **debate** 특정 주제에 대한 다양한 의견을 나누거나 격식을 갖추고 찬반 토론을 하는 것을 가리킴
- **dispute** 공적으로나 법적으로 집단 간의 권리를 두고 대립하여 다투는 것을 가리킴

682 **liberty** [líbərti]

[명] **자유**

The most famous thing in New York City is the Statue of **Liberty**. [교과서]

뉴욕시에서 가장 유명한 것은 **자유**의 여신상이다.

[+] **liberal** [형] 자유주의의 [명] 자유주의자

[=] **freedom** [명] 자유

VOCA TIP
freedom보다 더 딱딱한 말로 특히 권위·정부 등의 제약에서 자유로움을 의미해요.

683 **command** [kəmǽnd]

[명] **명령** [동] **명령하다; 지휘하다**

Our brain gives a **command** to our fingers to send the email. [학평]

우리 뇌는 그 이메일을 보내라고 손가락에 **명령**을 내린다.

[+] **commander** [명] 지휘관, 사령관

VOCA TIP
commend(칭찬하다)와 혼동하지 마세요!

684 **union** [júːnjən]

[명] **(노동)조합; 연합**

Workers' leisure time was enlarged by **union** campaigns. [수능]

노동자들의 여가 시간은 **노동조합** 운동에 의해 확대되었다.

VOCA TIP
EU는 European Union(유럽 연합)의 약자예요.

685 **conservative** [kənsə́ːrvətiv]

㉻ 보수적인 ㊔ 보수적인 사람

In every Swedish town, one newspaper is generally liberal, and the second is **conservative**. 학평

스웨덴의 모든 마을에서, 한 신문은 일반적으로 진보적이고, 두 번째 신문은 **보수적**이다.

VOCA TIP
대문자로 시작하는 Conservative는 '영국 보수당원(의)'를 의미해요.

---

686 **remark** [rimάːrk]

㊔ 발언; 주목 ㊌ 논평하다

In an argument, a **remark** may be made to cause your anger. 학평

논쟁에서 당신을 화나게 하는 **발언**이 나올 수 있다.

+ remarkable ㉻ 주목할 만한
= comment ㊔ 논평 ㊌ 논평하다

---

687 **session** [séʃən]

㊔ (의회의) 회기; 기간, 시간

There is a question-and-answer **session** at the close of the speech. 학평

연설의 끝에 질의응답 **시간**이 있다.

» in session 개회 중인

---

688 **indifferent** [indífərənt]

㉻ 무관심한

He seems to be **indifferent** to politics.

그는 정치에 **무관심한** 것처럼 보인다.

+ indifference ㊔ 무관심

---

689 **republic** [ripʌ́blik]

㊔ 공화국

The official name for Ireland is the **Republic** of Ireland.

아일랜드의 공식 명칭은 아일랜드 **공화국**이다.

+ republican ㉻ 공화국의 ㊔ 공화주의자

VOCA TIP
대한민국은 the Republic of Korea(= ROK) 또는 South Korea로 나타내요.

---

690 **cabinet** [kǽbənit]

㊔ (정부의) 내각; 캐비닛, 장

The president has a right to form his own **Cabinet**.

대통령은 자신의 **내각**을 구성할 권한이 있다.

VOCA TIP
'내각'의 뜻일 때 보통 the Cabinet으로 써요.

DAY 23

정치

Use Words

빈칸을 채우며 단어를 외우고, 쓰면서 한 번 더 익히세요.

01 his ____________ rival 그의 정치적 경쟁자 | political political

02 ____________ issues 공공의 쟁점 | public

03 create an ____________ 단체를 만들다 | organization

04 ____________ you as a leader 당신을 지도자로 선출하다 | elect

05 the idea of ____________ 민주주의의 개념 | democracy

06 ____________ on finding the best decision 최선의 결정을 찾기를 고집하다 | insist

07 the Polish ____________ 폴란드 관리 | official

08 ____________ the company 그 회사를 대표하다 | represent

09 foreign ____________ 외교 정책 | policy

10 a ____________ to be a politician 정치가가 되고자 하는 욕망 | desire

11 ____________ members of a rival tribe 경쟁 부족의 구성원들을 설득하다 | persuade

12 ____________ the reopening 재개장을 연기하다 | postpone

13 ____________ a rumor 소문을 부인하다 | deny

14 fight for ____________ 정의를 위해 싸우다 | justice

15 ____________ him a new Minister for Culture 그를 새로운 문화부 장관으로 임명하다 | appoint

16 the purpose of this ____________ 이 캠페인의 목적 campaign

17 a presidential ____________ 대통령 후보자 candidate

18 according to the ____________ 위원회에 따르면 committee

19 ____________ action 즉각적인 조치 immediate

20 start the ____________ 토론을 시작하다 debate

21 talk about the ____________ 분쟁에 대해 논의하다 dispute

22 the Statue of ____________ 자유의 여신상 liberty

23 give a ____________ 명령을 내리다 command

24 by ____________ campaigns 노동조합 운동에 의해 union

25 the ____________ newspaper 보수적인 신문 conservative

26 make a ____________ 발언을 하다 remark

27 a question-and-answer ____________ 질의응답 시간 session

28 ____________ to politics 정치에 무관심한 indifferent

29 the ____________ of Ireland 아일랜드 공화국 republic

30 form one's own ____________ 자신의 내각을 구성하다 cabinet

DAY 23

정치

3-Minute Check

오늘 학습한 단어와 뜻을 최종적으로 암기했는지 확인하세요!

No.	Word	Meaning	Check
661	**political**	형 정치의, 정치적인	☐
662	**public**	형 대중의; 공공의 명 대중	☐
663	**organization**	명 단체, 조직	☐
664	**elect**	동 선출하다, 뽑다	☐
665	**democracy**	명 민주주의	☐
666	**insist**	동 고집하다, 주장하다	☐
667	**official**	명 관리, 공무원 형 공식의; 공적인	☐
668	**represent**	동 대표하다; 대변하다; 나타내다	☐
669	**policy**	명 정책, 방침	☐
670	**desire**	명 욕망, 욕구 동 바라다	☐
671	**persuade**	동 설득하다	☐
672	**postpone**	동 연기하다, 미루다	☐
673	**deny**	동 부인하다	☐
674	**justice**	명 정의, 공정성; 사법	☐
675	**appoint**	동 임명하다	☐

No.	Word	Meaning	Check
676	**campaign**	명 캠페인, 운동	☐
677	**candidate**	명 후보자, 지원자	☐
678	**committee**	명 위원회	☐
679	**immediate**	형 즉각적인	☐
680	**debate**	명 토론; 논쟁 동 논의하다	☐
681	**dispute**	명 분쟁 동 반박하다; 분쟁하다	☐
682	**liberty**	명 자유	☐
683	**command**	명 명령 동 명령하다; 지휘하다	☐
684	**union**	명 (노동)조합; 연합	☐
685	**conservative**	형 보수적인 명 보수적인 사람	☐
686	**remark**	명 발언; 주목 동 논평하다	☐
687	**session**	명 (의회의) 회기; 기간, 시간	☐
688	**indifferent**	형 무관심한	☐
689	**republic**	명 공화국	☐
690	**cabinet**	명 (정부의) 내각; 캐비닛, 장	☐

외우지 않은 단어가 있으면 **미니 단어장**에서 다시 한번 정리해 보세요.

DAY 24 역사, 종교

듣고 발음을 익혀보자!

오늘 학습할 단어를 공부하고, 가리개를 사용해서 암기해 보세요.

691 **historical** [histɔ́(:)rikəl]

[형] 역사의, 역사적인

Some **historical** evidence shows that coffee originated in the Ethiopian highlands. [학평]

몇몇 **역사적** 증거는 커피가 에티오피아 고산 지대에서 유래했다는 것을 보여 준다.

VOCA TIP
historical은 역사와 관련된 것에 쓰고 historic은 역사적으로 중요한 것에 써요.

학평 빈출

692 **modern** [mɑ́dərn]

[형] 현대의, 현대적인

A 1940 map and the latest, **modern** map look almost the same. [학평]

1940년의 지도와 최신의 **현대** 지도는 거의 똑같아 보인다.

modern times(현대), modern society(현대 사회), modern technology(현대 기술), modern humans(현대인) 등 과거와 비교해 현대에 변화된 양상이나 두드러진 특징 등을 이야기하는 맥락으로 자주 쓰였고 modern English(현대 영어), modern American accent(현대식 미국 악센트) 등 언어 관련 지문에도 종종 출제되었어요.

693 **ancient** [éinʃənt]

[형] 고대의; 아주 오래된

We may have lost some of our **ancient** ancestors' survival skills. [학평]

우리는 **고대** 조상들의 생존 기술들 중 일부를 잃어버렸을지도 모른다.

VOCA TIP
* ancient history 고대사
* an ancient custom 아주 오래된 관습

694 **origin** [ɔ́(:)ridʒin]

[명] 기원

Do you know any English words of French **origin**? [교과서]

여러분은 프랑스어 **기원**의 영어 단어를 아는 것이 있나요?

[+] originate [동] 유래하다 originally [부] 원래

695 **dynasty** [dáinəsti]

[명] 왕조

Wasn't he a scholar in the Joseon **Dynasty**? [교과서]

그는 조선 **왕조**의 학자 아니었나요?

696 **empire** [émpaiər]

[명] 제국

She ruled the largest **empire** in history. [EBS]

그녀는 역사상 가장 큰 **제국**을 통치했다.

[+] emperor [명] 황제 imperial [형] 제국의

697 **mission** [míʃən]

㉮ **임무; 사절단**

He flew many successful combat **missions**. 학평
그는 많은 성공적인 전투 비행 **임무**를 수행했다.

carry out a mission 임무를 수행하다

698 **military** [míliteri]

㉻ **군사의** ㉮ **군대**

The queen ordered him to go to a **military** school. 교과서
그 여왕은 그를 **군사** 학교에 가라고 명령했다.

civilian ㉻ 민간의 ㉮ 민간인

VOCA TIP
육군은 army, 해군은 navy라고 해요.

699 **weapon** [wépən]

㉮ **무기**

We fasted for a long time instead of fighting with **weapons**. 교과서
우리는 **무기**를 가지고 싸우는 대신에 오랫동안 금식했다.

arms ㉮ 무기

VOCA TIP
weaponry는 '(집합적) 무기류'를 뜻해요.

700 **dominate** [dámənèit]

㉿ **지배하다**

Few people would dispute that Europe **dominated** the world in the eighteenth century. EBS
18세기에 유럽이 세계를 **지배했다는** 것에 반박할 사람은 거의 없을 것이다.

dominant ㉻ 지배적인, 우세한
rule ㉿ 지배하다

701 **ruin** [rú:in]

㉿ **망치다** ㉮ **몰락; 유적**

Don't let this election **ruin** your friendship. 수능
이 선거가 너희의 우정을 **망치게** 하지 마라.

destroy ㉿ 파괴하다

VOCA TIP
* ruin one's health 건강을 망치다
* fall into ruin 몰락하다
* the ruins of ancient Greece 고대 그리스 유적

702 **antique** [æntí:k]

㉮ **골동품** ㉻ **골동품인**

You have an eye for **antiques**. 학평
당신은 **골동품**을 보는 안목이 있으시군요.

703 **remains** [riméinz]

㉢ **유적; 나머지**

The **remains** of the Roman Empire were destroyed by the Huns. 학평
로마 제국의 **유적**이 훈족에 의해 파괴되었다.

+ remain ㉥ 남아 있다

VOCA TIP
evolution(진화)과 혼동하지 마세요!

704 **revolution** [rèvəlú:ʃən]

㉢ **혁명**

Some people of low birth rank became wealthy during the Industrial **Revolution**. 학평
산업 **혁명** 동안 하위 계층의 일부 사람들이 부유해졌다.

+ revolutionary ㉣ 혁명적인 ㉢ 혁명가

VOCA TIP
집합적으로 사용할 때는 mythology를 써요.

705 **myth** [miθ]

㉢ **신화; 미신**

There are lots of movies about Greek **myths**.
교과서 그리스 **신화**에 관한 많은 영화들이 있다.

VOCA TIP
* conquer Mt. Everest 에베레스트 산을 정복하다
* conquer a fear 두려움을 극복하다

706 **conquer** [káŋkər]

㉥ **정복하다; 극복하다**

When did Alexander the Great **conquer** Persia?
알렉산더 대왕은 언제 페르시아를 **정복했는가**?

+ conqueror ㉢ 정복자

---

707 **descend** [disénd]

㉥ **계통을 잇다; 내려가다**

The people here are **descended** from the Vikings.
여기 사람들은 바이킹의 **후손이다**.

» be descended from ~의 후손이다
+ descendant ㉢ 후손
↔ ascend ㉥ 올라가다

---

708 **obey** [oubéi]

㉥ **복종하다, 따르다**

Soldiers must **obey** orders without questioning them.
군인들은 의문을 갖지 않고 명령에 **복종해야** 한다.

+ obedience ㉢ 복종 obedient ㉣ 복종하는
↔ disobey ㉥ 불복종하다

709 **reform** [rifɔ́ːrm]

명 **개혁** 동 **개혁하다**

They can provide the foundation for social **reform**. 학평

그들은 사회 **개혁**의 근간을 제공할 수 있다.

➕ reformer 명 개혁가

VOCA TIP: <re-(다시) + form(형성하다)>으로 이루어졌어요.

학평빈출

710 **religion** [rilídʒən]

명 **종교**

All people have the right to medical care regardless of race, **religion**, and political belief. 학평

인종, **종교** 그리고 정치적인 신념과 상관없이 모든 인간은 의학적 치료를 받을 권리가 있다.

➕ religious 형 종교의; 독실한

주로 사회·역사 주제의 지문에서 variety of areas: business, science, literature, education, religion, etc.(다양한 영역들: 사업, 과학, 문학, 교육, 종교 등)처럼 관련된 여러 항목을 나열하는 가운데 쓰이는 경우가 많았어요.

711 **pray** [prei]

동 **기도하다, 기원하다**

We want our lives to be better and **pray** for change. 성취도

우리는 우리의 삶이 더 나아지기를 바라고 변화를 **기원한다**.

➕ prayer 명 기도

VOCA TIP: prey(먹이)와 혼동하지 마세요!

712 **sacrifice** [sǽkrəfàis]

명 **희생; 제물** 동 **희생하다**

Sometimes, helping others involves real **sacrifice**. 학평

때때로, 타인을 돕는 것은 진정한 **희생**을 수반한다.

713 **ideal** [aidíːəl]

형 **이상적인** 명 **이상**

The philosopher provided an example of a camping trip as a metaphor for the **ideal** society. 학평

그 철학자는 **이상적인** 사회에 대한 비유로 캠핑 여행의 예를 제시했다.

714 **bless** [bles]

동 **축복하다**

Each morning **bless** both our shop and the department store. 성취도

매일 아침 저희 가게와 백화점 둘 다 **축복해 주세요**.

➕ blessing 명 축복

VOCA TIP: 재채기를 한 사람에게 '저런, 몸조심하세요!' 정도의 의미로 Bless you! 라고 말해요.

715 **virtue** [vә́ːrtʃuː]

㉥ 미덕; 선행

Aristotle argued that **virtue** is the midpoint.

학평 아리스토텔레스는 **미덕**이 중간 지점이라고 주장했다.

+ virtuous ㉧ 고결한

↔ vice ㉥ 악; 악행　= goodness ㉥ 선량함

How Different

716 **spiritual** [spíritʃuәl]

㉧ 정신의; 종교적인

You're awakening yourself on a **spiritual** level.

학평 당신은 **정신적인** 차원에서 자신을 깨우고 있다.

+ spirit ㉥ 정신; 기분

717 **sacred** [séikrid]

㉧ 신성한; 신성시되는

Cows are regarded as **sacred** animals in India.

소는 인도에서 **신성한** 동물로 여겨진다.

= holy ㉧ 신성한

VOCA TIP scared(겁먹은)와 혼동하지 마세요!

- spiritual 육체가 아닌 정신·영혼과 관련되거나 종교와 관련된 것을 가리킴
- sacred 신과 관련된 성스러운 것을 가리킴

718 **faith** [feiθ]

㉥ 믿음, 신앙

Nothing could shake her **faith** in God.

그 무엇도 신에 대한 그녀의 **믿음**을 흔들 수 없었다.

+ faithful ㉧ 충실한

719 **mercy** [mә́ːrsi]

㉥ 자비

They showed no **mercy** to their enemies.

그들은 적에게 **자비**를 베풀지 않았다.

» ask for mercy 자비를 구하다

+ merciful ㉧ 자비로운

VOCA TIP '제발, 바라건대'의 뜻으로 for mercy's(God's) sake를 써요.

720 **missionary** [míʃәnèri]

㉥ 선교사

He spent 10 years as a **missionary** in Africa.

그는 아프리카에서 **선교사**로 10년을 보냈다.

VOCA TIP <mission(임무, 선교) + -ary(~하는 사람)>로 이루어졌어요.

DAY 24

역사, 종교

Use Words

빈칸을 채우며 단어를 외우고, 쓰면서 한 번 더 익히세요.

01 some ____________ evidence 몇몇 역사적 증거 | historical historical

02 the latest, ____________ map 최신의 현대 지도 | modern

03 our ____________ ancestors 우리 고대 조상들 | ancient

04 English words of French ____________
프랑스어 기원의 영어 단어들 | origin

05 the Joseon ____________ 조선 왕조 | dynasty

06 the largest ____________ 가장 큰 제국 | empire

07 carry out a ____________ 임무를 수행하다 | mission

08 a ____________ school 군사 학교 | military

09 fight with ____________s 무기를 가지고 싸우다 | weapon

10 ____________ the world 세계를 지배하다 | dominate

11 fall into ____________ 몰락하다 | ruin

12 have an eye for ____________s
골동품을 보는 안목이 있다 | antique

13 the ____________ of the Roman Empire
로마 제국의 유적 | remains

14 the Industrial ____________ 산업 혁명 | revolution

15 Greek ____________s 그리스 신화 | myth

16 __________ Persia 페르시아를 정복하다 conquer

17 be __________ed from the Vikings descend
바이킹의 후손이다

18 __________ orders 명령에 복종하다 obey

19 the foundation for social __________ reform
사회 개혁의 근간

20 regardless of __________ 종교에 상관없이 religion

21 __________ for change 변화를 기원하다 pray

22 real __________ 진정한 희생 sacrifice

23 the __________ society 이상적인 사회 ideal

24 __________ our shop 우리 가게를 축복하다 bless

25 __________ is the midpoint. 미덕은 중간 지점이다. virtue

26 on a __________ level 정신적인 차원에서 spiritual

27 __________ animals 신성한 동물 sacred

28 her __________ in God 신에 대한 그녀의 믿음 faith

29 show no __________ 자비를 베풀지 않다 mercy

30 spend 10 years as a __________ missionary
선교사로 10년을 보내다

역사, 종교

3-Minute Check

오늘 학습한 단어와 뜻을
최종적으로 암기했는지 확인하세요!

			Check
691	historical	형 역사의, 역사적인	☐
692	modern	형 현대의, 현대적인	☐
693	ancient	형 고대의; 아주 오래된	☐
694	origin	명 기원	☐
695	dynasty	명 왕조	☐
696	empire	명 제국	☐
697	mission	명 임무; 사절단	☐
698	military	형 군사의 명 군대	☐
699	weapon	명 무기	☐
700	dominate	동 지배하다	☐
701	ruin	동 망치다 명 몰락; 유적	☐
702	antique	명 골동품 형 골동품인	☐
703	remains	명 유적; 나머지	☐
704	revolution	명 혁명	☐
705	myth	명 신화; 미신	☐

			Check
706	conquer	동 정복하다; 극복하다	☐
707	descend	동 계통을 잇다; 내려가다	☐
708	obey	동 복종하다, 따르다	☐
709	reform	명 개혁 동 개혁하다	☐
710	religion	명 종교	☐
711	pray	동 기도하다, 기원하다	☐
712	sacrifice	명 희생; 제물 동 희생하다	☐
713	ideal	형 이상적인 명 이상	☐
714	bless	동 축복하다	☐
715	virtue	명 미덕; 선행	☐
716	spiritual	형 정신의; 종교적인	☐
717	sacred	형 신성한; 신성시되는	☐
718	faith	명 믿음, 신앙	☐
719	mercy	명 자비	☐
720	missionary	명 선교사	☐

외우지 않은 단어가 있으면 **미니 단어장**에서 다시 한번 정리해 보세요.

DAY 25

미디어, 소통

듣고 발음을 익혀보자!

오늘 학습할 단어를 공부하고, 가리개를 사용해서 암기해 보세요.

721 **advertise** [ǽdvərtàiz]

[동] **광고하다**

The media agency must help businesses **advertise** their products. [학평]

미디어 에이전시는 기업들이 그들의 제품을 **광고하는** 것을 도와야 한다.

[+] advertisement [명] 광고

학평 빈출

722 **audience** [ɔ́:diəns]

[명] **관객, 청중**

It was the first time that she spoke in front of an **audience**. [학평]

그녀가 **관객** 앞에서 말하는 것은 처음이었다.

audiences of his lectures(그의 강연의 청중), a wide audience(넓은 독자층), target audiences(목표 시청자들) 등과 같이 강연·연설이나 공연의 '청중, 관객', 책의 '독자', 방송의 '시청자, 청취자' 등 문맥에 맞게 해석해야 하고 인물에 대한 내용 일치나 심경을 파악하는 유형의 지문에 자주 출제되는 경향이 있어요.

VOCA TIP

audi(o)-는 '소리, 청각'의 의미를 나타내는 접두사로 audible(잘 들리는), auditorium(객석, 방청석) 등에 쓰여요.

723 **article** [á:rtikl]

[명] **기사**

The **article** said that people catch colds because of viruses. [교과서]

그 **기사**는 사람들이 바이러스 때문에 감기에 걸린다고 했다.

724 **announce** [ənáuns]

[동] **발표하다, 알리다**

They waited for the winner to be **announced**.

[학평] 그들은 우승자가 **발표되기를** 기다렸다.

[+] announcement [명] 발표, 소식
announcer [명] 아나운서

725 **broadcast** [brɔ́:dkæ̀st]

[명] **방송** [동] **방송하다**

The Canadian Broadcasting Corporation(CBC) was testing for live hockey **broadcasts**. [성취도]

캐나다 방송사(CBC)는 하키 생**방송**을 위한 테스트를 하고 있었다.

VOCA TIP

<broad(넓은) + cast(던지다)>로 이루어졌어요.

726 **comment** [kάment]

[명] **논평, 의견** [동] **논평하다**

There will be **comments** about all the good things about the performance. [학평]

그 공연의 온갖 좋은 점들에 관한 **논평**이 있을 것이다.

VOCA TIP

보통 기자의 질문에 대해 대답을 거절할 때 '드릴 말씀 없습니다.'라는 뜻으로 No comment.라고 해요.

727 **criticize** [krítisàiz]

㉢ **비판하다; 비평하다**

The people at the CBA News were harshly **criticized** by the public. 교과서

〈CBA News〉의 사람들은 대중들에게 혹독한 **비판을 받았다**.

⊕ criticism ㉣ 비판; 비평 critic ㉣ 비평가

---

728 **release** [rilí:s]

㉢ **공개하다, 개봉하다** ㉣ **출시, 발매**

The phone has just been **released**, hasn't it?

교과서 그 전화는 이제 막 **출시됐어**, 그렇지 않니?

⊜ publication ㉣ 공개; 출판

VOCA TIP
* release a solo album 솔로 앨범을 발매하다
* release a new film 영화를 개봉하다

---

729 **script** [skript]

㉣ **대본** ㉢ **대본을 쓰다**

We should rewrite the **script** of the musical.

수능 우리는 그 뮤지컬의 **대본**을 다시 써야 한다.

How Different

730 **survey** ㉣ [sə́ːrvei] ㉢ [səːrvéi]

㉣ **(설문) 조사** ㉢ **조사하다**

The **survey** was about how green the students are. 교과서

그 **설문 조사**는 그 학생들이 얼마나 환경친화적인지에 관한 것이었다.

» conduct a survey 설문 조사를 하다

731 **poll** [poul]

㉣ **여론 조사; 투표** ㉢ **여론 조사를 하다**

He was selected as one of the ten top speakers in a **poll**. 학평

그는 한 **여론 조사**에서 10인의 명연설가 중 한 명으로 선정됐다.

⊜ vote ㉣ 투표, 표결

VOCA TIP
pole(극지방; 막대기)과 혼동하지 마세요!

- survey 어떤 주제에 대한 다양하고 상세한 답변이나 참여자의 정보를 요구할 수도 있는 연구 조사를 가리킴
- poll 주로 하나의 질문에 대해 하나의 답을 요구하는 간결한 형태의 여론 조사를 가리킴

---

732 **statistics** [stətístiks]

㉣ **통계; 통계학**

Are **statistics** in advertisements objective? 학평

광고에서의 **통계**는 객관적인가요?

⊕ statistical ㉥ 통계적인, 통계학상의

VOCA TIP
'통계학'의 뜻일 때는 단수 취급해요.

733 **series** [síəri:z]

㉮ **시리즈; 연속**

She has starred in her own video **series** about cooking. 성취도

그녀는 요리에 관한 자신의 비디오 **시리즈**에 출연해 왔다.

» **a series of** 일련의

734 **reality** [ri:ǽləti]

㉮ **현실, 사실**

What are some differences between this painting and **reality**? 교과서

이 그림과 **현실** 사이에는 어떤 차이가 있나요?

+ **realism** ㉮ 현실주의; 사실성
realistic ㉯ 현실적인; 사실적인

VOCA TIP
일반인의 실화 중심으로 연출된 TV 오락 프로를 reality TV[show] (리얼리티 TV[쇼])라고 해요.

735 **fame** [feim]

㉮ **명성**

His mathematical theory earned him lasting **fame**. 수능

그의 수학 이론은 그가 지속적인 **명성**을 얻게 해 주었다.

+ **famous** ㉯ 유명한

VOCA TIP
예술, 스포츠 등에서 업적을 남긴 사람들을 기념하기 위한 전시관을 Hall of Fame(명예의 전당)이라고 해요.

736 **rumor** [rú:mər]

㉮ **소문** ㉰ **소문내다**

The more shocking a **rumor**, the faster it travels. 학평

소문은 충격적일수록 더 빨리 퍼진다.

737 **journalism** [dʒə́:rnəlìzəm]

㉮ **언론계, 저널리즘**

The author had a long career in **journalism**.

그 저자는 **언론계**에서 오랜 경력이 있었다.

+ **journalist** ㉮ 저널리스트, 신문·잡지 기자

VOCA TIP
<journal(신문 · 잡지) + -ism(체계, 관습)>으로 이루어졌어요.

738 **visual** [víʒuəl]

㉯ **시각의**

I read a report about the **visual** arts. 학평

나는 **시각** 예술에 관한 보고서를 읽었다.

+ **visualize** ㉰ 시각화하다; 상상하다

739 **oral** [ɔ́ːrəl]

㉗ **구두의; 입의**

They have reached an **oral** agreement.
그들은 **구두** 합의에 도달했다.

⊜ **verbal** ㉗ 구두의, 말의

VOCA TIP
* an oral examination 구술시험
* oral hygiene 구강 위생

740 **column** [kɑ́ləm]

㉮ **칼럼, 기고란**

He writes a weekly **column** for a newspaper.
그는 신문에 주간 **칼럼**을 쓴다.

⊕ **columnist** ㉮ 정기 기고가, 칼럼니스트

VOCA TIP
건축에서는 '(원형) 기둥, 원주'라는 뜻이 있어요.

741 **inform** [infɔ́ːrm]

㉯ **알리다, 통지하다**

You had better **inform** your friends of the concert. 학평
너는 너의 친구들에게 콘서트를 **알리는** 게 좋겠다.

» **inform A of B** A에게 B를 알리다
⊕ **information** ㉮ 정보

학평 빈출

742 **suggest** [səgdʒést]

㉯ **시사하다; 제안하다**

The study **suggests** that caffeine does not fully make up for short sleep. 학평
그 연구는 카페인이 짧은 수면을 완전히 보충하지 못한다는 것을 **시사한다**.

⊕ **suggestion** ㉮ 시사; 제안; 연상

recent[new] research[study] suggests that ~(최근의[새로운] 연구는 ~라는 점을 시사한다) 등의 표현으로 사회 현상이나 과학적 연구 결과가 의미하는 바를 서술하며 글의 주제와 직접적 관련이 있는 경우가 많으니 suggest가 등장할 때 특히 주의해서 문맥을 파악해야 해요.

743 **interrupt** [ìntərʌ́pt]

㉯ **방해하다, 중단시키다**

Office workers are regularly **interrupted** by ringing phones. 수능
사무실 직원들은 울리는 전화에 주기적으로 **방해를 받는다**.

⊕ **interruption** ㉮ 방해, 중단

VOCA TIP
중간에 말을 자르거나 흐름·진행·시야 등을 가로막는 것 또는 일을 중단하는 것 등을 의미해요.

744 **discussion** [diskʌ́ʃən]

㉮ **논의, 토론**

Let's have **discussions** about the upcoming school festivals. 학평
다가오는 학교 축제에 대해 **논의**해 봅시다.

⊕ **discuss** ㉯ 논의하다, 토론하다

745 **mention**
[ménʃən]

㊐ 언급하다 ㊐ 언급

The problem was never **mentioned** again.
성취도 그 문제는 다시 **언급되지** 않았다.

» not to mention ~은 말할 것도 없고

VOCA TIP
고맙다는 말에 대한 대답으로 Don't mention it.(별말씀을요.)을 써요.

746 **reveal**
[rivíːl]

㊐ 밝히다, 드러내다

"Letting the cat out of the bag" means **revealing** a secret. 학평
'고양이를 자루에서 꺼내는 것'은 비밀을 **밝히는** 것을 의미한다.

+ revelation ㊐ 폭로, 드러냄
= disclose ㊐ 밝히다, 드러내다

747 **react**
[riǽkt]

㊐ 반응하다

When you accidentally catch someone's gaze, how do you **react**? 학평
우연히 누군가와 눈이 마주치면 여러분은 어떻게 **반응하는가**?

+ reaction ㊐ 반응

VOCA TIP
<re-(대응하여) + act(행동하다)>로 이루어졌어요.

748 **response**
[rispɑ́ns]

㊐ 대답; 반응

Some speakers use a brief silence before offering a **response** to another speaker. 학평
어떤 화자들은 다른 화자에게 **대답**을 하기 전에 짧게 침묵한다.

» in response to ~에 대한 대답[반응]으로
+ respond ㊐ 대답하다
= reply ㊐ 대답

749 **interact**
[ìntərǽkt]

㊐ 소통하다, 상호 작용하다

Babies' brains are designed to learn from **interacting** with others. 성취도
아기들의 뇌는 다른 사람들과 **소통하는** 것으로부터 배우도록 설계되어 있다.

+ interaction ㊐ 소통, 상호 작용

VOCA TIP
inter-는 '사이의, 상호간의'라는 뜻을 나타내는 접두사예요.

750 **pause**
[pɔːz]

㊐ 멈춤 ㊐ 잠시 멈추다

She spoke after a brief **pause**. 교과서
그녀는 잠시 **멈춘** 후에 말했다.

VOCA TIP
음악 플레이어나 녹음기의 '정지 버튼'을 뜻하기도 해요.

DAY 25

미디어, 소통

Use Words

빈칸을 채우며 단어를 외우고, 쓰면서 한 번 더 익히세요.

01	________ their products 그들의 제품을 광고하다	advertise advertise
02	in front of an ________ 관객 앞에서	audience
03	the ________ said that ~ 그 기사는 ~라고 했다	article
04	________ the winner 우승자를 발표하다	announce
05	live ________s 생방송	broadcast
06	________s about the performance 공연에 대한 논평	comment
07	________ the CBA News 〈CBA News〉를 비판하다	criticize
08	________ a solo album 솔로 앨범을 발매하다	release
09	the ________ of a musical 뮤지컬 대본	script
10	conduct a ________ 설문 조사를 하다	survey
11	in a ________ 한 여론 조사에서	poll
12	________ in advertisements 광고에서의 통계	statistics
13	the video ________ about cooking 요리에 관한 비디오 시리즈	series
14	differences between this painting and ________ 이 그림과 현실의 차이	reality
15	earn him lasting ________ 그가 지속적인 명성을 얻게 해 주다	fame

16 a shocking ____________ 충격적인 소문 | rumor

17 a long career in ____________ 언론계에서의 오랜 경력 | journalism

18 ____________ arts 시각 예술 | visual

19 an ____________ agreement 구두 합의 | oral

20 a weekly ____________ 주간 칼럼 | column

21 ____________ friends of the concert 친구들에게 콘서트를 알리다 | inform

22 the study ____________s that ~ 그 연구는 ~을 시사한다 | suggest

23 ringing phones that ____________ office workers 사무실 직원들을 방해하는 울리는 전화 | interrupt

24 a ____________ about the festival 축제에 대한 논의 | discussion

25 ____________ the problem 그 문제를 언급하다 | mention

26 ____________ a secret 비밀을 밝히다 | reveal

27 how you ____________ 여러분이 어떻게 반응하는지 | react

28 offer a ____________ 대답을 하다 | response

29 ____________ with others 다른 사람들과 소통하다 | interact

30 after a brief ____________ 잠시 멈춘 후에 | pause

미디어, 소통

3-Minute Check

오늘 학습한 단어와 뜻을 최종적으로 암기했는지 확인하세요!

			Check
721	advertise	동 광고하다	☐
722	audience	명 관객, 청중	☐
723	article	명 기사	☐
724	announce	동 발표하다, 알리다	☐
725	broadcast	명 방송 동 방송하다	☐
726	comment	명 논평, 의견 동 논평하다	☐
727	criticize	동 비판하다; 비평하다	☐
728	release	동 공개하다, 개봉하다 명 출시, 발매	☐
729	script	명 대본 동 대본을 쓰다	☐
730	survey	명 (설문) 조사 동 조사하다	☐
731	poll	명 여론 조사; 투표 동 여론 조사를 하다	☐
732	statistics	명 통계; 통계학	☐
733	series	명 시리즈; 연속	☐
734	reality	명 현실, 사실	☐
735	fame	명 명성	☐

			Check
736	rumor	명 소문 동 소문내다	☐
737	journalism	명 언론계, 저널리즘	☐
738	visual	형 시각의	☐
739	oral	형 구두의; 입의	☐
740	column	명 칼럼, 기고란	☐
741	inform	동 알리다, 통지하다	☐
742	suggest	동 시사하다; 제안하다	☐
743	interrupt	동 방해하다, 중단시키다	☐
744	discussion	명 논의, 토론	☐
745	mention	동 언급하다 명 언급	☐
746	reveal	동 밝히다, 드러내다	☐
747	react	동 반응하다	☐
748	response	명 대답; 반응	☐
749	interact	동 소통하다, 상호작용하다	☐
750	pause	명 멈춤 동 잠시 멈추다	☐

외우지 않은 단어가 있으면 **미니 단어장**에서 다시 한번 정리해 보세요.

Wrap Up

ANSWERS p.332

A 빈칸에 알맞은 단어 혹은 우리말을 쓰시오.

01 appoint : appointment = __________ : 임명

02 __________ : admit = 부인하다 : 인정하다

03 __________ : famous = 명성 : 유명한

04 influence : influential = __________ : 영향력 있는

05 originate : origin = 유래하다 : __________

06 income : earnings = __________ : 소득, 수입

07 __________ : expensive : 비용; 경비 : 비싼

08 oral : verbal = __________ : 구두의, 말의

09 __________ : happen = 일어나다, 발생하다 : 일어나다, 발생하다

10 __________ : civilian = 군사의; 군대 : 민간의; 민간인

B 영영풀이에 알맞은 단어를 〈보기〉에서 골라 쓰시오.

〈보기〉 consumer announce candidate necessary modern

01 to tell people something officially __________

02 of the present time or recent times __________

03 a person who is trying to be elected __________

04 needed for a purpose or a reason __________

05 a person who buys goods or uses services __________

C 학습한 단어를 이용해 빈칸을 채워 문장을 완성하시오.

01 우리는 많은 다양한 집단에 속한다.
⇨ We ____________ to many different groups.

02 그리스인들은 민주주의의 개념을 발전시켰다.
⇨ The Greeks developed the idea of ____________.

03 이 셔츠를 다른 색으로 교환할 수 있을까요?
⇨ Can I ____________ this shirt for a different color?

04 그 기사는 사람들이 바이러스 때문에 감기에 걸린다고 했다.
⇨ The ____________ said that people catch colds because of viruses.

05 우리는 우리의 삶이 더 나아지기를 바라고 변화를 기원한다.
⇨ We want our lives to be better and ____________ for change.

D 주어진 단어를 바르게 배열하여 문장을 완성하시오.

01 우리는 네가 출마하면 선출될 것이라고 확신한다.
(if you run / you / are sure / we / will be elected / that)
⇨ ____

02 너는 너의 친구들에게 콘서트를 알리는 게 좋겠다.
(of the concert / had better / you / your friends / inform)
⇨ ____

03 우리는 고대 조상들의 생존 기술들 중 일부를 잃어버렸을지도 모른다.
(some of / may have lost / our ancient ancestors' / we / survival skills)
⇨ ____

04 그 섬의 원주민은 12개의 부족으로 이루어져 있다.
(of the island / of / the native people / consist / 12 tribes)
⇨ ____

어려운 문제도 뚝딱!

교과서 필수 단어 확인하기

01 지형이나 기후를 나타내는 단어가 아닌 것은? DAY 18

① underwater ② humid ③ breathe
④ tropical ⑤ steep

02 짝지어진 단어의 관계가 〈보기〉와 다른 것은? DAY 19, 20

보기
adapt – adjust

① artificial – man-made ② contaminate – pollute
③ reproduce – breed ④ identical – different
⑤ animate – living

03 빈칸에 들어갈 말이 순서대로 짝지어진 것은? DAY 16, 17, 23

- Lisa recognizes the skirt ________ a glance.
- Some people insist ________ finding the best possible decision.
- After Daylight Saving Time begins, many drivers suffer ________ jet lag.

① at – on – from ② at – of – by
③ in – of – from ④ in – on – with
⑤ on – with – by

04 밑줄 친 단어의 의미가 올바르지 않은 것은? DAY 21, 24, 25

① What can I do for my community? (공동체)
② We often let emotion affect our judgment. (효과)
③ There are lots of movies about Greek myths. (신화)
④ The survey was about how green the students are. (설문 조사)
⑤ We donated to a charity that protects wild animals. (자선 단체)

ANSWERS p.332

[05-06] 빈칸에 공통으로 알맞은 것을 고르시오. DAY 22, 24

05

- Sometimes, helping others involves real ______________.
- In the past, an animal was offered as a ______________ to God.

① missionary ② mercy ③ religion
④ sacrifice ⑤ virtue

06

- Investing in the ______________ market is a risk.
- Black skirts are out of ______________.

① bargain ② earnings ③ amount
④ account ⑤ stock

07

다음 영영풀이에 해당하는 단어를 빈칸에 쓰시오. DAY 16

to speak very quietly to somebody so that other people cannot hear what you are saying

→ Tom watched the queen ______________ in a servant's ear.

08

우리말과 일치하도록 괄호 안의 단어를 이용하여 문장을 완성하시오. DAY 21

노벨은 세계에 기여하기 위해 무언가를 하기로 결심했다. (decide, contribute)

→ Nobel ____.

산업, 농업

오늘 학습할 단어를 공부하고, 가리개를 사용해서 암기해 보세요.

751 **industry** [índəstri]

㊔ **산업, 공업**

Many young people are attracted towards the music **industry**. 학평

많은 젊은이들이 음악 **산업**에 매력을 느낀다.

+ **industrial** ㊎ 산업의, 공업의

VOCA TIP
* the tourist industry 관광 산업
* the chemical industry 화학 공업

752 **produce** [prədú:s]

㊐ **생산하다**

The robots are **produced** in a factory. 교과서

그 로봇들은 공장에서 **생산된다**.

+ **production** ㊔ 생산(량) **product** ㊔ 상품, 제품

How Different

753 **develop** [divéləp]

㊐ **개발하다; 발전하다[시키다]**

When was the smartphone **developed**? 교과서

스마트폰은 언제 **개발되었는가**?

+ **development** ㊔ 개발; 발달

VOCA TIP
developed country는 '선진국', developing country는 '개발도상국'을 의미해요.

754 **progress** ㊐ [prəgrés] ㊔ [prá:gres]

㊐ **진전되다; 전진하다** ㊔ **진행**

Technology is **progressing** faster than ever before. 학평

기술이 이전 어느 때보다 더 빠르게 **진전되고** 있다.

» **in progress** 진행 중인

- **develop** 점차 성장하거나 새로운 생각이나 기술·능력을 만들어 내는 것을 가리킴
- **progress** 앞으로 나아가는 것 또는 점점 좋아지는 과정을 가리킴

755 **resource** [rí:sɔ̀:rs]

㊔ **자원**

We should learn how to use our **resources** more wisely. 교과서

우리는 우리의 **자원**을 더 현명하게 사용하는 법을 배워야 한다.

756 **pollution** [pəlú:ʃən]

㊔ **오염; 오염 물질**

I'm concerned about soil **pollution** most. 교과서

나는 토양 **오염**이 가장 걱정된다.

+ **pollute** ㊐ 오염시키다

VOCA TIP
-ion은 '~한 상태'라는 뜻의 명사를 만드는 접미사예요.

757 **depend**
[dipénd]

㊍ **의존하다; (~에) 달려 있다**

Most magazines **depend** on advertising. 수능
대부분의 잡지들은 광고에 **의존한다**.

» **depend on[upon]** ~에 의존하다; ~에 달려 있다
+ **dependent** ㊎ 의존하는, 의존적인

VOCA TIP
defend(방어하다)와 혼동하지 마세요!

학평 빈출

758 **material**
[mətíəriəl]

㊔ **재료; 자료** ㊎ **물질적인**

The man used poor **materials** and didn't put much effort into his last work. 학평
그 남자는 형편없는 **재료**를 사용했고 그의 마지막 일에 많은 노력을 기울이지 않았다.

산업 주제의 지문에서는 fabric, wood(천, 목재)와 같은 '재료'의 뜻으로, 과학 주제의 지문에서는 raw materials(원료), different materials(다양한 물질들) 등 '원료, 물질'의 뜻으로, 교육 주제의 지문에서는 learn the material(자료를 배우다) 등 '자료'의 뜻으로 자주 출제되었어요.

759 **expand**
[ikspǽnd]

㊍ **확장하다, 팽창하다**

The transportation **expands** social and commercial networks. 학평
교통은 사회적, 상업적 네트워크를 **확장한다**.

760 **remove**
[rimúːv]

㊍ **제거하다; 치우다**

The map must **remove** details that would be confusing. 학평
지도는 혼란스럽게 할 세부 사항을 **제거해야** 한다.

VOCA TIP
<re-(다시) + move(움직이다)>로 이루어졌어요.

761 **operate**
[ápərèit]

㊍ **작동하다; 운영하다; 수술하다**

In some countries, the media are **operated** by the government. 학평
어떤 나라들에서는 대중 매체가 정부에 의해 **운영된다**.

+ **operation** ㊔ 작동; 운영; 수술

762 **manufacture**
[mæ̀njəfǽktʃər]

㊍ **제조하다** ㊔ **제조; 제품**

Clothes are **manufactured** using toxic chemicals. 학평
의류는 유해한 화학 물질을 사용해 **제조된다**.

+ **manufacturer** ㊔ 제조업자
= **mass-produce** ㊍ 대량 생산하다

VOCA TIP
* manufacture cars 자동차를 (대량) 생산하다
* cotton manufactures 면제품

763 **supply** [səplái]

명 공급; 보급품 동 공급하다

Human beings have long worked together to ensure a **supply** of food. 학평

인간은 식량의 **공급**을 보장하기 위해 오랫동안 협력해 왔다.

supply food[water](음식[물]을 공급하다), electricity supply(전기 공급)와 같이 '(물자를) 공급하다; 공급'의 뜻으로 폭넓은 지문에 자주 쓰였고 supplies처럼 복수형으로 쓰여 '보급품, 물자'라는 뜻이 있는 것도 알아두세요.

quality(질)와 혼동하지 마세요!

764 **quantity** [kwántəti]

명 양

They started making small **quantities** of the dolls by hand. EBS

그들은 소**량**의 인형을 손으로 만들기 시작했다.

<out(바깥에) + put(두다)>로 이루어졌어요.

765 **output** [áutpùt]

명 생산량; 출력

Output decreases over time when there are no breaks. 학평

휴식이 없으면 **생산량**은 시간이 지나면서 감소한다.

↔ **input** 명 투입(량); 입력

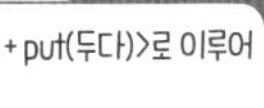

* construct a bridge 다리를 건설하다
* construct a theory 이론을 구성[구축]하다

766 **construct** [kənstrʌ́kt]

동 건설하다; 구성하다

The tower was **constructed** using 18,000 pieces of iron. 성취도

그 탑은 18,000개의 철을 사용해 **건설되었다**.

+ **construction** 명 건설, 공사

= **build** 동 짓다, 건축하다

767 **modify** [mádəfài]

동 수정하다

The blacksmith made the product and **modified** it according to the user. 학평

대장장이는 제품을 만들고 사용자에게 맞게 **수정했다**.

768 **assemble** [əsémbl]

동 조립하다; 모이다

Pieces of images can be **assembled** according to the director's will. 수능

이미지 조각들은 감독의 의지에 따라 **조립될** 수 있다.

+ **assembly** 명 조립; 집회

769 **concrete**
[kánkriːt]

㊚ **콘크리트로 된; 구체적인** ㊔ **콘크리트**

The hospital is a one-story **concrete** building.
그 병원은 단층의 **콘크리트로 된** 건물이다.

VOCA TIP
나무나 공원은 없고 빌딩숲을 이룬 지역을 concrete jungle(콘크리트 정글)이라고 해요.

770 **agriculture**
[ǽgrikʌ̀ltʃər]

㊔ **농업, 농사**

The population involved in **agriculture** is declining. 수능
농업에 종사하는 인구가 감소하고 있다.

+ **agricultural** ㊚ 농업의
= **farming** ㊔ 농사

VOCA TIP
<agri-(밭의) + culture(경작)>로 이루어졌어요.

How Different

771 **crop**
[krɑp]

㊔ **농작물; 수확량**

The use of harmful chemicals on **crops** has to be stopped. 교과서
농작물에 해로운 화학 물질을 사용하는 것을 멈추어야 한다.

772 **harvest**
[hάːrvist]

㊍ **수확하다** ㊔ **수확; 수확량**

I helped farmers **harvest** some watermelons.
성취도 나는 농부들이 수박을 **수확하는** 것을 도왔다.

- **crop** 논·밭에 심어 재배하는 작물을 주로 의미함
- **harvest** 작물을 수확하는 행위나 시기를 주로 의미함

773 **grain**
[grein]

㊔ **곡물, 낟알**

The **grain** is not suited for replanting. 수능
그 **곡물**은 다시 심기에는 적절하지 못하다.

» **a grain of** ~의 한 알

774 **dig**
[dig]

㊍ **(구멍을) 파다; 캐다**

Each of the boys had to **dig** one hole every day. 교과서
그 소년들 각각은 매일 구멍 하나를 **파야** 했다.

» **dig up** (땅을) 파내다

775 **cultivate** [kʌ́ltəvèit]

㉯ **재배하다; 일구다**

They **cultivate** sweet potatoes and vegetables in their own gardens. 학평

그들은 자신의 뜰에 고구마와 채소를 **재배한다**.

+ **cultivation** ⓜ 재배; 경작

776 **crush** [krʌʃ]

㉯ **으깨다; 찌그러뜨리다**

The machines can **crush** vegetables and pull spaghetti. 교과서

그 기계는 채소를 **으깨고** 스파게티를 뽑을 수 있다.

VOCA TIP
* crush grapes 포도를 으깨다
* crush a can 캔을 찌그러뜨리다

777 **wheat** [wiːt]

ⓜ **밀**

About 265 gallons of water is needed to produce two pounds of **wheat**. 학평

2파운드의 **밀**을 생산하기 위해 약 265갤런의 물이 필요하다.

» **wheat flour** 밀가루

778 **refine** [rifáin]

㉯ **정제하다; 개선하다**

This is the factory that **refines** sugar.

이곳은 설탕을 **정제하는** 공장이다.

+ **refinement** ⓜ 정제; 개선

VOCA TIP
<re-(다시) + fine(가늘게 하다)>으로 이루어졌어요.

779 **orchard** [ɔ́ːrtʃərd]

ⓜ **과수원**

Kids can pick their own apples at this **orchard**.

학평 아이들은 이 **과수원**에서 자신의 사과를 딸 수 있다.

780 **pasture** [pǽstʃər]

ⓜ **목초지**

The sheep were eating grass in the **pasture**.

그 양들은 **목초지**에서 풀을 뜯어먹고 있었다.

= **meadow** ⓜ 초원, 목초지

VOCA TIP
pastor(목사)와 혼동하지 마세요!

DAY 26

산업, 농업

Use Words

빈칸을 채우며 단어를 외우고, 쓰면서 한 번 더 익히세요.

01	the music ________ 음악 산업	industry industry
02	________ the robots 로봇들을 생산하다	produce
03	________ the smartphone 스마트폰을 개발하다	develop
04	in ________ 진행 중인	progress
05	use ________s wisely 자원을 현명하게 사용하다	resource
06	soil ________ 토양 오염	pollution
07	________ on advertising 광고에 의존하다	depend
08	use poor ________s 형편없는 재료를 사용하다	material
09	________ social networks 사회적 네트워크를 확장하다	expand
10	________ details 세부 사항을 제거하다	remove
11	the media ________d by the government 정부에 의해 운영되는 대중 매체	operate
12	________ clothes 의류를 제조하다	manufacture
13	a ________ of food 식량 공급	supply
14	a small ________ 적은 양	quantity
15	________ decreases. 생산량이 감소한다.	output

16 ____________ a tower 탑을 건설하다 construct

17 ____________ the product 제품을 수정하다 modify

18 ____________ pieces of images assemble
이미지 조각들을 조립하다

19 a ____________ building 콘크리트로 된 건물 concrete

20 the population involved in ____________ agriculture
농업에 종사하는 인구

21 the use of harmful chemicals on ____________s crop
농작물에 해로운 화학 물질의 사용

22 ____________ some watermelons 수박을 수확하다 harvest

23 the ____________ suited for replanting grain
다시 심기에 적절한 곡물

24 ____________ one hole 구멍 하나를 파다 dig

25 ____________ sweet potatoes 고구마를 재배하다 cultivate

26 ____________ vegetables 채소를 으깨다 crush

27 two pounds of ____________ 2파운드의 밀 wheat

28 ____________ sugar 설탕을 정제하다 refine

29 pick apples at the ____________ 과수원에서 사과를 따다 orchard

30 eat grass in the ____________ pasture
목초지에서 풀을 뜯어먹다

산업, 농업

3-Minute Check

오늘 학습한 단어와 뜻을 최종적으로 암기했는지 확인하세요!

			Check
751	industry	명 산업, 공업	☐
752	produce	동 생산하다	☐
753	develop	동 개발하다; 발전하다[시키다]	☐
754	progress	동 진전되다; 전진하다 명 진행	☐
755	resource	명 자원	☐
756	pollution	명 오염; 오염 물질	☐
757	depend	동 의존하다; (~에) 달려 있다	☐
758	material	명 재료; 자료 형 물질적인	☐
759	expand	동 확장하다, 팽창하다	☐
760	remove	동 제거하다; 치우다	☐
761	operate	동 작동하다; 운영하다; 수술하다	☐
762	manufacture	동 제조하다 명 제조; 제품	☐
763	supply	명 공급; 보급품 동 공급하다	☐
764	quantity	명 양	☐
765	output	명 생산량; 출력	☐

			Check
766	construct	동 건설하다; 구성하다	☐
767	modify	동 수정하다	☐
768	assemble	동 조립하다; 모이다	☐
769	concrete	형 콘크리트로 된; 구체적인 명 콘크리트	☐
770	agriculture	명 농업, 농사	☐
771	crop	명 농작물; 수확량	☐
772	harvest	동 수확하다 명 수확; 수확량	☐
773	grain	명 곡물, 낟알	☐
774	dig	동 (구멍을) 파다; 캐다	☐
775	cultivate	동 재배하다; 일구다	☐
776	crush	동 으깨다; 찌그러뜨리다	☐
777	wheat	명 밀	☐
778	refine	동 정제하다; 개선하다	☐
779	orchard	명 과수원	☐
780	pasture	명 목초지	☐

외우지 않은 단어가 있으면 미니 단어장에서 다시 한번 정리해 보세요.

범죄, 법

오늘 학습할 단어를 공부하고, 가리개를 사용해서 암기해 보세요.

781 **crime** [kraim]

명 **범죄**

Through the data, the police can predict **crime** before it happens. 교과서

데이터를 통해 경찰은 **범죄**가 일어나기 전에 예측할 수 있다.

» **commit crime** 범죄를 저지르다

\+ **criminal** 형 범죄의 명 범죄자

VOCA TIP
CSI는 Crime Scene Investigation(범죄 현장 조사)의 줄임말이에요.

782 **guilty** [gílti]

형 **유죄의; 죄책감이 드는**

Many of those prisoners were declared **guilty**.

학평 그 죄수들 중 다수가 **유죄**를 선고받았다.

↔ **innocent** 형 무죄의, 결백한

VOCA TIP
어떤 일에 대해 죄책감이나 죄의식을 느끼면서도 그것을 좋아하고 즐기는 심리를 guilty pleasure(길티 플레저)라고 해요.

학평 빈출

783 **threat** [θret]

명 **위협, 협박**

It is important to protect witnesses from **threats**. 학평

증인들을 **위협**으로부터 보호하는 것은 중요하다.

\+ **threaten** 동 위협[협박]하다

동물과 인간의 발달, 심리 등을 주제로 한 지문에 자주 등장하였고, 제목 추론 유형의 선택지에도 자주 쓰였어요. perceive ~ as a threat(~을 위협으로 인지하다), potential threats(잠재적 위협), be faced with a threat(위협에 직면하다) 등의 표현을 알아두면 유용해요.

784 **victim** [víktim]

명 **피해자, 희생자**

These students were **victims** of cyberbullying.

학평 이 학생들은 사이버 폭력의 **피해자**였다.

785 **violate** [váiəlèit]

동 **위반하다; 침해하다**

People feel guilty when their act **violates** their own personal rules. 수능

사람들은 자신의 행동이 자신의 개인적인 규칙을 **위반할** 때 죄책감을 느낀다.

\+ **violation** 명 위반; 침해

VOCA TIP
* violate the law 법을 위반하다
* violate one's privacy 남의 사생활을 침해하다

786 **violent** [váiələnt]

형 **폭력적인; 격렬한**

They watched **violent** videos at an early age.

성취도 그들은 어린 나이에 **폭력적인** 영상을 보았다.

787 **abuse**
명 [əbjúːs]
동 [əbjúːz]

명 **남용; 학대** 동 **남용하다; 학대하다**

Some people fall into debt because of credit card **abuse**. 학평
어떤 사람들은 신용 카드 **남용** 때문에 빚을 진다.

How Different

788 **admit**
[ædmít]

동 **인정하다; (입장 등을) 허가하다**

He refused to **admit** his guilt.
그는 자신의 유죄를 **인정하지** 않았다.

+ **admission** 명 입장; 인정

VOCA TIP
* admit one's error
자신의 실수를 인정하다
* admit a student to a college
학생에게 대학의 입학을 허가하다

789 **confess**
[kənfés]

동 **자백하다, 고백하다**

Later, they **confessed** that they made up the news. 교과서
나중에, 그들은 그 뉴스를 지어냈다고 **자백했다**.

+ **confession** 명 자백, 고백

- admit 무엇이 옳다고 또는 범죄를 저질렀다고 마지못해 인정하는 것을 가리킴
- confess 잘못을 저질렀다고 경찰에 말하는 것, 또는 부끄러움을 느끼는 일을 인정하는 것을 가리킴

790 **murder**
[mə́ːrdər]

동 **살해하다** 명 **살인**

She was charged with **murdering** two kids.
그녀는 두 아이를 **살해한** 것으로 기소되었다.

+ **murderer** 명 살인자
= **kill** 동 죽이다

VOCA TIP
* commit (a) murder
살인을 저지르다
* an attempted murder
살인 미수

791 **deceive**
[disíːv]

동 **속이다**

Early human beings had the ability to **deceive** both prey and predators. 학평
초기 인간은 먹잇감과 포식자 둘 다를 **속이는** 능력이 있었다.

= **cheat** 동 속이다, 기만하다

792 **identify**
[aidéntəfài]

동 **확인하다, 알아보다**

Animals use their eyesight to **identify** members of their species. 학평
동물들은 그들의 종족을 **알아보기** 위해 그들의 시력을 사용한다.

+ **identification** 명 신원 확인; 신분증 **identity** 명 신원

793 **clue**
[kluː]

㉮ **단서, 실마리**

You need to draw conclusions based on those **clues**. 학평
당신은 그 **단서들**을 바탕으로 결론을 내려야 한다.

+ clueless ㉺ 단서가 없는
= hint ㉮ 힌트, 단서

794 **patrol**
[pətróul]

㉮ **순찰대; 순찰** ㉯ **순찰하다**

A military **patrol** was caught by a fierce snowstorm in the Alps. 학평
한 군 **순찰대**가 알프스 산맥의 거센 눈보라에 갇혔다.

795 **robbery**
[rɑ́bəri]

㉮ **강도**

The gang have committed four recent bank **robberies**.
그 갱단은 최근 네 건의 은행 **강도**를 저질렀다.

+ rob ㉯ 강탈하다, 털다

VOCA TIP
비슷한 의미로 보다 폭넓은 의미의 도둑질은 theft, 무단 침입을 포함한 절도, 강도죄는 burglary를 써요.

796 **illegal**
[ilíːgəl]

㉺ **불법의, 위법의**

The speech is about the problems with **illegal** hunting. 학평
그 연설은 **불법** 사냥의 문제에 관한 것이다.

↔ legal ㉺ 합법의, 법률의

VOCA TIP
il-은 illegal, illogical(비논리적인)처럼 l로 시작하는 형용사 앞에서 반의어를 만드는 접두사예요.

797 **prohibit**
[prouhíbit]

㉯ **금지하다**

Food and pets are **prohibited** in the museum.
학평 박물관 내에서 음식과 반려동물은 **금지됩니다**.

» prohibit A from -ing A가 ~하지 못하게 하다
+ prohibition ㉮ 금지
= forbid ㉯ 금하다

VOCA TIP
특히 법으로 금지하는 것을 의미해요.

798 **permit**
[pərmít]

㉯ **허용하다**

Parents are not **permitted** to attend the special programs. 성취도
부모님은 이 특별 프로그램에 참가하는 것이 **허용되지** 않습니다.

+ permission ㉮ 허락, 허가

799 **arrest** [ərést]

㉮ **체포하다** ㉰ **체포**

He was **arrested** by the Japanese police. 교과서
그는 일본 경찰에 **체포되었다.**

▶ **under arrest** 체포되어

학평 빈출

800 **require** [rikwáiər]

㉮ **요구하다; 필요로 하다**

Swedish law **requires** that at least two newspapers be published in every town. 학평
스웨덴 법은 모든 마을마다 적어도 두 개의 신문들이 발행되어야만 한다고 **요구한다.**

= **demand** ㉮ 요구하다 **need** ㉮ 필요로 하다

실용문에서 reservations are required(예약이 필요하다), require no bookings(예약이 필요 없다), be required to book online(온라인 예약이 필요하다) 등의 다양한 표현으로 예약 필요 유무나 필요조건 등을 말하는 데 자주 쓰였어요.

VOCA TIP
비교적 격식으로 특히 법률이나 규정에 따라 요구하는 것을 의미해요.

801 **detect** [ditékt]

㉮ **감지하다; 발견하다**

If you walk into a bakery, you quickly **detect** the pleasant smell. 학평
빵집으로 들어간다면, 당신은 금방 기분 좋은 냄새를 **감지하게** 됩니다.

+ **detective** ㉰ 형사, 탐정

VOCA TIP
* detect a change 변화를 감지하다
* detect someone stealing money 돈을 훔치는 것을 발견하다

802 **sentence** [séntəns]

㉰ **형벌; 문장** ㉮ **선고하다**

Why do you wait till you have a death **sentence**? 학평
사**형**을 받을 때까지 왜 기다리는가?

= **punishment** ㉰ 처벌, 형벌

VOCA TIP
* a prison sentence 징역형
* a topic sentence 주제문
* be sentenced for theft 절도죄 판결을 받다

803 **valid** [vǽlid]

㉯ **유효한; 타당한**

Tickets are **valid** for 24 hours from the first time of use. 학평
표는 처음 사용 후 24시간 동안 **유효합니다.**

↔ **invalid** ㉯ 무효인; 타당하지 않은

804 **regulation** [règjəléiʃən]

㉰ **규정; 규제; 조절**

There were no **regulations** about maximum age in flying lessons. EBS
비행 수업에 최대 연령에 대한 **규정**은 없었다.

+ **regulate** ㉮ 규제하다; 조절하다

805 **inquire**
[inkwáiər]

㊐ **묻다, 조사하다**

He would **inquire** about the family health history. 학평
그는 가족 병력에 대해 **묻곤** 했다.

➕ **inquiry** ⑱ 조사, 취조

VOCA TIP
영국에서는 enquire로 써요.

How Different

806 **accuse**
[əkjú:z]

㊐ **고발하다; 비난하다**

A guard at Windsor Castle was **accused** of being asleep on duty. 학평
Windsor성의 보초가 근무 중에 잠든 혐의로 **고발되었다**.

» **accuse A of B** A를 B의 혐의로 고발하다
➕ **accusation** ⑱ 고발; 비난

807 **sue**
[su:]

㊐ **고소하다, 소송을 제기하다**

We have the right to **sue** for damages.
우리는 손해에 대해 **소송을 제기할** 권리가 있다.

- **accuse** 누군가가 잘못을 저질렀거나 죄가 있다고 말하는 것을 가리킴
- **sue** 죄에 대해 법적으로 소송을 제기하는 것을 가리킴

808 **confine**
[kənfáin]

㊐ **제한하다; 가두다**

The jury were **confined** to their hotel rooms.
그 배심원단은 그들의 호텔 방에 **갇혀** 있었다.

➕ **confinement** ⑱ 제한; 감금
= **restrict** ㊐ 제한하다

809 **appeal**
[əpí:l]

㊐ **항소하다; 호소하다** ⑱ **항소; 호소**

They **appealed** to the court to reduce the sentence.
그들은 형량을 줄이기 위해 법원에 **항소했다**.

» **appeal to** ~에 호소하다
➕ **appealing** ⑲ 호소하는; 매력적인

VOCA TIP
심판에 공정한 판결을 해 달라며 항의하는 것을 appeal to the referee(심판에게 어필[호소]하다)라고 해요.

810 **trial**
[tráiəl]

⑱ **재판; 시행**

The man was arrested but not brought to **trial**.
그 남자는 체포되었으나 **재판**에 회부되지는 않았다.

» **trial and error** 시행착오

DAY 27

범죄, 법

Use Words

빈칸을 채우며 단어를 외우고, 쓰면서 한 번 더 익히세요.

01	predict ________	범죄를 예측하다	crime crime
02	be declared ________	유죄를 선고받다	guilty
03	potential ________s	잠재적 위협	threat
04	________s of cyberbullying	사이버 폭력의 피해자	victim
05	________ the rules	규칙을 위반하다	violate
06	watch ________ videos	폭력적인 영상을 보다	violent
07	credit card ________	신용 카드 남용	abuse
08	________ one's guilt	유죄를 인정하다	admit
09	________ that they made up the news	그들이 그 뉴스를 지어냈다고 자백하다	confess
10	commit a ________	살인을 저지르다	murder
11	________ prey	먹잇감을 속이다	deceive
12	________ members of their species	그들의 종족을 알아보다	identify
13	based on a ________	단서를 바탕으로	clue
14	a military ________	군 순찰대	patrol
15	a recent bank ________	최근의 은행 강도	robbery

16 ____________ hunting 불법 사냥 — illegal

17 ____________ food in the museum — prohibit
박물관 내에서 음식을 금지하다

18 ____________ parents to attend the program — permit
부모님이 그 프로그램에 참가하는 것을 허용하다

19 under ____________ 체포되어 — arrest

20 Swedish law____________s that ~ — require
스웨덴 법은 ~을 요구한다

21 ____________ the pleasant smell — detect
기분 좋은 냄새를 감지하다

22 a death ____________ 사형 — sentence

23 a ____________ ticket 유효한 표 — valid

24 ____________s about maximum age 최대 연령 규정 — regulation

25 ____________ about the family health history — inquire
가족 병력에 대해 묻다

26 ____________ A of B A를 B의 혐의로 고발하다 — accuse

27 the right to ____________ 소송을 제기할 권리 — sue

28 ____________ the jury to a room 배심원단을 방에 가두다 — confine

29 ____________ to the court 법원에 항소하다 — appeal

30 be brought to ____________ 재판에 회부되다 — trial

DAY 27

범죄, 법

3-Minute Check

오늘 학습한 단어와 뜻을 최종적으로 암기했는지 확인하세요!

			Check
781	crime	명 범죄	☐
782	guilty	형 유죄의; 죄책감이 드는	☐
783	threat	명 위협, 협박	☐
784	victim	명 피해자, 희생자	☐
785	violate	동 위반하다; 침해하다	☐
786	violent	형 폭력적인; 격렬한	☐
787	abuse	명 남용; 학대 동 남용하다; 학대하다	☐
788	admit	동 인정하다; (입장 등을) 허가하다	☐
789	confess	동 자백하다, 고백하다	☐
790	murder	동 살해하다 명 살인	☐
791	deceive	동 속이다	☐
792	identify	동 확인하다, 알아보다	☐
793	clue	명 단서, 실마리	☐
794	patrol	명 순찰대; 순찰 동 순찰하다	☐
795	robbery	명 강도	☐

			Check
796	illegal	형 불법의, 위법의	☐
797	prohibit	동 금지하다	☐
798	permit	동 허용하다	☐
799	arrest	동 체포하다 명 체포	☐
800	require	동 요구하다; 필요로 하다	☐
801	detect	동 감지하다; 발견하다	☐
802	sentence	명 형벌; 문장 동 선고하다	☐
803	valid	형 유효한; 타당한	☐
804	regulation	명 규정; 규제; 조절	☐
805	inquire	동 묻다, 조사하다	☐
806	accuse	동 고발하다; 비난하다	☐
807	sue	동 고소하다, 소송을 제기하다	☐
808	confine	동 제한하다; 가두다	☐
809	appeal	동 항소하다; 호소하다 명 항소; 호소	☐
810	trial	명 재판; 시행	☐

외우지 않은 단어가 있으면 **미니 단어장**에서 다시 한번 정리해 보세요.

사회 문제

오늘 학습할 단어를 공부하고, 가리개를 사용해서 암기해 보세요.

811 **equal** [íːkwəl]

㊨ 평등한; 같은 ㊍ 같다

We would have a better life in an **equal** society.
학평 우리는 **평등한** 사회에서 더 나은 삶을 살 것이다.

➕ equally ㊀ 평등하게; 똑같이 equality ㊔ 평등

VOCA TIP
* an equal number 같은 숫자
* 3 plus 3 equals 6. 3 더하기 3은 6과 같다.

학평 빈출

812 **population** [pàpjəléiʃən]

㊔ 인구; 집단

Most of the world's **population** today has plenty of food available to survive. 학평
오늘날 세계 **인구** 대부분은 생존을 위해 이용 가능한 많은 식량을 보유하고 있다.

주로 사회 현상을 다룬 지문에서는 the percentage of the population(인구 비율), adult population(성인 인구), a population of about 10,000(만 명 정도의 인구) 등 수치나 비율 등의 표현과 함께 '인구(수)'의 뜻으로 자주 쓰였고, 동·식물 주제의 지문에서는 bird populations(새들의 집단), populations of those species(그 종들의 개체 수) 등 일정 지역의 '집단; 개체 수'의 뜻으로 자주 쓰였어요.

813 **balance** [bǽləns]

㊔ 균형 ㊍ 균형을 잡다

We look for **balance** and harmony in our lives.
학평 우리는 우리의 삶 속에서 **균형**과 조화를 찾는다.

↔ imbalance ㊔ 불균형

814 **poverty** [pávərti]

㊔ 가난, 빈곤

Poverty was everywhere in this area. 학평
이 지역에는 **가난**이 도처에 널려 있다.

815 **homeless** [hóumlis]

㊨ 집 없는

He is **homeless**, but he is not hopeless. 교과서
그는 **집이 없지만** 희망이 없는 것은 아니다.

» the homeless 노숙자들

VOCA TIP
-less는 '~이 없는'이라는 뜻의 형용사를 만드는 접미사예요.

816 **lack** [læk]

㊔ 부족 ㊍ ~이 없다

We spent much time complaining about a **lack** of time. 수능
우리는 시간 **부족**을 불평하며 많은 시간을 보냈다.

= shortage ㊔ 부족

817 **protest**
동 [prətést]
명 [próutèst]

동 **항의하다** 명 **항의**

Many teens give up meat to **protest** the treatment of animals. 학평
많은 십 대들이 동물들의 처우에 **항의하기** 위해 고기를 포기한다.

How Different

818 **prevent**
[privént]

동 **예방하다, 막다**

The president called for efforts to **prevent** climate change. 학평
대통령은 기후 변화를 **막기** 위한 노력을 촉구했다.

» **prevent A from -ing** A가 ~하지 못하게 하다
+ **prevention** 명 예방, 방지

819 **avoid**
[əvɔ́id]

동 **피하다; 막다**

Big data helps people **avoid** heavy traffic. 교과서
빅 데이터는 사람들이 교통 체증을 **피할** 수 있도록 돕는다.

- **prevent** 어떤 일이 일어나지 않도록 또는 누군가가 무엇을 하지 못하도록 막는 것을 가리킴
- **avoid** 원하지 않는 사람·사물을 피하거나 나쁜 일이 일어나지 않도록 막는 것을 가리킴

820 **secure**
[sikjúər]

형 **안전한**

A child must be **secure** in his parents' power.
수능 아이는 부모의 영향력 안에서 **안전해야만** 한다.

+ **security** 명 보안
↔ **insecure** 형 불안전한 = **safe** 형 안전한

821 **settle**
[sétl]

동 **정착하다; 해결하다; 결정하다**

The two sons **settled** in different cities. 교과서
두 아들은 다른 도시에 **정착했다**.

+ **settlement** 명 정착; 합의, 해결

VOCA TIP
* settle in Paris 파리에 정착하다
* settle problems 문제를 해결하다
* settle the price 가격을 정하다

822 **isolate**
[áisəlèit]

동 **고립시키다; 격리하다**

The Internet **isolates** us from our fellow human beings. 학평
인터넷은 주변 사람들로부터 우리를 **고립시킨다**.

+ **isolation** 명 고립; 분리 **isolated** 형 고립된; 격리된

VOCA TIP
전염병으로 격리할 때 쓰이는 quarantine(격리하다)과도 비슷한 의미가 있어요.

823 **confuse**
[kənfjúːz]

㊀ **혼란시키다; 혼동하다**

To use specialist terms can **confuse** those unfamiliar with them. EBS
전문 용어의 사용은 그것들에 익숙치 않은 사람들을 **혼란시킬** 수 있다.

+ confused ㊁ 혼란스러워 하는 confusing ㊁ 혼란시키는

VOCA TIP
<con-(함께) + fuse(흘러 들어가다)>에서 유래했어요.

824 **strict**
[strikt]

㊁ **엄격한**

Today, gender roles are not as **strict** as in prior generations. 학평
오늘날 성 역할은 이전 세대에서만큼 **엄격하지** 않다.

» be strict with ~에게 엄격히 대하다

학평빈출

825 **contrast**
㊂ [kɑ́ntræst]
㊀ [kəntrǽst]

㊂ **대조, 차이** ㊀ **대조하다**

In **contrast**, Europe has never come close to political unification. 학평
그와 **대조**적으로, 유럽은 정치적 통일에 결코 근접한 적이 없었다.

in[by] contrast는 '그와 대조적으로, 그에 반해서'라는 뜻으로 대조되거나 상반되는 내용을 연결하는 부사구예요. 주어진 문장이 들어갈 곳을 고르는 문제에서 In[By] contrast로 시작하는 문장의 위치를 찾는 문제가 자주 출제되었어요.

VOCA TIP
contrary(반대의; 정반대)와 혼동하지 마세요!

826 **moral**
[mɔ́(ː)rəl]

㊁ **도덕적인**

Ethical and **moral** systems are different for every culture. 학평
윤리적 그리고 **도덕적** 체계는 모든 문화마다 다르다.

VOCA TIP
morale(사기, 의욕)과 혼동하지 마세요!

827 **refuge**
[réfjuːdʒ]

㊂ **피난처; 피난**

Refugees from burning cities had to find safe **refuge**. 학평
불타는 도시들을 떠나는 피난민들은 안전한 **피난처**를 찾아야 했다.

+ refugee ㊂ 피난민; 망명자
= shelter ㊂ 피난처

828 **arise**
[əráiz]

㊀ **생기다, 발생하다**

After a certain age, anxieties **arise** when sudden cultural changes are coming. 학평
특정한 나이 이후에는 갑작스러운 문화적 변화가 다가오고 있을 때 불안감이 **생긴다**.

= occur ㊀ 발생하다

829 □□ **gap**
[gæp]

명 **격차; 틈**

A language **gap** is a great opportunity for good manners to shine. 학평
언어 **격차**는 좋은 예절이 빛을 발하게 되는 훌륭한 기회이다.

▶ the gap between rich and poor 빈부 격차

VOCA TIP
런던 지하철에서 열차와 승강장 사이의 틈을 조심하라는 의미로 Mind the gap.이라는 표현을 써요.

830 □□ **collapse**
[kəlǽps]

동 **무너지다** 명 **붕괴**

He had to leave school after his father's business **collapsed**. 학평
그는 아버지의 사업이 **무너진** 후 학교를 그만두어야 했다.

VOCA TIP
* Buildings collapsed.
  건물이 무너졌다.
* the collapse of the building
  건물의 붕괴

How Different

831 □□ **bother**
[báðər]

동 **귀찮게 하다; 애를 쓰다**

Thanks to the movie, she can forget about what **bothers** her. 교과서
그 영화 덕분에, 그녀는 그녀를 **귀찮게 하는** 것을 잊을 수 있다.

+ bothersome 형 성가신

832 □□ **disturb**
[distə́ːrb]

동 **방해하다**

The saint tells a frog to be quiet in case it **disturbs** his prayers. 학평
그 성자는 개구리가 그의 기도를 **방해할** 경우를 대비해서 조용히 하라고 말한다.

VOCA TIP
호텔에서 수면을 방해하지 말라는 뜻으로 Do not disturb.라고 쓰인 게시문을 내걸어요.

- **bother** 누군가를 귀찮게 하거나 신경 쓰게 하는 것을 가리킴
- **disturb** 누군가가 하는 일을 중단시키거나 못하게 방해하는 것을 가리킴

833 □□ **exclude**
[iksklúːd]

동 **제외하다**

Women in old societies were often **excluded** from public affairs.
옛 사회에서 여성들은 종종 공적인 일에서 **제외되었다**.

↔ include 동 포함하다

834 □□ **neglect**
[niglékt]

동 **방치하다, 소홀히 하다**

If you **neglect** your health, your children will go down the same road. 학평
당신의 건강을 **방치한다면**, 당신의 자녀도 같은 길을 걸을 것이다.

835 **incident**
[ínsidənt]

㊔ **일, 사건**

Not a single act or **incident** described in the article has taken place. 교과서
그 기사에 설명된 행위나 **사건**은 단 하나도 발생하지 않았다.

VOCA TIP
개인적으로 특이하거나 중요한 사건, 범죄 등의 사건이나 국가 간 무력이 개입되는 사건을 의미해요.

836 **restrict**
[ristríkt]

㊐ **제한하다**

Mountain gorillas alive today are **restricted** to a heavily forested area. EBS
오늘날 살아 있는 마운틴고릴라는 숲이 우거진 지역에 **제한되어** 있다.

➕ **restriction** ㊔ 제한; 제약
🟰 **limit** ㊐ 제한하다

837 **manipulate**
[mənípjulèit]

㊐ **조종하다**

An incredibly high-priced item is displayed mainly to **manipulate** consumers. EBS
주로 소비자를 **조종하기** 위해 믿을 수 없을 정도로 비싼 물건이 전시되어 있다.

VOCA TIP
사람 · 여론을 교묘하게 조종하거나 시장 · 물가 등을 조작하는 것을 의미해요.

838 **stereotype**
[stériətàip]

㊔ **고정 관념**

The **stereotype** exists that men are better at math than women.
남자가 여자보다 수학을 더 잘한다는 **고정 관념**이 존재한다.

➕ **stereotyped** ㊕ 틀에 박힌, 진부한

839 **addict**
[ǽdikt]

㊔ **중독자**

He used to be a computer game **addict**.
그는 예전에 컴퓨터 게임 **중독자**였다.

➕ **addicted** ㊕ 중독된 **addiction** ㊔ 중독

840 **famine**
[fǽmin]

㊔ **기근, 굶주림**

Widespread **famine** was reported in the area.
그 지역의 광범위한 **기근**이 보고되었다.

🟰 **hunger** ㊔ 굶주림, 기아

DAY 28

사회 문제

Use Words

빈칸을 채우며 단어를 외우고, 쓰면서 한 번 더 익히세요.

01 an ________ society 평등한 사회 — equal (equal)

02 the world's ________ 세계 인구 — population

03 look for ________ 균형을 찾다 — balance

04 ________ was everywhere.
가난이 도처에 널려 있었다. — poverty

05 He is ________. 그는 집이 없다. — homeless

06 a ________ of time 시간 부족 — lack

07 ________ the treatment of animals
동물들의 처우에 항의하다 — protest

08 ________ climate change 기후 변화를 막다 — prevent

09 ________ heavy traffic 교통 체증을 피하다 — avoid

10 ________ in parents' power
부모의 영향력 안에서 안전한 — secure

11 ________ in different cities 다른 도시에 정착하다 — settle

12 ________ us from our fellow human beings
주변 사람들로부터 우리를 고립시키다 — isolate

13 ________ those unfamiliar with the terms
그 용어들에 익숙하지 않은 사람들을 혼란시키다 — confuse

14 be ________ with ~에게 엄격히 대하다 — strict

15 in ________ 그와 대조적으로 — contrast

16 __________ systems 도덕적 체계 | moral

17 find safe __________ 안전한 피난처를 찾다 | refuge

18 Anxieties __________. 불안감이 생긴다. | arise

19 a language __________ 언어 격차 | gap

20 the __________ of the building 건물의 붕괴 | collapse

21 forget about what __________s her | bother
그녀를 귀찮게 하는 것을 잊다

22 __________ his prayers 그의 기도를 방해하다 | disturb

23 be __________d from public affairs | exclude
공적인 일에서 제외되다

24 __________ your health 건강을 방치하다 | neglect

25 a single __________ 하나의 사건 | incident

26 be __________ed to ~에 제한되어 있다 | restrict

27 __________ consumers 소비자들을 조종하다 | manipulate

28 the __________ exists that ~ | stereotype
~라는 고정 관념이 존재한다

29 a game __________ 게임 중독자 | addict

30 widespread __________ in the area | famine
그 지역에서의 광범위한 기근

DAY 28

사회 문제

3-Minute Check

오늘 학습한 단어와 뜻을 최종적으로 암기했는지 확인하세요!

			Check
811	equal	형 평등한; 같은 동 같다	☐
812	population	명 인구; 집단	☐
813	balance	명 균형 동 균형을 잡다	☐
814	poverty	명 가난, 빈곤	☐
815	homeless	형 집 없는	☐
816	lack	명 부족 동 ~이 없다	☐
817	protest	동 항의하다 명 항의	☐
818	prevent	동 예방하다, 막다	☐
819	avoid	동 피하다; 막다	☐
820	secure	형 안전한	☐
821	settle	동 정착하다; 해결하다; 결정하다	☐
822	isolate	동 고립시키다; 격리하다	☐
823	confuse	동 혼란시키다; 혼동하다	☐
824	strict	형 엄격한	☐
825	contrast	명 대조, 차이 동 대조하다	☐

			Check
826	moral	형 도덕적인	☐
827	refuge	명 피난처; 피난	☐
828	arise	동 생기다, 발생하다	☐
829	gap	명 격차; 틈	☐
830	collapse	동 무너지다 명 붕괴	☐
831	bother	동 귀찮게 하다; 애를 쓰다	☐
832	disturb	동 방해하다	☐
833	exclude	동 제외하다	☐
834	neglect	동 방치하다, 소홀히 하다	☐
835	incident	명 일, 사건	☐
836	restrict	동 제한하다	☐
837	manipulate	동 조종하다	☐
838	stereotype	명 고정 관념	☐
839	addict	명 중독자	☐
840	famine	명 기근, 굶주림	☐

외우지 않은 단어가 있으면 **미니 단어장**에서 다시 한번 정리해 보세요.

국가, 세계

오늘 학습할 단어를 공부하고, 가리개를 사용해서 암기해 보세요.

841 **capital** [kǽpitəl]

㉢ 수도; 대문자; 자본

The **capital** of Australia is not Sydney. 교과서

호주의 **수도**는 시드니가 아니다.

VOCA TIP
* in capitals 대문자로
* financial capital 금융 자본

학평 빈출

842 **native** [néitiv]

㉧ 원주민의; 출생지의

He was able to communicate with the Inuit, the **native** people of the North. 학평

그는 북극 지방의 **원주민인** 이누이트 사람들과 의사소통할 수 있었다.

native는 her native country(그녀의 고국), native Americans(아메리카 원주민), native speakers(모국어 사용자)처럼 '출생지의; ~ 출신자; 원주민' 등의 뜻으로 다양하게 출제되었고 native to a tropical climate(열대 기후 지역이 원산지인)처럼 '원산의, 토종의'라는 뜻으로도 제시되었어요.

843 **independence** [ìndipéndəns]

㉢ 독립

He devoted his life to the **independence** movement. 교과서

그는 **독립** 운동에 일생을 바쳤다.

+ independent ㉧ 독립한; 독립심이 강한

844 **custom** [kʌ́stəm]

㉢ 관습; 세관

Bowing the head slightly is a German **custom**.

학평 고개를 약간 숙여 인사하는 것은 독일의 **관습**이다.

VOCA TIP
costume(의상, 복장)과 혼동하지 마세요!

845 **invade** [invéid]

㉣ 침략하다, 침입하다

The Muslims **invaded** southern Europe in the eighth century. 학평

이슬람교도들은 8세기에 남부 유럽을 **침략했다**.

+ invasion ㉢ 침입; 침해

846 **state** [steit]

㉢ 주(州); 상태 ㉣ 진술하다

Contestants must live in the **state** of Utah. 학평

참가자는 유타**주**에 거주해야 합니다.

» state one's views 견해를 진술하다[말하다]

VOCA TIP
the States는 주로 구어에서 '미국'을 의미해요.

847 **minority**
[minɔ́ːrəti]

[명] **소수 집단; 소수**

Ordinary citizens often blame **minority** for their problems. [EBS]
평범한 시민들은 그들의 문제에 대해 종종 **소수 집단**을 비난한다.

[+] minor [형] 소수의
[↔] majority [명] 다수

VOCA TIP
* ethnic minority 소수 민족
* minority report 소수 측 보고서

848 **ethnic**
[éθnik]

[형] **민족의**

People's health and well-being are affected by **ethnic** relations. [학평]
사람들의 건강과 행복은 **민족** 관계에 의해 영향을 받는다.

VOCA TIP
racial(인종[민족]의)은 피부나 눈 색깔과 같은 신체적인 관점이, ethnic은 언어·문화·종교 등의 관점이 강조돼요.

How Different

849 **border**
[bɔ́ːrdər]

[명] **국경; 가장자리**

They are crossing the **border** in the dark. [교과서]
그들은 어둠 속에서 **국경**을 건너고 있다.

850 **boundary**
[báundəri]

[명] **경계; 한계**

Floods can alter the **boundary** between countries. [학평]
홍수는 국가 사이의 **경계**를 바꿀 수 있다.

851 **barrier**
[bǽriər]

[명] **장벽**

Hiding behind a **barrier** is a normal response to protect ourselves. [학평]
장벽 뒤로 숨는 것은 우리 스스로를 보호하기 위한 정상적인 반응이다.

- **border** 두 나라를 나누는 국경선을 가리킴
- **boundary** 지역·구역을 나누는 가상의 또는 실제의 경계선을 가리킴
- **barrier** 두 지역을 물리적으로 가로막고 있는 물체를 가리킴

852 **colony**
[kálәni]

[명] **식민지**

He commented about the crisis between the **colonies** and Britain. [EBS]
그는 **식민지들**과 영국 사이의 위기에 대해 논평했다.

[+] colonial [형] 식민의 [명] 식민지 정착민

853 **internal** [intə́ːrnəl]

㉧ 국내의; 내부의

Human rights are not just an **internal** matter.
인권은 단지 **국내** 문제가 아니다.

↔ external ㉧ 외국의; 외부의
= domestic ㉧ 국내의

학평 빈출

854 **international** [ìntərnǽʃənəl]

㉧ 국제적인

She became the first Black woman to earn an **international** pilot's license. 학평
그녀는 **국제** 조종사 면허를 딴 최초의 흑인 여성이 되었다.

사회, 경제 주제의 지문에서 international relations(국제 관계), international trade (국제 무역), international tourism(국제 관광) 등의 표현으로 출제되었고, the International Red Cross(국제 적십자), the International Olympic Committee(국제 올림픽 위원회) 같은 조직 명칭도 익혀 두세요.

VOCA TIP <inter-(상호간의) + nation(국가) + -al(~의)>로 이루어졌어요.

855 **overseas** [óuvərsìːz]

㉧ 해외의 ㉮ 해외로

He attended an **overseas** exhibition with a couple of *haenyeo*. 교과서
그는 두 명의 해녀와 함께 **해외** 전시회에 참석했다.

= abroad ㉮ 해외로

VOCA TIP 영국에서는 oversea로 써요.

856 **export** ㉨ [ikspɔ́ːrt] ㉠ [ékspɔːrt]

㉨ 수출하다 ㉠ 수출; 수출품

No other country **exported** more rice than India in 2012. 학평
2012년에 인도만큼 쌀을 많이 **수출한** 나라는 없었다.

↔ import ㉨ 수입하다 ㉠ 수입; 수입품

857 **support** [səpɔ́ːrt]

㉨ 지원하다; 지지하다 ㉠ 지원

She played a major role in **supporting** the poor children. 교과서
그녀는 가난한 아이들을 **지원하는** 데 주요한 역할을 했다.

+ supporter ㉠ 지지자

858 **assist** [əsíst]

㉨ 돕다, 원조하다

During the war, she devoted her time to **assisting** orphans. 학평
전쟁 동안, 그녀는 고아들을 **돕는** 데 시간을 바쳤다.

+ assistance ㉠ 원조, 도움 assistant ㉠ 조수

VOCA TIP 스포츠에서 득점을 돕는 플레이인 '어시스트'를 뜻하기도 해요.

859 **issue** [íʃuː]

㊔ 문제, 쟁점 ㊏ 발행하다

Thank you for your consideration on this important **issue**. 성취도

이 중요한 **문제**에 대한 당신의 배려에 감사드립니다.

VOCA TIP
* current issues 현재의 문제들
* issue a magazine 잡지를 발행하다

860 **diverse** [divə́ːrs, daivə́ːrs]

㊕ 다양한

The media provide us with **diverse** views about social issues. 수능

미디어는 우리에게 사회 문제에 대한 **다양한** 관점을 제공한다.

+ diversity ㊔ 다양성
= various ㊕ 다양한

How Different

861 **unite** [juːnáit]

㊏ 연합하다, 통합하다

He believed social media would **unite** us. 학평

그는 소셜 미디어가 우리를 **연합할** 것이라고 믿었다.

+ united ㊕ 연합한 unity ㊔ 통일
↔ divide ㊏ 나누다 separate ㊏ 분리하다

862 **unify** [júːnəfài]

㊏ 통합하다, 단일화하다

There are disagreements about the issue of **unifying** Europe. 학평

유럽을 **통합하는** 문제에 관한 의견 불일치가 있다.

+ unification ㊔ 통일, 단일화

VOCA TIP
uni-는 uniform(제복; 획일적인), universe(우주)처럼 '하나의'라는 뜻을 나타내요.

863 **integrate** [íntəgreit]

㊏ 통합하다; 통합되다

The Internet has become **integrated** in our everyday lives. EBS

인터넷은 우리의 일상생활에 **통합되었다**.

+ integration ㊔ 통합

• unite 개별적으로 존재했던 것을 공동의 목적을 위해 합치는 것을 가리킴
• unify 갈라져 있던 것을 합쳐 하나로 만드는 것을 가리킴
• integrate 더 큰 효과를 내기 위해 합치는 것이나 특정 사회 구성원으로서 받아들여지는 것을 가리킴

864 **interfere** [ìntərfíər]

㊏ 간섭하다

We have no rights to **interfere** in the internal affairs of other countries.

우리는 다른 국가의 내정에 **간섭할** 권리가 없다.

+ interference ㊔ 간섭

865 **conference** [kάnfərəns]

㊔ **회의, 회담**

I helped organize an anti-plastics **conference**.
학평 나는 플라스틱 반대 **회의**를 조직하는 것을 도왔다.

» hold a conference 회의를 열다

VOCA TIP
특히 1년에 1회 열리는, 보통 수일에 걸쳐 개최되는 대규모 회의를 의미해요.

---

866 **emigrate** [éməgrèit]

㊍ **(타국으로) 이주하다**

He **emigrated** to the U.S. and continued to make films. 수능
그는 미국으로 **이주해서** 영화를 계속 만들었다.

+ emigration ㊔ (타국으로의) 이주
= migrate ㊍ 이주하다

---

867 **immigrate** [íməgrèit]

㊍ **(타국에서) 이주해 오다**

His parents **immigrated** to Canada in the early 1990s.
그의 부모님은 1990년대 초에 캐나다로 **이주해 왔다**.

+ immigration ㊔ 이주; 출입국 관리소

VOCA TIP
immigrate의 im-은 '안에'라는 의미로 타국에서 이주해 오는 것이고 emigrate의 e-는 '밖으로 나가는 것'을 뜻하여 타국으로 이주하는 것이라는 차이점을 기억하세요.

---

868 **globalize** [glóubəlàiz]

㊍ **세계화하다**

The companies are seeking to **globalize** their businesses.
그 회사들은 그들의 사업을 **세계화할** 것을 추구하고 있다.

+ globalization ㊔ 세계화

---

869 **reside** [rizáid]

㊍ **거주하다**

About seventy percent of the world's population now **resides** in cities.
세계 인구의 약 70퍼센트가 현재 도시에 **거주한다**.

+ resident ㊔ 거주자 ㊌ 거주하는

VOCA TIP
live보다 격식적인 말로 특히 법률상의 거주를 의미해요.

---

870 **diplomat** [dípləmæ̀t]

㊔ **외교관**

Government leaders and **diplomats** attended the ceremony.
정부 지도자들과 **외교관들**이 그 기념식에 참가했다.

+ diplomacy ㊔ 외교(술)

DAY 29

국가, 세계

Use Words

빈칸을 채우며 단어를 외우고, 쓰면서 한 번 더 익히세요.

01 the ____________ of Australia 호주의 수도 — capital capital

02 the ____________ people of the North 북극 지방의 원주민 — native

03 the ____________ movement 독립 운동 — independence

04 a German ____________ 독일의 관습 — custom

05 ____________ southern Europe 남부 유럽을 침략하다 — invade

06 the ____________ of Utah 유타주 — state

07 blame ____________ for their problems 그들의 문제에 대해 소수 집단을 비난하다 — minority

08 by ____________ relations 민족 관계에 의해 — ethnic

09 cross the ____________ 국경을 건너다 — border

10 the ____________ between countries 국가 사이의 경계 — boundary

11 hide behind a ____________ 장벽 뒤로 숨다 — barrier

12 crisis between the ____________ and Britain 식민지와 영국 사이의 위기 — colony

13 an ____________ matter 국내 문제 — internal

14 an ____________ pilot's license 국제 조종사 면허 — international

15 an ____________ exhibition 해외 전시회 — overseas

16 ____________ more rice 더 많은 쌀을 수출하다 export

17 ____________ the poor children support
가난한 아이들을 지원하다

18 ____________ orphans 고아들을 돕다 assist

19 an important ____________ 중요한 문제[쟁점] issue

20 ____________ views 다양한 관점들 diverse

21 Social media would ____________ us. unite
소셜 미디어가 우리를 연합할 것이다.

22 ____________ Europe 유럽을 통합하다 unify

23 be ____________d in everyday lives integrate
일상생활에 통합되다

24 ____________ in the internal affairs 내정에 간섭하다 interfere

25 organize a ____________ 회의를 조직하다 conference

26 ____________ to the U.S. 미국으로 이주해 가다 emigrate

27 ____________ to Canada 캐나다로 이주해 오다 immigrate

28 ____________ their businesses 그들의 사업을 세계화하다 globalize

29 ____________ in a city 도시에 거주하다 reside

30 government leaders and ____________s diplomat
정부 지도자들과 외교관들

국가, 세계

3-Minute Check

오늘 학습한 단어와 뜻을 최종적으로 암기했는지 확인하세요!

			Check
841	capital	명 수도; 대문자; 자본	☐
842	native	형 원주민의; 출생지의	☐
843	independence	명 독립	☐
844	custom	명 관습; 세관	☐
845	invade	동 침략하다, 침입하다	☐
846	state	명 주(洲); 상태 동 진술하다	☐
847	minority	명 소수 집단; 소수	☐
848	ethnic	형 민족의	☐
849	border	명 국경; 가장자리	☐
850	boundary	명 경계; 한계	☐
851	barrier	명 장벽	☐
852	colony	명 식민지	☐
853	internal	형 국내의; 내부의	☐
854	international	형 국제적인	☐
855	overseas	형 해외의 부 해외로	☐

			Check
856	export	동 수출하다 명 수출; 수출품	☐
857	support	동 지원하다; 지지하다 명 지원	☐
858	assist	동 돕다, 원조하다	☐
859	issue	명 문제, 쟁점 동 발행하다	☐
860	diverse	형 다양한	☐
861	unite	동 연합하다, 통합하다	☐
862	unify	동 통합하다, 단일화하다	☐
863	integrate	동 통합하다; 통합되다	☐
864	interfere	동 간섭하다	☐
865	conference	명 회의, 회담	☐
866	emigrate	동 (타국으로) 이주하다	☐
867	immigrate	동 (타국에서) 이주해 오다	☐
868	globalize	동 세계화하다	☐
869	reside	동 거주하다	☐
870	diplomat	명 외교관	☐

외우지 않은 단어가 있으면 **미니 단어장**에서 다시 한번 정리해 보세요.

DAY 30

명확함을 더하는 어휘

듣고 발음을 익혀보자!

오늘 학습할 단어를 공부하고, 가리개를 사용해서 암기해 보세요.

871 **while** [wail]

[접] ~하는 동안; ~인 데 반하여 [명] 잠시

While I was working there, I learned something very useful. [교과서]
그곳에서 일**하는 동안** 나는 매우 유용한 것을 배웠다.

872 **whether** [wéðər]

[접] ~인지 (어떤지); ~이든 (아니든)

I want to know **whether** she likes flowers. [교과서]
나는 그녀가 꽃을 좋아하**는지** 알고 싶다.

VOCA TIP
'~인지 (어떤지)'의 뜻으로 명사절을 이끌 때는 대개 if로 바꿔 쓸 수 있어요.

873 **although** [ɔːlðóu]

[접] 비록 ~일지라도

Although we made mistakes, we kept trying.
[교과서] **비록** 실수했**을지라도** 우리는 계속 노력했다.

[=] though [접] 비록 ~일지라도, ~에도 불구하고

874 **therefore** [ðέərfɔ̀ːr]

[부] 그러므로, 따라서

The sport marketer **therefore** must avoid marketing strategies based only on winning.
[학평] **그러므로**, 스포츠 마케팅 담당자는 오로지 승리에만 기반한 마케팅 전략을 피해야 한다.

학평 빈출

875 **likely** [láikli]

[형] ~할 것 같은; 있음직한

We are more **likely** to eat in a restaurant if we know that it is usually busy. [학평]
어떤 식당이 대체로 붐빈다는 것을 알게 되면 우리가 그 식당에서 식사**할 가능성이** 더 크다.

[↔] unlikely [형] ~할 것 같지 않은; 있을 법하지 않은

특히 실험이나 연구·조사 결과를 언급하며 It is most likely that(가장 ~할 것 같다), you're more likely to have(당신은 더 ~할 것 같다) 등의 표현으로 결과를 해석하거나 예측하는 맥락으로 자주 출제되었어요.

VOCA TIP
quite, very, most와 likely가 함께 오면 부사 '아마'의 뜻으로 쓰이기도 해요.

876 **except** [iksépt]

[전] [접] ~을 제외하고는

The cafe was empty **except** for two men. [학평]
두 남자**를 제외하고는** 카페는 텅 비어 있었다.

[+] exception [명] 예외

VOCA TIP
* everyone except me 나를 제외한 모두
* except that the weather is bad 날씨가 나쁜 것을 제외하고

877 □□ **hardly** [há:rdli]

[부] 거의 ~ 않다

I was sinking and **hardly** able to move. [학평]
나는 가라앉고 있었고 **거의** 움직일 수가 **없었다**.

VOCA TIP
hard(어려운)의 부사 '힘들게'는 hard예요.

878 □□ **throughout** [θru:áut]

[전] ~ 내내; ~의 도처에

It did not rain **throughout** May and June. [교과서]
5월과 6월 **내내** 비가 오지 않았다.

VOCA TIP
* throughout the year 일 년 내내
* throughout the world 전 세계 도처에

879 □□ **either** [í:ðər, áiðər]

[부] ~도 또한 [한] [대] (둘 중) 어느 하나(의)

I don't like chicken. I don't like sandwiches, **either**. [교과서]
나는 닭고기를 좋아하지 않는다. 나는 샌드위치 **또한** 좋아하지 않는다.

[≫] either A or B A이거나 B이거나

VOCA TIP
neither(둘 중 어느 쪽도 아니다)와 혼동하지 마세요!

학평빈출

880 □□ **rather** [rǽðər]

[부] 오히려; 꽤

We don't think of him as a failure, but **rather** as a champion. [학평]
우리는 그를 실패자가 아니라 **오히려** 챔피언으로 생각한다.

[≫] would rather (than ~) (~하기보다는 차라리) …하겠다

rather는 rather than(~보다는), 'I'd rather + 동사원형'(차라리 ~하겠다), 'Rather, 주어 + 동사'(오히려, ~) 등의 다양한 문형으로 어떤 다른 가능성이나 상황, 앞의 진술 내용과 비교하여 주어의 의지나 선호, rather 뒤에 언급된 대상의 중요도를 강조하는 맥락으로 다양한 지문에 자주 쓰였어요.

881 □□ **indeed** [indí:d]

[부] 실로, 참으로; 실은

Indeed, nowadays our soil is less healthy. [학평]
실로, 오늘날 우리의 토양은 덜 건강하다.

VOCA TIP
형용사, 부사나 긍정적인 진술, 대답을 강조하기 위해 주로 쓰여요.

882 □□ **instance** [ínstəns]

[명] 사례, 경우

There are many **instances** of actors who, in mid-career, develop stage fright. [수능]
연기 인생 도중에 무대 공포증이 생기는 배우들에 대한 많은 **사례**가 있다.

[≫] for instance 예를 들면
[≡] example [명] 예, 보기

883 **due**
[djuː]

ⓗ **~으로 인한; ~할 예정인**

Failure may be **due** to lack of motivation. 학평
실패는 동기 부족**으로 인한** 것일지도 모른다.

due to ~ 때문에[덕분에]
be due ~할 예정이다

VOCA TIP
* due to your effort 네 노력 덕분에
* be due in N.Y. on time 정각에 뉴욕 도착 예정이다

884 **yet**
[jet]

ⓑ **아직; 벌써** ⓙ **하지만**

We haven't received what we ordered **yet**.
교과서 우리는 **아직** 우리가 주문한 것을 받지 못했다.

VOCA TIP
부정문에서는 '아직 (~ 않다)', 의문문에서는 '벌써, 이미'라는 뜻이에요.

885 **nevertheless**
[nèvərðəlés]

ⓑ **그럼에도 불구하고**

Nevertheless, there is room for personal choice. 학평
그럼에도 불구하고, 개인적인 선택의 여지가 있다.

ⓔ **nonetheless** ⓑ 그럼에도 불구하고

How Different

886 **besides**
[bisáidz]

ⓑ **게다가** ⓙ **~ 외에도**

Besides, fishing teaches us to be patient. 교과서
게다가, 낚시는 우리에게 인내심을 가지라고 가르쳐 준다.

VOCA TIP
beside(~의 옆에)와 혼동하지 마세요!

887 **moreover**
[mɔːróuvər]

ⓑ **게다가, 더욱이**

Moreover, the desire to make money can challenge us. 수능
더욱이, 돈을 벌고자 하는 욕구는 우리에게 도전 정신을 심어 줄 수 있다.

ⓔ **in addition** 게다가

888 **furthermore**
[fə́ːrðərmɔ̀ːr]

ⓑ **게다가, 더군다나**

Furthermore, hunting success is very variable. 학평
더군다나, 사냥의 성공은 매우 변수가 많다.

VOCA TIP
further로 '게다가'의 뜻을 나타내기도 해요.

- **besides** 구어체에서 앞서 말한 내용에 더 생각난 보충 사항을 추가할 때 씀
- **moreover/furthermore** besides보다 격식적이며, 이미 언급한 것 외에 추가로 강조하고 싶을 때 씀

889 **contrary**
[kántreri]

[형] **반대되는** [명] **정반대**

Very often, multitasking only slows you down, **contrary** to popular belief. [학평]
매우 자주, 다중 작업은 일반적인 믿음과는 **반대로** 당신의 속도를 늦추게 할 뿐이다.

[»] **on the contrary** 그와는 반대로
[=] **opposite** [형] 정반대의

---

890 **frankly**
[frǽŋkli]

[부] **솔직히**

Frankly the book is too difficult for me. [학평]
솔직히 그 책은 내게 너무 어렵다.

[»] **frankly speaking** 솔직히 말해서
[=] **honestly** [부] 솔직하게

---

891 **mostly**
[móustli]

[부] **대부분; 주로**

The town was **mostly** filled with garbage. [교과서]
그 마을은 **대부분** 쓰레기로 가득 차 있었다.

[=] **mainly** [부] 대개; 주로

VOCA TIP
부사 most(가장; 최고로; 대단히)와 구별하세요.

---

892 **highly**
[háili]

[부] **매우**

Robots are good at **highly** repetitive simple motions. [수능]
로봇은 **매우** 반복적인 간단한 동작에 능숙하다.

---

893 **badly**
[bǽdli]

[부] **몹시; 나쁘게, 서투르게**

My legs were trembling so **badly**. [학평]
내 다리는 **몹시** 떨리고 있었다.

[↔] **well** [부] 잘, 훌륭하게

VOCA TIP
* badly injured 몹시 다친
* sing badly 노래를 못 부르다

---

894 **despite**
[dispáit]

[전] **~에도 불구하고**

The romantic couple almost always find each other **despite** the obstacles. [수능]
낭만적인 커플은 장애물**에도 불구하고** 거의 항상 서로를 발견한다.

[=] **in spite of** ~에도 불구하고

VOCA TIP
in spite of보다 문어적인 표현이에요.

895 **scarcely** [skέərsli]

㈜ **거의 ~ 않다; 간신히**

Cars which **scarcely** pollute at all could even be made. 수능

거의 오염을 시키지 **않는** 차들이 만들어질 수도 있다.

➕ scarce ⓗ 부족한

VOCA TIP
부정의 뜻을 포함하고 있기 때문에 not, no 등의 부정어와 함께 쓰지 않아요.

---

896 **meanwhile** [míːnwàil]

㈜ **그 동안에; 한편**

The merchant **meanwhile** ran out into the garden. 학평

그 동안에 그 상인은 정원으로 뛰쳐나왔다.

= meantime ㈜ 그 동안에; 한편

---

897 **otherwise** [ʌ́ðərwàiz]

㈜ **그렇지 않으면; 달리**

Perhaps they would have got chances that they **otherwise** missed. 학평

아마도 그들은 **그렇지 않으면** 놓쳤을 기회들을 가질 수 있었을 것이다.

VOCA TIP
<other(다른) + -wise(방식)>로 이루어졌어요.

---

898 **likewise** [láikwàiz]

㈜ **마찬가지로**

He used reason to explore the nature of the universe, and encouraged others to do **likewise**. 학평

그는 우주의 본질을 탐구하기 위해 이성을 사용하였고, 다른 사람들도 **마찬가지로** 하도록 권장하였다.

= similarly ㈜ 유사하게

---

899 **fairly** [fέərli]

㈜ **상당히; 공정하게**

Our reactions to stress are **fairly** easy to guess. 학평

스트레스에 대한 우리의 반응은 예측하기가 **상당히** 쉽다.

VOCA TIP
* fairly good 상당히 좋은
* fight fairly 공정하게 싸우다

---

900 **forth** [fɔːrθ]

㈜ **앞으로; 밖으로**

Imagine a stick which swings back and **forth**. 학평

앞뒤로 흔들리는 막대를 상상해 보세요.

» and so forth 등등

= forward ㈜ 앞으로　outward ㈜ 밖으로

VOCA TIP
fourth(네 번째)와 혼동하지 마세요!

DAY 30

명확함을 더하는 어휘

Use Words

빈칸을 채우며 단어를 외우고, 쓰면서 한 번 더 익히세요.

01 ____________ I was working there 내가 그곳에서 일하는 동안 — while while

02 ____________ she likes flowers 그녀가 꽃을 좋아하는지 — whether

03 ____________ we made mistakes 비록 우리가 실수했을지라도 — although

04 ____________ 그러므로, 따라서 — therefore

05 be ____________ to eat 식사할 가능성이 있다 — likely

06 ____________ for two men 두 남자를 제외하고는 — except

07 ____________ able to move 거의 움직일 수 없는 — hardly

08 ____________ May and June 5월과 6월 내내 — throughout

09 don't like sandwiches, ____________ 샌드위치 또한 좋아하지 않다 — either

10 ____________ as a champion 오히려 챔피언으로 — rather

11 ____________ 실로, 참으로; 실은 — indeed

12 many ____________s of actors 배우들의 많은 사례 — instance

13 ____________ to lack of motivation 동기 부족으로 인한 — due

14 haven't received it ____________ 그것을 아직 받지 못했다 — yet

15 ____________ 그럼에도 불구하고 — nevertheless

16 ___________ 게다가; ~외에도 besides

17 ___________ 게다가, 더욱이 moreover

18 ___________ 게다가, 더군다나 furthermore

19 ___________ to popular belief contrary
일반적인 믿음과는 반대되는

20 ___________ speaking 솔직히 말해서 frankly

21 ___________ filled with garbage mostly
대부분 쓰레기로 가득 찬

22 good at ___________ repetitive motions highly
매우 반복적인 동작에 능한

23 tremble so ___________ 몹시 떨리다 badly

24 ___________ the obstacles 장애물에도 불구하고 despite

25 cars which ___________ pollute at all scarcely
거의 오염을 시키지 않는 차들

26 The merchant ___________ ran out. meanwhile
그 동안에 그 상인은 뛰쳐나왔다.

27 get chances that they ___________ missed otherwise
그렇지 않으면 그들이 놓쳤을 기회들을 가지다

28 do ___________ 마찬가지로 하다 likewise

29 ___________ easy to guess 예측하기 상당히 쉬운 fairly

30 back and ___________ 앞뒤로 forth

DAY 30

명확함을 더하는 어휘

3-Minute Check

오늘 학습한 단어와 뜻을
최종적으로 암기했는지 확인하세요!

			Check
871	while	접 ~하는 동안; ~인데 반하여 명 잠시	☐
872	whether	접 ~인지 (어떤지); ~이든 (아니든)	☐
873	although	접 비록 ~일지라도	☐
874	therefore	부 그러므로, 따라서	☐
875	likely	형 ~할 것 같은; 있음직한	☐
876	except	전 접 ~을 제외하고는	☐
877	hardly	부 거의 ~ 않다	☐
878	throughout	전 ~ 내내; ~의 도처에	☐
879	either	부 ~도 또한 한 대 (둘 중) 어느 하나(의)	☐
880	rather	부 오히려; 꽤	☐
881	indeed	부 실로, 참으로; 실은	☐
882	instance	명 사례, 경우	☐
883	due	형 ~으로 인한; ~할 예정인	☐
884	yet	부 아직; 벌써 접 하지만	☐
885	nevertheless	부 그럼에도 불구하고	☐

			Check
886	besides	부 게다가 전 ~ 외에도	☐
887	moreover	부 게다가, 더욱이	☐
888	furthermore	부 게다가, 더군다나	☐
889	contrary	형 반대되는 명 정반대	☐
890	frankly	부 솔직히	☐
891	mostly	부 대부분; 주로	☐
892	highly	부 매우	☐
893	badly	부 몹시; 나쁘게, 서투르게	☐
894	despite	전 ~에도 불구하고	☐
895	scarcely	부 거의 ~ 않다; 간신히	☐
896	meanwhile	부 그 동안에; 한편	☐
897	otherwise	부 그렇지 않으면; 달리	☐
898	likewise	부 마찬가지로	☐
899	fairly	부 상당히; 공정하게	☐
900	forth	부 앞으로; 밖으로	☐

외우지 않은 단어가 있으면 미니 단어장에서 다시 한번 정리해 보세요.

Wrap Up

ANSWERS p.333

A 빈칸에 알맞은 단어 혹은 우리말을 쓰시오.

01 ______ : cheat = 속이다 : 속이다, 기만하다

02 ______ : honestly = 솔직히 : 솔직하게

03 ______ : independent = 독립 : 독립한; 독립심이 강한

04 identify : identity = ______ : 신원

05 except : exception = ______ : 예외

06 produce : product = ______ : 상품, 제품

07 ______ : include = 제외하다 : 포함하다

08 diverse : various = ______ : 다양한

09 ______ : hunger = 기근, 굶주림 : 굶주림, 기아

10 pollution : pollute = ______ : 오염시키다

B 영영풀이에 알맞은 단어를 <보기>에서 골라 쓰시오.

〈보기〉
international addict quantity crime while

01 an amount or a number of something ______

02 activities that involve breaking the law ______

03 during the time that something is happening ______

04 connected with or involving two or more countries ______

05 a person who is unable to stop doing something harmful ______

C 학습한 단어를 이용해 빈칸을 채워 문장을 완성하시오.

01 표는 처음 사용 후 24시간 동안 유효합니다.
⇨ Tickets are ______________ for 24 hours from the first time of use.

02 그는 집이 없지만 희망이 없는 것은 아니다.
⇨ He is ______________, but he is not hopeless.

03 나는 농부들이 수박을 수확하는 것을 도왔다.
⇨ I helped farmers ______________ some watermelons.

04 비록 실수했을지라도 우리는 계속 노력했다.
⇨ ______________ we made mistakes, we kept trying.

05 고개를 약간 숙여 인사하는 것은 독일의 관습이다.
⇨ Bowing the head slightly is a German ______________.

D 주어진 단어를 바르게 배열하여 문장을 완성하시오.

01 박물관 내에서 음식과 반려동물은 금지됩니다.
(the museum / food and pets / are / in / prohibited)
⇨ ____

02 우리는 시간 부족을 불평하며 많은 시간을 보냈다.
(much time / a lack / about / spent / we / complaining / time / of)
⇨ ____

03 로봇은 매우 반복적인 간단한 동작에 능숙하다.
(good / highly / robots / are / repetitive / at / motions / simple)
⇨ ____

04 대부분의 잡지들은 광고에 의존한다.
(advertising / depend / most / on / magazines)
⇨ ____

교과서 필수 단어 확인하기

01 단어가 속한 주제가 나머지와 다른 것은? DAY 29

① overseas ② international ③ emigrate
④ diplomat ⑤ nevertheless

02 짝지어진 단어의 관계가 〈보기〉와 다른 것은? DAY 27, 28

〈보기〉
confine – confinement

① isolate – isolation ② settle – settlement ③ permit – permission
④ addicted – addiction ⑤ rob – robbery

03 빈칸에 알맞은 단어가 아닌 것은? DAY 26, 28

- I'm concerned about soil ________ most.
- Big data helps people ________ heavy traffic.
- Each of the boys had to ________ one hole every day.
- Not a single act or ________ described in the article has taken place.

① dig ② avoid ③ incident
④ orchard ⑤ pollution

04 밑줄 친 부분의 의미가 올바른 것은? DAY 30

① I don't like sandwiches, either. (둘 중 어느 쪽도 아니다)
② The town was mostly filled with garbage. (가장)
③ It did not rain throughout May and June. (~의 도처에)
④ We haven't received what we ordered yet. (아직)
⑤ While I was working there, I learned something very useful. (~인 데 반하여)

ANSWERS p.333

[05-06] 빈칸에 공통으로 알맞은 것을 고르시오. DAY 26, 29

05

- The ____________ of Australia is not Sydney.
- Please write your name in ____________s.

① native ② capital ③ border
④ internal ⑤ issue

06

- The use of harmful chemicals on ____________s has to be stopped.
- We had a good ____________ of potatoes last year.

① concrete ② wheat ③ crop
④ resource ⑤ grain

07 우리말과 일치하도록 틀린 부분을 찾아 바르게 고친 뒤 전체 문장을 다시 쓰시오. DAY 28

두 아들은 다른 도시에 정착했다.
→ The two sons settled out different cities.

____

08 우리말과 일치하도록 괄호 안의 단어를 이용하여 문장을 완성하시오. DAY 29

그는 독립 운동에 일생을 바쳤다. (devote, independence, movement)

→ He ____.

확인하기

DAY 16 ~ 30

ANSWERS p.334

| 주어진 문장 위치 파악하기 |

수능 38~39번 유형

글의 논리적 흐름에 맞도록 주어진 문장을 넣기에 알맞은 위치를 찾는 유형으로, 문장 간의 연결성을 파악할 수 있는 단서인 연결사나 지시대명사, 부사구 등을 유심히 살펴보세요!

글의 흐름으로 보아 주어진 문장이 들어가기에 가장 적절한 곳은? 기출 변형

> Because of these obstacles, most **research missions** in space are carried out with crewless spacecraft.

Currently, we cannot send humans to other planets. One obstacle is that such a trip would take years. (①) A spacecraft would need to carry enough air, water, and other **supplies** needed for humans to **survive** the long journey. (②) Another obstacle is the harsh conditions on other planets, such as extreme heat and cold. (③) Some planets do not even have **surfaces** to land on. (④) These explorations pose no **risk** to human life and are less expensive than ones involving **astronauts**. (⑤) The spacecraft carry **devices** that test the compositions and characteristics of planets.

* composition: 구성 성분

Word Check **윗글에서 그동안 학습한 단어를 확인하고 각각의 우리말 뜻을 쓰시오.**

research	________	mission	________
supply	________	survive	________
surface	________	risk	________
astronaut	________	device	________

New Words

obstacle	명 장애물	spacecraft	명 우주선
harsh	형 혹독한	exploration	명 탐사, 탐험
pose	동 제기하다	involve	동 포함하다

ANSWERS p.334

다음 글의 내용을 한 문장으로 요약하고자 한다. 빈칸 (A), (B)에 들어갈 말로 가장 적절한 것은? 기출 변형

| 요약문 완성하기 |

수능 40번 유형

요약문은 글의 전체 내용을 요약한 문장이므로 주제문이기도 해요. 글 속 문장의 일부 단어만 바꿔서 요약문으로 쓰는 경우가 많으므로 집중해서 글을 읽어 보세요!

Some developing countries rely too much on their natural **resources**, which results in a lower number of different products **produced** and lowers the rate of growth. Australia and the U.S. grew out of their reliance on abundant natural **resources** by **expanding** their **economic** activity. But some developing countries have many problems since a heavy reliance on natural **capital** decreases the development of other types of **capital** and as a result slows down **economic** growth.

> Relying on natural **resources** without ____(A)____ **economic** activities can be a ____(B)____ to **economic** growth.

	(A)		(B)
①	varying	…	barrier
②	varying	…	shortcut
③	limiting	…	challenge
④	limiting	…	barrier
⑤	connecting	…	shortcut

Word Check 윗글에서 그동안 학습한 단어를 확인하고 각각의 우리말 뜻을 쓰시오.

resource	________	produce	________
expand	________	economic	________
capital	________	barrier	________

New Words

result in	(결과를) 초래하다	lower	동 낮추다
growth	명 성장	reliance	명 의존
decrease	동 감소시키다	shortcut	명 지름길

REPEAT

II

빈출도순 중등 고난도 어휘

빈출도 130회 이상

단어와 뜻을 읽으며 빈칸에 알맞은 말을 쓰세요.

871 **while** [wail]
접 ~하는 동안; ~인 데 반하여
명 ________

021 **experience** [ikspíəriəns]
동 ________
명 경험

314 **increase** 동 [inkríːs] 명 [ínkriːs]
동 증가하다; 늘리다
명 증가

109 **seem** [siːm]
동 ~처럼 보이다, ~인 것 같다

009 **individual** [ìndəvídʒuəl]
형 개개의; 개인적인
명 ________

355 **express** [iksprés]
형 급행의
명 급행

333 **provide** [prəváid]
동 제공하다, 공급하다

602 **cause** [kɔːz]
명 원인; 이유
동 ________

527 **environment** [inváiərənmənt]
명 환경

753 **develop** [divéləp]
동 개발하다; 발전하다[시키다]

752 **produce** [prədúːs]
동 ________

652 **value** [vǽljuː]
명 가치
동 소중히 여기다; 평가하다

880 **rather** [rǽðər]
부 ________

846 **state** [steit]
명 주(州); 상태
동 ________

026 **challenge** [tʃǽlindʒ]
명 도전
동 도전하다

554 **research** [ríːsəːrtʃ, risə́ːrtʃ]
명 연구, 조사
동 연구하다, 조사하다

556 **effect** [ifékt]
명 ________

875 **likely** [láikli]
형 ~할 것 같은; 있음직한

104 **consider** [kənsídər]
동 고려하다; 여기다

611 **differ** [dífər]
동 ________

272 **situation** [sìtʃuéiʃən]
명 ________

187 **offer** [ɔ́(ː)fər]
동 제공하다
명 제안, 제공

Answer

871 잠시 021 경험하다 009 개인 602 일으키다 752 생산하다 880 오히려; 꽤 846 진술하다 556 영향; 효과; 결과 611 다르다 272 상황

872 **whether** [wéðər] ㉨ ~인지 (어떤지); ~이든 (아니든)

605 **include** [inklúːd] ⓓ ______________

800 **require** [rikwáiər] ⓓ 요구하다; 필요로 하다

873 **although** [ɔːlðóu] ㉨ ______________

646 **amount** [əmáunt] ⓜ ______________

112 **decision** [disíʒən] ⓜ 결정; 결단력

564 **matter** [mǽtər] ⓜ ______________ ⓓ 중요하다

013 **relationship** [riléiʃənʃìp] ⓜ 관계, 관련

367 **ability** [əbíləti] ⓜ 능력; 재능

874 **therefore** [ðέərfɔ̀ːr] ⓟ 그러므로, 따라서

555 **positive** [pázitiv] ⓗ 양의; 양성의; 긍정적인

742 **suggest** [səgdʒést] ⓓ ______________

857 **support** [səpɔ́ːrt] ⓓ 지원하다; 지지하다 ⓜ 지원

662 **public** [pʌ́blik] ⓗ ______________ ⓜ 대중

614 **community** [kəmjúːnəti] ⓜ 공동체, 지역 사회

604 **tend** [tend] ⓓ ______________

319 **reduce** [ridúːs] ⓓ 줄이다; 감소하다

608 **influence** [ínfluəns] ⓓ 영향을 주다 ⓜ 영향

097 **prefer** [prifə́ːr] ⓓ ______________

092 **explain** [ikspléin] ⓓ 설명하다

220 **improve** [imprúːv] ⓓ 향상하다; 개선되다

616 **benefit** [bénəfit] ⓜ 이익, 혜택 ⓓ (~에게) 이롭다; 이익을 얻다

312 **limit** [límit] ⓜ 제한; 한계 ⓓ 제한하다

884 **yet** [jet] ⓟ 아직; 벌써 ㉨ ______________

553 **experiment** [ikspérəmənt] ⓜ 실험 ⓓ 실험하다

285 **object** ⓜ [ábdʒekt] ⓓ [əbdʒékt] ⓜ 물체; 목표 ⓓ ______________

Answer

605 포함하다 873 비록 ~일지라도 646 총액; 양 564 물질; 문제 742 시사하다; 제안하다 662 대중의; 공공의 604 (~하는) 경향이 있다 097 더 좋아하다, 선호하다 884 하지만 285 반대하다

116 **realize** [rí:əlàiz] (동) ________

227 **term** [tə:rm] (명) 학기; 기간; 용어

302 **average** [ǽvəridʒ] (명) 평균 (형) 평균의

361 **physical** [fízikəl] (형) ________

264 **task** [tæsk] (명) 일, 과업

430 **imagine** [imǽdʒin] (동) 상상하다

374 **opportunity** [àpərtú:nəti] (명) ________

758 **material** [mətíəriəl] (명) 재료; 자료 (형) 물질적인

575 **source** [sɔ:rs] (명) 원천, 근원; 출처

052 **negative** [négətiv] (형) 부정적인

819 **avoid** [əvɔ́id] (동) ________

640 **deal** [di:l] (명) 거래; 대우 (동) 다루다

188 **quality** [kwáləti] (명) ________ (형) 질 좋은

458 **receive** [risí:v] (동) 받다

812 **population** [pàpjəléiʃən] (명) ________

802 **sentence** [séntəns] (명) 형벌; 문장 (동) ________

464 **approach** [əpróutʃ] (명) 접근(법) (동) 다가가다, 접근하다

572 **invent** [invént] (동) ________

650 **risk** [risk] (명) 위험(성) (동) 위태롭게 하다

363 **effective** [iféktiv] (형) 효과적인

253 **achieve** [ətʃí:v] (동) ________

818 **prevent** [privént] (동) 예방하다, 막다

557 **measure** [méʒər] (동) 측정하다 (명) 단위; 척도

214 **encourage** [inkə́:ridʒ] (동) 격려하다; 장려하다

748 **response** [rispáns] (명) 대답; 반응

609 **affect** [əfékt] (동) ________

Answer

116 깨닫다; 실현하다　361 신체의; 물질적인　374 기회　819 피하다; 막다　188 질, 품질　812 인구; 집단　802 선고하다
572 발명하다　253 이루다, 성취하다　609 영향을 미치다

301 **million** [míljən] ⓜ 백만 ⓗ 백만의

603 **occur** [əkə́ːr] ⓢ 일어나다, 발생하다

825 **contrast** ⓜ [kántræst] ⓢ [kəntrǽst] ⓜ ________ ⓢ 대조하다

721 **advertise** [ǽdvərtàiz] ⓢ 광고하다

337 **available** [əvéiləbl] ⓗ ________

290 **similar** [símələr] ⓗ 비슷한, 유사한

741 **inform** [infɔ́ːrm] ⓢ 알리다, 통지하다

282 **particular** [pərtíkjələr] ⓗ ________

610 **consist** [kənsíst] ⓢ 이루어져 있다

182 **purchase** [pə́ːrtʃəs] ⓜ 구입, 구매 ⓢ 구입하다

722 **audience** [ɔ́ːdiəns] ⓜ ________

584 **function** [fʌ́ŋkʃən] ⓜ 기능 ⓢ 기능하다

755 **resource** [ríːsɔ̀ːrs] ⓜ ________

115 **recognize** [rékəgnàiz] ⓢ 알아보다; 인정하다

882 **instance** [ínstəns] ⓜ 사례, 경우

757 **depend** [dipénd] ⓢ 의존하다; (~에) 달려 있다

550 **cell** [sel] ⓜ ________

073 **emotion** [imóuʃən] ⓜ 감정

481 **spread** [spred] ⓜ 확산 ⓢ ________

318 **forward** [fɔ́ːrwərd] ⓑ 앞으로

632 **consumer** [kənsúːmər] ⓜ ________

620 **factor** [fǽktər] ⓜ ________

031 **attitude** [ǽtitùːd] ⓜ 태도, 자세

271 **describe** [diskráib] ⓢ 묘사하다

618 **voluntary** [váləntèri] ⓗ ________

017 **contact** [kántækt] ⓢ 연락하다; 접촉하다 ⓜ 연락; 접촉

Answer

825 대조, 차이 337 이용할 수 있는 282 특정한; 특별한 722 관객, 청중 755 자원 550 세포; 감방 481 퍼뜨리다; 펼치다 632 소비자 620 요인, 요소 618 자원봉사의; 자발적인

빈출도 80회 이상

단어와 뜻을 읽으며 빈칸에 알맞은 말을 쓰세요.

619 **complex** [kámpleks] ⓗ 복잡한 ⓜ 복합 건물

663 **organization** [ɔ̀:rgənaizéiʃən] ⓜ ________

615 **advantage** [ædvǽntidʒ] ⓜ 장점, 유리한 점

305 **figure** [fígjər] ⓜ ________

692 **modern** [mádərn] ⓗ 현대의, 현대적인

414 **perform** [pərfɔ́:rm] ⓓ ________

265 **expert** [ékspə:rt] ⓜ 전문가 ⓗ 전문가의; 숙련된

607 **general** [dʒénərəl] ⓗ ________

601 **necessary** [nésəsèri] ⓗ 필요한, 필수의

485 **mental** [méntəl] ⓗ ________

734 **reality** [ri:ǽləti] ⓜ 현실, 사실

532 **temperature** [témpərətʃər] ⓜ ________

879 **either** [í:ðər, áiðər] ⓑ ~도 또한 ⓗ ⓓ ________

670 **desire** [dizáiər] ⓜ 욕망, 욕구 ⓓ 바라다

634 **demand** [dimǽnd] ⓜ ________ ⓓ 요구하다

816 **lack** [læk] ⓜ 부족 ⓓ ~이 없다

061 **concern** [kənsə́:rn] ⓜ 걱정 ⓓ 걱정시키다

637 **charge** [tʃɑ:rdʒ] ⓓ 청구하다; 충전하다 ⓜ ________

140 **spot** [spɑt] ⓓ 발견하다 ⓜ 장소; 반점

236 **theory** [θí(:)əri] ⓜ 이론

577 **advance** [ədvǽns] ⓜ 진보 ⓓ ________

813 **balance** [bǽləns] ⓜ 균형 ⓓ 균형을 잡다

Answer

663 단체, 조직 305 수치, 숫자; 인물 414 공연하다; 실행하다 607 일반적인 485 정신의, 마음의 532 기온, 온도; 체온 879 (둘 중) 어느 하나(의) 634 수요; 요구 637 요금 577 전진하다; 발전하다

283 **contain** [kəntéin] ⓢ ~이 들어 있다, 포함하다

247 **manage** [mǽnidʒ] ⓢ 관리하다, 경영하다; 용케 해내다

422 **publish** [pʌ́bliʃ] ⓢ ______________

542 **chemical** [kémikəl] ⓜ 화학 물질 ⓗ 화학의

631 **economic** [ìːkənámik] ⓗ ______________

579 **method** [méθəd] ⓜ 방법

047 **respect** [rispékt] ⓢ ______________ ⓜ 존경; 존중

502 **survive** [sərváiv] ⓢ 생존하다; 견뎌 내다

878 **throughout** [θru(ː)áut] ⓙ ______________

082 **amazed** [əméizd] ⓗ (몹시) 놀란

244 **career** [kəríər] ⓜ 직업; 경력

102 **determine** [ditə́ːrmin] ⓢ ______________

519 **reflect** [riflékt] ⓢ 반사하다; 반영하다

065 **comfort** [kʌ́mfərt] ⓜ 안락, 편안 ⓢ ______________

883 **due** [djuː] ⓗ ~으로 인한; ~할 예정인

661 **political** [pəlítikəl] ⓗ 정치의, 정치적인

322 **recent** [ríːsənt] ⓗ ______________

512 **surface** [sə́ːrfis] ⓜ ______________

371 **award** [əwɔ́ːrd] ⓜ 상 ⓢ 수여하다

654 **account** [əkáunt] ⓜ 계좌

040 **patient** [péiʃənt] ⓗ ______________ ⓜ 환자

226 **concept** [kánsept] ⓜ 개념

103 **predict** [pridíkt] ⓢ 예측하다

436 **context** [kántekst] ⓜ 맥락, 문맥

792 **identify** [aidéntəfài] ⓢ ______________

859 **issue** [íʃuː] ⓜ 문제, 쟁점 ⓢ 발행하다

Answer

422 출판하다; 발표하다　631 경제의　047 존경하다; 존중하다　878 ~ 내내; ~의 도처에　102 결정하다　065 위로하다
322 최근의　512 표면; 수면　040 인내심 있는　792 확인하다, 알아보다

251 **purpose** [pə́ːrpəs] 명 ______________

641 **trade** [treid] 명 무역, 거래 동 거래하다

063 **appreciate** [əpríːʃièit] 동 ______________

370 **compete** [kəmpíːt] 동 경쟁하다; (시합에) 참가하다

826 **moral** [mɔ́(ː)rəl] 형 도덕적인

328 **range** [reindʒ] 명 범위 동 범위가 ~이다

423 **author** [ɔ́ːθər] 명 ______________

751 **industry** [índəstri] 명 산업, 공업

022 **succeed** [səksíːd] 동 성공하다; 뒤를 잇다

016 **treat** [triːt] 동 대하다; 대접하다

581 **device** [diváis] 명 ______________

746 **reveal** [rivíːl] 동 ______________

483 **medical** [médikəl] 형 의학의, 의료의

452 **muscle** [mʌ́sl] 명 근육; 근력

138 **request** [rikwést] 명 요청 동 요청하다

249 **promote** [prəmóut] 동 승진시키다

531 **climate** [kláimit] 명 ______________

854 **international** [ìntərnǽʃənəl] 형 국제적인

763 **supply** [səplái] 명 ______________ 동 공급하다

432 **symbol** [símbəl] 명 상징; 기호

273 **disappear** [dìsəpíər] 동 ______________

693 **ancient** [éinʃənt] 형 고대의; 아주 오래된

754 **progress** 동 [prəgrés] 명 [práːgres] 동 ______________ 명 진행

237 **standard** [stǽndərd] 명 표준, 기준 형 표준의

885 **nevertheless** [nèvərðəlés] 부 ______________

733 **series** [síəriːz] 명 시리즈; 연속

Answer

251 목적 063 고마워하다; 감상하다 423 저자, 작가 581 장치, 기구 746 밝히다, 드러내다 531 기후 763 공급; 보급품 273 사라지다 754 진전되다; 전진하다 885 그럼에도 불구하고

730 **survey** ⓜ (설문) 조사
ⓜ [sə́:rvei] ⓓ [sə:rvéi] ⓓ 조사하다

152 **variety** [vəráiəti] ⓜ ___________

760 **remove** [rimú:v] ⓓ ___________

095 **trust** [trʌst] ⓜ 신뢰 ⓓ 신뢰하다

391 **cultural** [kʌ́ltʃərəl] ⓗ ___________

405 **conduct** [kəndʌ́kt] ⓓ 지휘하다; (특정 활동을) 하다

633 **exchange** [ikstʃéindʒ] ⓓ ___________ ⓜ 교환; 환전

668 **represent** [rèprizént] ⓓ 대표하다; 대변하다; 나타내다

164 **content** [kántent] ⓜ 내용(물); 함량; 목차

506 **damage** [dǽmidʒ] ⓓ 손상하다 ⓜ ___________

369 **participate** [pa:rtísəpèit] ⓓ 참가하다, 참여하다

381 **beat** [bi:t] ⓓ 이기다; 심장이 뛰다

881 **indeed** [indí:d] ⓑ 실로, 참으로; 실은

403 **instrument** [ínstrəmənt] ⓜ ___________

574 **intelligence** [intélidʒəns] ⓜ 지능

091 **define** [difáin] ⓓ 정의하다

894 **despite** [dispáit] ⓙ ___________

310 **entire** [intáiər] ⓗ 전체의; 완전한

829 **gap** [gæp] ⓜ 격차; 틈

887 **moreover** [mɔ:róuvər] ⓑ 게다가, 더욱이

897 **otherwise** [ʌ́ðərwàiz] ⓑ 그렇지 않으면; 달리

669 **policy** [páləsi] ⓜ ___________

014 **relative** [rélətiv] ⓜ 친척 ⓗ ___________

617 **contribute** [kəntríbju:t] ⓓ 기여하다; 기부하다

117 **recall** [rikɔ́:l] ⓓ 떠올리다, 기억해 내다

260 **replace** [ripléis] ⓓ ___________

Answer

152 여러 가지; 다양성 760 제거하다; 치우다 391 문화의, 문화적인 633 교환하다 506 손상, 피해 403 악기; 기구
894 ~에도 불구하고 669 정책, 방침 014 상대적인 260 대신하다; 교체하다

빈출도 50회 이상

단어와 뜻을 읽으며 빈칸에 알맞은 말을 쓰세요.

037 **characteristic** [kæ̀riktərístik] 명 특징 형 특유의

612 **relate** [riléit] 동 관련이 있다; 관련짓다

783 **threat** [θret] 명 ______

010 **personality** [pə̀rsənǽləti] 명 ______

586 **combine** [kəmbáin] 동 ______

726 **comment** [kάment] 명 논평, 의견 동 논평하다

545 **evolution** [èvəlúːʃən] 명 진화

280 **obvious** [άbviəs] 형 ______

348 **path** [pæθ] 명 길

284 **separate** 동 [sépərèit] 형 [sépərit] 동 분리하다 형 분리된

771 **crop** [krɑp] 명 ______

323 **current** [kə́ːrənt] 형 현재의; 통용되는 명 ______

842 **native** [néitiv] 형 ______

667 **official** [əfíʃəl] 명 관리, 공무원 형 공식의; 공적인

694 **origin** [ɔ́(ː)ridʒin] 명 ______

018 **rely** [rilái] 동 의지하다; 믿다

488 **suffer** [sʌ́fər] 동 고통받다; (불쾌한 일을) 겪다

099 **suppose** [səpóuz] 동 ______

457 **breathe** [briːð] 동 숨을 쉬다, 호흡하다

329 **category** [kǽtəgɔ̀ːri] 명 ______

346 **locate** [lóukeit] 동 (~에 위치를) 두다; (위치를) 알아내다

576 **adapt** [ədǽpt] 동 적응하다; 조정하다

Answer

783 위협, 협박 010 성격; 개성 586 결합하다 280 명백한, 분명한 771 농작물; 수확량 323 흐름 842 원주민의; 출생지의 694 기원 099 가정하다; 추측하다 329 범주

723 **article** [ɑ́ːrtikl] ㉮ 기사

032 **confident** [kɑ́nfidənt] ㉯ 자신감 있는; 확신하는

246 **application** [æ̀pləkéiʃən] ㉮ ________________

475 **shift** [ʃift] ㉰ ________________ ㉮ 변화; 교대 근무

533 **disaster** [dizǽstər] ㉮ 재난, 재해, 참사

142 **necessity** [nəsésəti] ㉮ 필요(성); 필수품

274 **sudden** [sʌ́dən] ㉯ ________________

651 **worth** [wəːrθ] ㉯ ~의 가치가 있는 ㉮ ________________

656 **fund** [fʌnd] ㉮ 기금, 자금

144 **sort** [sɔːrt] ㉮ 종류 ㉰ 분류하다

613 **aspect** [ǽspekt] ㉮ 측면

093 **aware** [əwɛ́ər] ㉯ ________________

004 **engage** [engéidʒ] ㉰ 관여하다; 약속하다; 약혼시키다

679 **immediate** [imíːdiət] ㉯ ________________

105 **regard** [rigɑ́ːrd] ㉰ 여기다 ㉮ 고려

738 **visual** [víʒuəl] ㉯ 시각의

505 **harm** [hɑːrm] ㉰ 해치다 ㉮ 해, 피해

636 **income** [ínkʌm] ㉮ ________________

801 **detect** [ditékt] ㉰ 감지하다; 발견하다

242 **employ** [implɔ́i] ㉰ 고용하다

622 **generation** [dʒènəréiʃən] ㉮ 세대; 발생

232 **reward** [riwɔ́ːrd] ㉰ 보답하다, 보상하다 ㉮ 보상

224 **acquire** [əkwáiər] ㉰ ________________

122 **deliver** [dilívər] ㉰ 배달하다; (연설을) 하다

565 **mass** [mæs] ㉮ ________________ ㉯ 대량의; 대중의

439 **classic** [klǽsik] ㉯ 일류의; 고전의 ㉮ ________________

Answer

246 지원, 지원서; 적용 475 옮기다; 바뀌다 274 갑작스러운 651 가치; ~어치 093 알고 있는 679 즉각적인 636 소득, 수입 224 얻다, 습득하다 565 질량; 덩어리 439 고전

228 **motivate** [móutəvèit] ⓢ 동기를 부여하다

528 **preserve** [prizə́ːrv] ⓢ ________

876 **except** [iksépt] 전 접 ________

183 **label** [léibəl] 명 상표; 꼬리표

326 **previous** [príːviəs] 형 이전의, 앞서의

728 **release** [rilíːs] 동 공개하다, 개봉하다 / 명 출시, 발매

011 **trait** [treit] 명 ________

630 **charity** [tʃǽrəti] 명 자선 단체; 자선

372 **entry** [éntri] 명 참가; 입장

625 **indicate** [índikèit] 동 나타내다, 가리키다

288 **appropriate** [əpróupriət] 형 ________

705 **myth** [miθ] 명 ________

649 **target** [tɑ́ːrgit] 명 목표; 과녁 / 동 겨냥하다

583 **alternative** [ɔːltə́ːrnətiv] 형 ________ / 명 대안

375 **rank** [ræŋk] 동 (순위를) 매기다; 차지하다 / 명 계급

002 **adopt** [ədɑ́pt] 동 입양하다; 채택하다

431 **pleasure** [pléʒər] 명 ________

006 **celebrate** [séləbrèit] 동 기념하다, 축하하다

027 **pursue** [pərsúː] 동 ________

171 **rare** [rɛər] 형 살짝 익힌; 드문

107 **remind** [rimáind] 동 ________

434 **translate** [trǽnzleit] 동 번역하다; 해석하다

186 **trend** [trend] 명 경향; 유행

308 **constant** [kɑ́nstənt] 형 ________

638 **decline** [dikláin] 동 감소하다; 거절하다 / 명 하락

241 **firm** [fəːrm] 명 회사 / 형 단단한; 확고한

Answer

528 보존하다; 보호하다 876 ~을 제외하고는 011 특성, 특징 288 적절한 705 신화; 미신 583 대체의
431 즐거움, 기쁨 027 추구하다 107 생각나게 하다 308 지속적인; 변함없는

071 **satisfy** [sǽtisfài] ⓓ 만족시키다

626 **circumstance** [sə́ːrkəmstæ̀ns] 명 ________

397 **inspire** [inspáiər] 동 영감을 주다; 고무하다

051 **responsible** [rispɑ́nsəbl] 형 ________

184 **display** [displéi] 명 전시, 진열 동 ________

376 **extremely** [ikstríːmli] 부 극도로

110 **intend** [inténd] 동 의도하다

330 **scale** [skeil] 명 규모; 눈금; 저울

628 **status** [stéitəs, stǽtəs] 명 ________

215 **submit** [səbmít] 동 제출하다

781 **crime** [kraim] 명 ________

697 **mission** [míʃən] 명 임무; 사절단

033 **behave** [bihéiv] 동 행동하다; 처신하다

811 **equal** [íːkwəl] 형 평등한; 같은 동 ________

759 **expand** [ikspǽnd] 동 확장하다, 팽창하다

212 **lecture** [léktʃər] 명 강의, 강연 동 ________

399 **orchestra** [ɔ́ːrkistrə] 명 오케스트라, 관현악단

266 **colleague** [kɑ́liːg] 명 동료

761 **operate** [ɑ́pərèit] 동 작동하다; 운영하다; 수술하다

235 **refer** [rifə́ːr] 동 가리키다; 참조하다; 언급하다

062 **relieve** [rilíːv] 동 ________

433 **interpret** [intə́ːrprit] 동 해석하다; 통역하다

252 **labor** [léibər] 명 ________

898 **likewise** [láikwàiz] 부 마찬가지로

558 **analyze** [ǽnəlàiz] 동 ________

114 **doubt** [daut] 명 의심 동 의심하다

Answer

626 상황, 환경 051 책임이 있는 184 전시하다, 진열하다 628 지위, 신분; 상태 781 범죄 811 같다 212 강의하다 062 (고통 등을) 덜다; 안도하게 하다 252 노동 558 분석하다

빈출도 35회 이상

단어와 뜻을 읽으며 빈칸에 알맞은 말을 쓰세요.

747 **react** [riǽkt] ⓢ 반응하다

238 **register** [rédʒistər] ⓢ 등록하다

724 **announce** [ənáuns] ⓢ ______________

606 **belong** [bilɔ́(ː)ŋ] ⓢ 속하다; 제자리에 있다

889 **contrary** [kántreri] ⓗ 반대되는 ⓜ ______________

888 **furthermore** [fə́ːrðərmɔ̀ːr] ⓑ 게다가, 더군다나

254 **obtain** [əbtéin] ⓢ ______________

076 **ashamed** [əʃéimd] ⓗ 부끄러워하는

548 **solid** [sálid] ⓜ 고체 ⓗ ______________

578 **adjust** [ədʒʌ́st] ⓢ 조절하다; 적응하다

256 **document** [dákjəmənt] ⓜ ______________

148 **edge** [edʒ] ⓜ 끝, 가장자리; (칼 등의) 날

165 **ingredient** [ingríːdiənt] ⓜ ______________

354 **vehicle** [víːikl] ⓜ 차량, 운송 수단

080 **complain** [kəmpléin] ⓢ ______________

176 **flavor** [fléivər] ⓜ 맛, 풍미 ⓢ 맛을 내다

373 **honor** [ánər] ⓜ 영광; 명예 ⓢ 경의를 표하다

230 **insight** [ínsait] ⓜ ______________

749 **interact** [ìntərǽkt] ⓢ 소통하다, 상호 작용하다

421 **literature** [lítərətʃùər] ⓜ ______________

366 **aim** [eim] ⓜ ______________

809 **appeal** [əpíːl] ⓢ 항소하다; 호소하다 ⓜ 항소; 호소

Answer

724 발표하다, 알리다 889 정반대 254 얻다, 획득하다 548 고체의; 단단한 256 서류, 문서 165 재료; (구성) 요소 080 불평하다 230 통찰력, 식견 421 문학 366 목표, 목적

036 **attractive** [ətrǽktiv] ⓗ ________________

841 **capital** [kǽpitəl] ⓜ 수도; 대문자; 자본

067 **depressed** [diprést] ⓗ 우울한; 불경기의

582 **equipment** [ikwípmənt] ⓜ ________________

229 **intellectual** [ìntəléktʃuəl] ⓗ 지적인, 지성의 ⓜ ________________

340 **passenger** [pǽsəndʒər] ⓜ 승객

141 **routine** [ruːtíːn] ⓜ 일과 ⓗ 일상의

101 **concentrate** [kάnsəntrèit] ⓓ ________________

653 **credit** [krédit] ⓜ 신용 거래; 신용

713 **ideal** [aidíːəl] ⓗ 이상적인 ⓜ 이상

560 **identical** [aidéntikəl] ⓗ ________________

129 **mess** [mes] ⓜ 엉망진창 ⓓ 어질러 놓다

424 **poet** [póuit] ⓜ 시인

824 **strict** [strikt] ⓗ 엄격한

353 **transport** [trǽnspɔ̀ːrt] ⓜ ________________ ⓓ 수송하다

444 **version** [və́ːrʒən] ⓜ ~판, 버전, 변형

437 **imply** [implái] ⓓ 내포하다; 암시하다

853 **internal** [intə́ːrnəl] ⓗ ________________

621 **proper** [prάpər] ⓗ 적절한

024 **wisdom** [wízdəm] ⓜ 지혜, 현명함

793 **clue** [kluː] ⓜ 단서, 실마리

852 **colony** [kάləni] ⓜ ________________

766 **construct** [kənstrʌ́kt] ⓓ ________________

342 **delay** [diléi] ⓓ 지연시키다 ⓜ 지연

673 **deny** [dinái] ⓓ 부인하다

534 **earthquake** [ə́ːrθkwèik] ⓜ ________________

Answer

036 매력적인 582 장비, 용품; 설비 229 지식인 101 집중하다 560 동일한; 일란성의 353 수송; 수송 수단 853 국내의; 내부의 852 식민지 766 건설하다; 구성하다 534 지진

223 **emphasize** [émfəsàiz] ⑧ ____________

462 **expose** [ikspóuz] ⑧ 드러내다, 노출시키다; 폭로하다

123 **furniture** [fə́ːrnitʃər] ⑲ ____________

655 **stock** [stɑk] ⑲ 주식; 재고

573 **artificial** [ɑ̀ːrtəfíʃəl] ⑱ 인공의; 가짜의

676 **campaign** [kæmpéin] ⑲ 캠페인, 운동

327 **prior** [práiər] ⑱ 이전의; 우선하는

461 **rush** [rʌʃ] ⑧ 서두르다 ⑲ 서두름

571 **technology** [teknɑ́lədʒi] ⑲ ____________

561 **absorb** [əbzɔ́ːrb] ⑧ 흡수하다; 받아들이다

243 **assign** [əsáin] ⑧ ____________

100 **conscious** [kɑ́nʃəs] ⑱ 의식적인; 의식하는; 의식이 있는

727 **criticize** [krítisàiz] ⑧ ____________

343 **destination** [dèstənéiʃən] ⑲ 목적지

648 **invest** [invést] ⑧ ____________

410 **landscape** [lǽndskèip] ⑲ 풍경; 풍경화

698 **military** [mílitèri] ⑱ 군사의 ⑲ 군대

379 **passion** [pǽʃən] ⑲ ____________

358 **sail** [seil] ⑧ 항해하다 ⑲ ____________

012 **senior** [síːnjər] ⑱ 손위의; 선배의 ⑲ 연장자

128 **stuff** [stʌf] ⑲ 물건, 것 ⑧ 채워 넣다

469 **tap** [tæp] ⑧ 톡톡 두드리다 ⑲ 두드리기

524 **peak** [piːk] ⑲ 산꼭대기; 최고점 ⑧ ____________

125 **repair** [ripέər] ⑧ 수리하다 ⑲ 수리

384 **warn** [wɔːrn] ⑧ ____________

127 **architecture** [ɑ́ːrkitèktʃər] ⑲ 건축학; 건축 양식

Answer

223 강조하다 123 가구 571 기술 243 맡기다, 배정하다 727 비판하다; 비평하다 648 투자하다 379 열정 358 돛 524 절정에 달하다 384 경고하다

823 **confuse** [kənfjúːz] 동 ________________

126 **decorate** [dékərèit] 동 장식하다, 꾸미다

460 **grab** [græb] 동 움켜쥐다, 잡아채다 명 잡아채기

507 **poison** [pɔ́izən] 명 ________________ 동 독살하다

057 **resist** [rizíst] 동 저항하다; 견디다

267 **superior** [su(ː)píəriər] 형 ________________ 명 윗사람; 상사

199 **tight** [tait] 형 꽉 끼는; (고정이) 단단한 부 ________________

770 **agriculture** [ǽgrikʌ̀ltʃər] 명 농업, 농사

257 **attach** [ətǽtʃ] 동 붙이다, 첨부하다

643 **budget** [bʌ́dʒit] 명 예산 동 예산을 세우다

774 **dig** [dig] 동 ________________

221 **educate** [édʒukèit] 동 교육하다

567 **filter** [fíltər] 명 여과 장치 동 거르다

877 **hardly** [háːrdli] 부 거의 ~ 않다

162 **slice** [slais] 명 (얇게 썬) 조각 동 얇게 썰다

684 **union** [júːnjən] 명 ________________

788 **admit** [ædmít] 동 인정하다; (입장 등을) 허가하다

098 **conclude** [kənklúːd] 동 ________________

064 **disappointed** [dìsəpɔ́intid] 형 실망한

169 **essence** [ésəns] 명 본질; 에센스, 진액

735 **fame** [feim] 명 ________________

535 **forecast** [fɔ́ːrkæ̀st] 명 예보 동 예보하다, 예측하다

703 **remains** [riméinz] 명 유적; 나머지

408 **theme** [θiːm] 명 ________________

828 **arise** [əráiz] 동 생기다, 발생하다

466 **chase** [tʃeis] 동 뒤쫓다; 추구하다 명 ________________

Answer

823 혼란시키다; 혼동하다 507 독, 독약 267 우수한; 상관의 199 꽉 774 (구멍을) 파다; 캐다 684 (노동)조합; 연합 098 결론을 내리다; 끝내다 735 명성 408 주제, 테마 466 추적; 추구

빈출도 25회 이상

✎ 단어와 뜻을 읽으며 빈칸에 알맞은 말을 쓰세요.

135 **chore** [tʃɔːr] 명 집안일, 잡일

406 **imitate** [ímitèit] 동 ____________

094 **belief** [bilíːf] 명 ____________

118 **anticipate** [æntísəpèit] 동 예상하다; 기대하다

851 **barrier** [bǽriər] 명 ____________

154 **grocery** [gróusəri] 명 ____________

666 **insist** [insíst] 동 고집하다, 주장하다

547 **liquid** [líkwid] 명 액체 형 액체의

687 **session** [séʃən] 명 (의회의) 회기; 기간, 시간

281 **apparent** [əpǽrənt] 형 ____________

831 **bother** [báðər] 동 귀찮게 하다; 애를 쓰다

191 **guarantee** [gæ̀rəntíː] 명 ____________ 동 보장하다

514 **marine** [məríːn] 형 해양의

767 **modify** [mádəfài] 동 수정하다

007 **occasion** [əkéiʒən] 명 ____________

543 **physics** [fíziks] 명 물리학

287 **precious** [préʃəs] 형 귀중한; 값비싼

382 **rival** [ráivəl] 명 경쟁자

712 **sacrifice** [sǽkrəfàis] 명 ____________ 동 희생하다

820 **secure** [sikjúər] 형 ____________

202 **alter** [ɔ́ːltər] 동 바꾸다, 고치다

850 **boundary** [báundəri] 명 ____________

Answer

406 모방하다; 흉내 내다 094 믿음, 신념 851 장벽 154 식료품; 식료품점 281 명백한; 외관상의 191 보증, 보증서 007 행사; 때, 경우 712 희생; 제물 820 안전한 850 경계; 한계

525 **broad** [brɔːd] ⓗ 넓은

248 **confirm** [kənfə́ːrm] ⓢ 확인해 주다; 확정하다

833 **exclude** [iksklúːd] ⓢ ______________

211 **academic** [æ̀kədémik] ⓗ 학업의; 학구적인

775 **cultivate** [kʌ́ltəvèit] ⓢ ______________

106 **distinguish** [distíŋgwiʃ] ⓢ 구별하다

580 **electronic** [ilektrάnik] ⓗ ______________

028 **fulfill** [fulfíl] ⓢ 이루다; 이행하다; 충족시키다

234 **logic** [lάdʒik] ⓜ ______________

745 **mention** [ménʃən] ⓢ 언급하다 ⓜ 언급

081 **mood** [muːd] ⓜ 기분; 분위기

365 **motion** [móuʃən] ⓜ ______________

834 **neglect** [niglékt] ⓢ 방치하다; 소홀히 하다

764 **quantity** [kwάntəti] ⓜ ______________

286 **unusual** [ʌnjúːʒuəl] ⓗ 보통이 아닌, 특이한

591 **vacuum** [vǽkjuəm] ⓜ ______________ ⓢ 진공청소기로 청소하다

181 **afford** [əfɔ́ːrd] ⓢ ______________

454 **chest** [tʃest] ⓜ 가슴; 상자

680 **debate** [dibéit] ⓜ 토론; 논쟁 ⓢ 논의하다

486 **illness** [ílnis] ⓜ ______________

130 **pile** [pail] ⓢ 쌓다; 쌓이다 ⓜ 더미

438 **revise** [riváiz] ⓢ ______________

518 **vast** [væst] ⓗ 광대한, 막대한

338 **convenient** [kənvíːniənt] ⓗ 편리한

070 **desperate** [déspərit] ⓗ 절망적인; 자포자기의; 필사적인

501 **emergency** [imə́ːrdʒənsi] ⓜ 비상, 비상사태

Answer

833 제외하다 775 재배하다; 일구다 580 전자의 234 논리 365 운동; 동작 764 양 591 진공 181 (~할) 여유가 있다 486 병, 아픔 438 수정하다, 개정하다

639 **expense** [ikspéns] 명 비용; 경비

325 **former** [fɔ́ːrmər] 형 ________

773 **grain** [grein] 명 곡물, 낟알

559 **laboratory** [lǽbərətɔ̀ːri] 명 ________

896 **meanwhile** [míːnwàil] 부 ________

750 **pause** [pɔːz] 명 멈춤 동 잠시 멈추다

245 **profession** [prəféʃən] 명 ________

111 **rational** [rǽʃənəl] 형 합리적인, 이성적인

079 **regret** [rigrét] 동 유감스럽게 생각하다; 후회하다 명 유감; 후회

146 **stable** [stéibl] 형 안정적인, 안정된

297 **sufficient** [səfíʃənt] 형 ________

482 **symptom** [símptəm] 명 증상

356 **transfer** 동 [trænsfə́ːr] 명 [trǽnsfəːr] 동 갈아타다; 전학시키다 명 환승; 이동

025 **capable** [kéipəbl] 형 ~할 수 있는; 유능한

425 **fiction** [fíkʃən] 명 소설; 허구

594 **gravity** [grǽvəti] 명 ________

772 **harvest** [háːrvist] 동 수확하다 명 수확; 수확량

489 **heal** [hiːl] 동 ________

843 **independence** [ìndipéndəns] 명 ________

688 **indifferent** [indífərənt] 형 무관심한

503 **rescue** [réskjuː] 동 구하다, 구조하다 명 구조

520 **stream** [striːm] 명 ________

362 **sweat** [swet] 동 땀을 흘리다 명 땀

487 **vital** [váitəl] 형 (생명 유지에) 필수적인

459 **whisper** [wíspər] 동 속삭이다 명 속삭임

275 **brief** [briːf] 형 ________

Answer

325 전자의; 이전의 559 실험실 896 그 동안에; 한편 245 직업, 전문직 297 충분한 594 중력 489 낫다; 낫게 하다 843 독립 520 개울, 시내 275 잠시의; 간결한

395 **impress** [imprés] ⑤ 깊은 인상을 주다; 감명시키다

864 **interfere** [ìntərfíər] ⑤ 간섭하다

674 **justice** [dʒʌ́stis] ⑲ ___

441 **phrase** [freiz] ⑲ 구; 관용구

066 **pleasant** [plézənt] ⑱ ___

084 **pride** [praid] ⑲ 자부심, 긍지

804 **regulation** [règjəléiʃən] ⑲ ___

402 **tune** [tuːn] ⑲ 곡조, 선율 ⑤ (악기의) 음을 맞추다

225 **knowledge** [nálidʒ] ⑲ ___

729 **script** [skript] ⑲ 대본 ⑤ 대본을 쓰다

304 **calculate** [kǽlkjəlèit] ⑤ 계산하다

345 **crew** [kruː] ⑲ ___

700 **dominate** [dámənèit] ⑤ 지배하다

196 **fabric** [fǽbrik] ⑲ 직물, 천

151 **nutrition** [nuːtríʃən] ⑲ ___

055 **odd** [ad] ⑱ 이상한; 홀수의; 이따금의

377 **remarkable** [rimáːrkəbl] ⑱ ___

292 **urgent** [ə́ːrdʒənt] ⑱ 긴급한; 다급한

383 **bet** [bet] ⑤ 확신하다; 돈을 걸다 ⑲ 내기

849 **border** [bɔ́ːrdər] ⑲ ___

683 **command** [kəmǽnd] ⑲ 명령 ⑤ 명령하다; 지휘하다

549 **pure** [pjuər] ⑱ 순수한; 깨끗한

261 **quit** [kwit] ⑤ ___

710 **religion** [rilídʒən] ⑲ ___

686 **remark** [rimáːrk] ⑲ 발언; 주목 ⑤ 논평하다

335 **reserve** [rizə́ːrv] ⑤ 예약하다; 남겨 두다

Answer

674 정의, 공정성; 사법 066 즐거운, 쾌적한 804 규정; 규제; 조절 225 지식 345 승무원 151 영양; 영양분 377 주목할 만한 849 국경; 가장자리 261 그만두다; 떠나다 710 종교

DAY 36

빈출도 20회 이상

단어와 뜻을 읽으며 빈칸에 알맞은 말을 쓰세요.

704 **revolution** [rèvəlúːʃən] [명] ______

206 **sew** [sou] [동] 바느질하다, 꿰매다

143 **sheet** [ʃiːt] [명] (종이) 한 장; (침대) 시트

411 **admire** [ædmáiər] [동] ______

858 **assist** [əsíst] [동] 돕다, 원조하다

865 **conference** [kánfərəns] [명] ______

315 **diminish** [dimíniʃ] [동] 줄다; 약화시키다

695 **dynasty** [dáinəsti] [명] ______

044 **eager** [íːgər] [형] 열망하는; 열심인

313 **excess** [iksés] [명] ______

276 **flexible** [fléksəbl] [형] 유연한, 융통성 있는

588 **install** [instɔ́ːl] [동] 설치하다

311 **medium** [míːdiəm] [형] 중간의 [명] ______

671 **persuade** [pərswéid] [동] 설득하다

590 **pioneer** [pàiəníər] [명] ______ [동] 개척하다

108 **prejudice** [prédʒədis] [명] ______

166 **spinach** [spínitʃ] [명] 시금치

810 **trial** [tráiəl] [명] ______

784 **victim** [víktim] [명] 피해자, 희생자

886 **besides** [bisáidz] [부] 게다가 [전] ~ 외에도

306 **considerable** [kənsídərəbl] [형] 상당한, 꽤 많은

279 **distinct** [distíŋkt] [형] ______

Answer

704 혁명 411 감탄하다; 존경하다 865 회의, 회담 695 왕조 313 과잉; 초과량 311 매체 590 개척자, 선구자 108 편견 810 재판; 시행 279 뚜렷한; 별개의

860 **diverse** [divə́ːrs, daivə́ːrs] ⓗ ________

222 **instruct** [instrʌ́kt] ⓓ 가르치다; 지시하다

255 **license** [láisəns] ⓜ 면허, 자격증

762 **manufacture** [mæ̀njəfǽktʃər] ⓓ 제조하다 ⓜ 제조; 제품

635 **merchant** [mə́ːrtʃənt] ⓜ 상인

364 **rapid** [rǽpid] ⓗ 빠른, 신속한

324 **temporary** [tévmpərèri] ⓗ ________

003 **marriage** [mǽridʒ] ⓜ 결혼

350 **nearby** [níərbái] ⓗ 근처의 ⓑ 근처에

544 **biology** [baiɑ́lədʒi] ⓜ ________

407 **copyright** [kɑ́piràit] ⓜ ________

208 **fade** [feid] ⓓ (색이) 바래다; 서서히 사라지다

743 **interrupt** [ìntərʌ́pt] ⓓ ________

798 **permit** [pəːrmít] ⓓ 허용하다

476 **pitch** [pitʃ] ⓓ 내던지다; 투구하다 ⓜ 투구

516 **pole** [poul] ⓜ ________

189 **receipt** [risíːt] ⓜ 영수증

332 **abroad** [əbrɔ́ːd] ⓑ ________

277 **alike** [əláik] ⓗ 비슷한 ⓑ 비슷하게

158 **blend** [blend] ⓓ ________

900 **forth** [fɔːrθ] ⓑ 앞으로; 밖으로

691 **historical** [histɔ́(ː)rikəl] ⓗ ________

756 **pollution** [pəlúːʃən] ⓜ 오염; 오염 물질

821 **settle** [sétl] ⓓ 정착하다; 해결하다; 결정하다

467 **spill** [spil] ⓓ 엎지르다; 엎질러지다 ⓜ 유출

198 **stripe** [straip] ⓜ ________

Answer

860 다양한 324 일시적인, 임시의 544 생물학 407 저작권 743 방해하다, 중단시키다 516 (지구의) 극; 막대기 332 해외로, 해외에서 158 섞다; 섞이다 691 역사의, 역사적인 198 줄무늬

296 **ultimate** [ʌ́ltəmit] 형 궁극적인, 최후의

131 **mop** [mɑp] 동 (대걸레로) 닦다 명 대걸레

893 **badly** [bǽdli] 부 몹시; 나쁘게, 서투르게

409 **abstract** [ǽbstrækt] 형 추상적인

307 **abundant** [əbʌ́ndənt] 형 ______

413 **cast** [kæst] 명 출연진; 거푸집 동 배역을 정하다

627 **civil** [sívəl] 형 ______

510 **crack** [kræk] 동 갈라지다; 금이 가게 하다 명 ______

042 **devote** [divóut] 동 쏟다, 바치다

856 **export** 동 [ikspɔ́ːrt] 명 [ékspɔːrt] 동 수출하다 명 수출; 수출품

899 **fairly** [fέərli] 부 ______

647 **finance** [fáinæns, fənǽns] 명 ______ 동 자금을 대다

194 **formal** [fɔ́ːrməl] 형 격식을 차린; 공식적인

493 **immune** [imjúːn] 형 면역성이 있는

765 **output** [áutpùt] 명 ______

190 **refund** 명 [ríːfʌnd] 동 [rifʌ́nd] 명 환불 동 환불하다

701 **ruin** [rúːin] 동 망치다 명 ______

179 **scent** [sent] 명 냄새, 향기

732 **statistics** [stətístiks] 명 ______

378 **thrill** [θril] 동 열광시키다 명 황홀감, 전율

513 **underwater** [ʌ̀ndərwɔ́ːtər] 형 물속의 부 물속에서

699 **weapon** [wépən] 명 무기

891 **mostly** [móustli] 부 ______

589 **accelerate** [əksélərèit] 동 가속화하다; 가속화되다

624 **burden** [bɔ́ːrdən] 명 부담, 짐 동 부담[짐]을 지우다

562 **compound** 명 형 [kɑ́mpaund] 동 [kəmpáund] 명 ______ 형 합성의 동 혼합하다

Answer

307 풍부한 627 시민의; 민간의 510 금 899 상당히; 공정하게 647 자금; 재정 765 생산량; 출력 701 몰락; 유적 732 통계; 통계학 891 대부분; 주로 562 화합물

696 **empire** [émpaiər] 명 ____________

782 **guilty** [gílti] 형 유죄의; 죄책감이 드는

075 **jealous** [dʒéləs] 형 질투하는, 시샘하는

539 **moisture** [mɔ́istʃər] 명 수분, 습기

629 **mutual** [mjúːtʃuəl] 형 ____________

303 **quarter** [kwɔ́ːrtər] 명 ____________

515 **surround** [səráund] 동 둘러싸다

861 **unite** [juːnáit] 동 연합하다, 통합하다

777 **wheat** [wiːt] 명 ____________

416 **craft** [kræft] 명 (수)공예; 기술

465 **glance** [glæns] 명 흘긋 봄 동 흘긋 보다

595 **globe** [gloub] 명 지구, 세계; 지구본

835 **incident** [ínsidənt] 명 ____________

233 **institute** [ínstituːt] 명 협회, 기관; 대학

300 **monotonous** [mənɑ́tənəs] 형 단조로운

427 **realistic** [rì(ː)əlístik] 형 ____________

175 **sustain** [səstéin] 동 살아가게 하다; 지속하다

426 **tragedy** [trǽdʒədi] 명 ____________

587 **transmit** [trænzmít] 동 전송하다; 전염시키다

472 **twist** [twist] 동 구부리다; 비틀다; 삐다

136 **entrance** [éntrəns] 명 ____________

787 **abuse** 명 [əbjúːs] 동 [əbjúːz] 명 남용; 학대 동 남용하다; 학대하다

714 **bless** [bles] 동 ____________

239 **certificate** [sərtífəkit] 명 증명서; 자격증

289 **delicate** [délikət] 형 깨지기 쉬운; 섬세한; 미묘한

546 **extinct** [ikstíŋkt] 형 ____________

Answer

696 제국 629 상호간의; 공동의 303 4분의 1 777 밀 835 일, 사건 427 사실적인; 현실적인 426 비극 136 입구; 입장; 입학 714 축복하다 546 멸종된

빈출도 10회 이상

✎ 단어와 뜻을 읽으며 빈칸에 알맞은 말을 쓰세요.

113 **hesitate** [hézitèit] ⓢ 망설이다, 주저하다

536 **hurricane** [hə́:rəkèin] ⓜ 허리케인

845 **invade** [invéid] ⓢ ________

200 **loose** [lu:s] ⓗ 헐렁한, 느슨한; 풀린

837 **manipulate** [mənípjulèit] ⓢ ________

219 **pupil** [pjú:pəl] ⓜ 학생; 눈동자

551 **reproduce** [rì:prədú:s] ⓢ 번식하다; 복사하다; 재현하다

380 **spectator** [spékteitər] ⓜ 관중

786 **violent** [váiələnt] ⓗ ________

231 **memorize** [méməràiz] ⓢ ________

435 **saying** [séiiŋ] ⓜ ________

088 **amuse** [əmjú:z] ⓢ ________

677 **candidate** [kǽndidèit] ⓜ ________

830 **collapse** [kəlǽps] ⓢ 무너지다 ⓜ 붕괴

844 **custom** [kʌ́stəm] ⓜ ________

490 **digest** [daidʒést] ⓢ 소화하다; 소화되다

291 **fundamental** [fʌ̀ndəméntəl] ⓗ 근본적인; 주요한

468 **lean** [li:n] ⓢ 기울이다; 기대다

803 **valid** [vǽlid] ⓗ ________

600 **comet** [kɑ́mit] ⓜ 혜성

404 **compose** [kəmpóuz] ⓢ 작곡하다; 작문하다; 구성하다

832 **disturb** [distə́:rb] ⓢ ________

Answer

845 침략하다, 침입하다 837 조종하다 786 폭력적인; 격렬한 231 암기하다 435 속담, 격언 088 즐겁게 하다 677 후보자, 지원자 844 관습; 세관 803 유효한; 타당한 832 방해하다

046 **generous** [dʒénərəs]	형 ________	836 **restrict** [ristríkt]	동 ________
077 **panic** [pǽnik]	동 공포에 질리다 명 극심한 공포, 공황	838 **stereotype** [stériətàip]	명 고정 관념
259 **qualify** [kwáləfài]	동 ________	517 **volcanic** [valkǽnik]	형 화산의
020 **spoil** [spɔil]	동 망치다; 버릇없게 기르다	744 **discussion** [diskʌ́ʃən]	명 ________
474 **squeeze** [skwiːz]	동 짜다 명 짜기	806 **accuse** [əkjúːz]	동 고발하다; 비난하다
201 **length** [leŋkθ]	명 길이; 기간	177 **awful** [ɔ́ːfəl]	형 ________
394 **entertain** [èntərtéin]	동 즐겁게 하다	644 **bargain** [báːrgin]	명 ________ 동 흥정하다
566 **flame** [fleim]	명 불길, 불꽃	360 **bump** [bʌmp]	동 부딪치다 명 요철; 혹
060 **hostile** [hástəl, hástail]	형 적대적인; 반대하는	417 **carve** [kaːrv]	동 조각하다; 새기다
847 **minority** [minɔ́ːrəti]	명 ________	473 **clap** [klæp]	동 박수를 치다 명 박수, 박수 소리
347 **navigate** [nǽvəgèit]	동 길을 찾다; 항해하다	664 **elect** [ilékt]	동 ________
645 **negotiate** [nigóuʃièit]	동 ________	530 **emit** [imít]	동 내뿜다, 발하다
817 **protest** 동 [prətést] 명 [próutèst]	동 항의하다 명 ________	563 **mixture** [míkstʃər]	명 혼합물; 혼합

Answer

046 후한, 너그러운 259 자격을 주다; 자격을 얻다 847 소수 집단; 소수 645 협상하다 817 항의 836 제한하다 744 논의, 토론 177 끔찍한, 지독한 644 싼 물건; 합의 664 선출하다, 뽑다

217 **scholarship** [skálərʃìp] ⓜ 장학금; 학식

443 **summarize** [sʌ́məràiz] ⓓ ________

451 **facial** [féiʃəl] ⓗ 얼굴의

045 **honesty** [ánisti] ⓜ 정직, 솔직

665 **democracy** [dimákrəsi] ⓜ ________

509 **drown** [draun] ⓓ 물에 빠지다; 익사하다

848 **ethnic** [éθnik] ⓗ ________

386 **foul** [faul] ⓓ 반칙하다 ⓜ 반칙, 파울

396 **incredible** [inkrédəbl] ⓗ 놀라운, 대단한; 믿을 수 없는

419 **merit** [mérit] ⓜ ________

597 **satellite** [sǽtəlàit] ⓜ ________

521 **steep** [sti:p] ⓗ 가파른

173 **swallow** [swálou] ⓓ 삼키다

540 **tropical** [trápikəl] ⓗ ________

334 **accommodation** [əkàmədéiʃən] ⓜ 숙박 시설

121 **alarm** [əlá:rm] ⓜ 경보; 경보기; 자명종

511 **arctic** [á:rktik] ⓗ 북극의 ⓜ 북극

768 **assemble** [əsémbl] ⓓ ________

593 **astronaut** [ǽstrənɔ̀:t] ⓜ ________

400 **choir** [kwáiər] ⓜ 합창단, 성가대

769 **concrete** [kánkri:t] ⓗ 콘크리트로 된; 구체적인 ⓜ 콘크리트

309 **continuous** [kəntínjuəs] ⓗ 계속되는, 끊임없는

054 **cruel** [krú:əl] ⓗ ________

776 **crush** [krʌʃ] ⓓ 으깨다, 찌그러뜨리다

522 **curve** [kə:rv] ⓜ (도로의) 커브; 곡선 ⓓ 곡선을 이루다

210 **detergent** [ditə́:rdʒənt] ⓜ ________

Answer

443 요약하다 665 민주주의 848 민족의 419 가치; 장점 597 (인공)위성; (행성의) 위성 540 열대의 768 조립하다; 모이다 593 우주 비행사 054 잔인한, 무자비한 210 세제

023 **fate** [feit] — [명] 운명, 숙명

185 **luxury** [lʌ́kʃəri] — [형] 사치품의 / [명] 사치품; 호화로움

420 **noble** [nóubl] — [형] ______

708 **obey** [oubéi] — [동] ______

270 **personnel** [pə̀ːrsənél] — [명] 직원; 인사과

731 **poll** [poul] — [명] ______ / [동] 여론 조사를 하다

172 **ripe** [raip] — [형] 익은

736 **rumor** [rúːmər] — [명] 소문 / [동] 소문내다

159 **stir** [stəːr] — [동] 휘젓다, 뒤섞다

124 **tidy** [táidi] — [형] ______

839 **addict** [ǽdikt] — [명] 중독자

145 **aisle** [ail] — [명] 통로

008 **anniversary** [æ̀nəvə́ːrsəri] — [명] ______

675 **appoint** [əpɔ́int] — [동] 임명하다

492 **awake** [əwéik] — [형] 깨어 있는 / [동] ______

725 **broadcast** [brɔ́ːdkæ̀st] — [명] 방송 / [동] 방송하다

153 **dairy** [dɛ́(ː)əri] — [명] 유제품 / [형] 유제품의

294 **faint** [feint] — [형] 희미한; 어지러운 / [동] ______

718 **faith** [feiθ] — [명] 믿음, 신앙

195 **fancy** [fǽnsi] — [형] ______

585 **innovate** [ínəvèit] — [동] 혁신하다

155 **leftover** [léftòuvər] — [명] ______ / [형] 남은

387 **penalty** [pénəlti] — [명] ______

709 **reform** [rifɔ́ːrm] — [명] 개혁 / [동] 개혁하다

689 **republic** [ripʌ́blik] — [명] 공화국

494 **scratch** [skrætʃ] — [동] 긁다; 할퀴다 / [명] 찰과상

Answer

420 고귀한; 귀족의 708 복종하다, 따르다 731 여론 조사; 투표 124 깔끔한, 정돈된 008 기념일 492 깨다; 깨우다 294 기절하다 195 화려한; 장식이 많은 155 남은 음식 387 벌칙; 벌금; 형벌

빈출도 5회 이상

단어와 뜻을 읽으며 빈칸에 알맞은 말을 쓰세요.

295 **soak** [souk] 동 ________

716 **spiritual** [spíritʃuəl] 형 정신의; 종교적인

068 **temper** [témpər] 명 ________

205 **thread** [θred] 명 실 동 (실을) 꿰다

785 **violate** [váiəlèit] 동 위반하다; 침해하다

336 **voyage** [vɔ́iidʒ] 명 항해, 여행

132 **wipe** [waip] 동 ________

058 **withstand** [wiðstǽnd] 동 ________

658 **asset** [ǽset] 명 자산, 재산

740 **column** [kɑ́ləm] 명 ________

218 **counsel** [káunsəl] 동 상담하다 명 상담

796 **illegal** [ilíːgəl] 형 ________

137 **interior** [intíːəriər] 형 내부의, 실내의 명 내부

059 **keen** [kiːn] 형 열심인; 예민한

139 **manual** [mǽnjuəl] 명 설명서 형 ________

120 **meditate** [méditèit] 동 명상하다

739 **oral** [ɔ́ːrəl] 형 ________

442 **outline** [áutlàin] 명 개요; 윤곽 동 ________

174 **starve** [stɑːrv] 동 굶주리다; 굶어 죽다

715 **virtue** [vɔ́ːrtʃuː] 명 미덕; 선행

001 **childhood** [tʃáildhùd] 명 ________

147 **appliance** [əpláiəns] 명 (가정용) 기구, 전기 제품

Answer

295 담그다; 흠뻑 적시다 068 기질, 성질; 화 132 닦다 058 견디다, 버티다 740 칼럼, 기고란 796 불법의, 위법의 139 수동의 739 구두의; 입의 442 간단히 설명하다 001 어린 시절

660 **auction** [ɔ́:kʃən]
명 경매
동 경매하다

331 **baggage** [bǽgidʒ]
명 (여행용) 짐, 수하물

429 **biography** [baiágrəfi]
명 ________

401 **chorus** [kɔ́:rəs]
명 합창단; 합창; 후렴

495 **circulate** [sə́:rkjəlèit]
동 순환시키다; 순환하다

678 **committee** [kəmíti]
명 ________

808 **confine** [kənfáin]
동 제한하다; 가두다

657 **currency** [kə́:rənsi]
명 통화, 화폐; 통용

791 **deceive** [disí:v]
동 ________

491 **dental** [déntəl]
형 ________

598 **eclipse** [iklíps]
명 (해, 달의) 식(蝕)

455 **forehead** [fɔ́(:)rid, fɔ́:rhèd]
명 이마

449 **index** [índeks]
명 ________

863 **integrate** [íntəgreit]
동 통합하다; 통합되다

089 **marvel** [má:rvəl]
동 경탄하다, 놀라다
명 ________

428 **mystery** [místəri]
명 추리 소설; 불가사의, 미스터리

855 **overseas** [óuvərsì:z]
형 해외의
부 해외로

392 **parade** [pəréid]
명 퍼레이드, 행진
동 ________

780 **pasture** [pǽstʃər]
명 목초지

357 **platform** [plǽtfɔ:rm]
명 ________

149 **polish** [páliʃ]
동 닦다, 윤내다
명 광택; 광택제

797 **prohibit** [prouhíbit]
동 ________

827 **refuge** [réfju:dʒ]
명 피난처; 피난

150 **stain** [stein]
명 얼룩
동 얼룩지다

368 **technique** [tekní:k]
명 ________

892 **highly** [háili]
부 매우

Answer

429 전기, 일대기 678 위원회 791 속이다 491 치과의; 치아의 449 색인; 지수, 지표 089 놀라운 일 392 행진하다
357 승강장; 연단 797 금지하다 368 기술; 기법

178 **edible** ⓗ ______________
[édəbl]

799 **arrest** ⓓ 체포하다
[ərést] ⓜ 체포

250 **commute** ⓜ 통근
[kəmjúːt] ⓓ 통근하다

706 **conquer** ⓓ ______________
[kάŋkər]

478 **deed** ⓜ 행위, 행동
[diːd]

707 **descend** ⓓ 계통을 잇다; 내려가다
[disénd]

393 **enjoyable** ⓗ 즐거운
[indʒɔ́iəbl]

840 **famine** ⓜ ______________
[fǽmin]

048 **graceful** ⓗ 우아한, 품위 있는
[gréisfəl]

030 **grave** ⓜ ______________
[greiv]

035 **humble** ⓗ 겸손한; 초라한
[hʌ́mbl]

805 **inquire** ⓓ ______________
[inkwáiər]

737 **journalism** ⓜ 언론계, 저널리즘
[dʒə́ːrnəlìzəm]

659 **loan** ⓜ 대출, 대출금
[loun]

412 **masterpiece** ⓜ ______________
[mǽstərpìːs]

778 **refine** ⓓ 정제하다; 개선하다
[rifáin]

320 **backward** ⓑ ______________
[bǽkwərd]

890 **frankly** ⓑ 솔직히
[frǽŋkli]

814 **poverty** ⓜ ______________
[pάvərti]

038 **thoughtful** ⓗ 사려 깊은, 생각이 깊은
[θɔ́ːtfəl]

568 **contaminate** ⓓ ______________
[kəntǽmənit]

119 **misunderstand** ⓓ 오해하다
[mìsʌndərstǽnd]

156 **vegetarian** ⓗ 채식(주의)의
[vèdʒitɛ́(ː)əriən] ⓜ 채식주의자

541 **scientific** ⓗ ______________
[sàiəntífik]

049 **willing** ⓗ 기꺼이 ~하는
[wíliŋ]

344 **cabin** ⓜ (항공기·배의) 객실, 선실; 오두막
[kǽbin]

Answer

178 먹을 수 있는 706 정복하다; 극복하다 840 기근, 굶주림 030 무덤, 묘 805 묻다, 조사하다 412 걸작, 명작 320 뒤로; 거꾸로 814 가난, 빈곤 568 오염시키다 541 과학의; 과학적인

050 **cautious** [kɔ́:ʃəs] 형 조심스러운, 신중한

685 **conservative** [kənsə́:rvətiv] 형 보수적인 명 보수적인 사람

163 **cuisine** [kwizí:n] 명 요리; 요리법

508 **deadly** [dédli] 형 ______

278 **definite** [défənit] 형 ______

681 **dispute** [dispjú:t] 명 분쟁 동 반박하다; 분쟁하다

029 **funeral** [fjú:nərəl] 명 장례식

484 **injure** [índʒər] 동 ______

317 **multiply** [mʌ́ltəplài] 동 곱하다; 크게 증가시키다

596 **orbit** [ɔ́:rbit] 명 궤도 동 궤도를 돌다

015 **resemble** [rizémbl] 동 ______

869 **reside** [rizáid] 동 거주하다

262 **retire** [ritáiər] 동 ______

390 **tournament** [túərnəmənt] 명 토너먼트, 승자 진출전

477 **tremble** [trémbl] 동 떨다; 떨리다 명 ______

450 **subtitle** [sʌ́btàitl] 명 자막; 부제 동 자막을[부제를] 달다

868 **globalize** [glóubəlàiz] 동 세계화하다

053 **ambitious** [æmbíʃəs] 형 야심적인

160 **chop** [tʃap] 동 ______

642 **commerce** [kámərs] 명 ______

056 **energetic** [ènərdʒétik] 형 활기 있는, 정력적인

074 **envy** [énvi] 동 부러워하다 명 부러움, 샘

504 **explode** [iksplóud] 동 ______

078 **fascinate** [fǽsənèit] 동 마음을 빼앗다

471 **fasten** [fǽsən] 동 ______

682 **liberty** [líbərti] 명 자유

Answer

508 치명적인 278 확실한, 명확한 484 다치게 하다 015 닮다, 비슷하다 262 은퇴하다 477 떨림 160 잘게 썰다, 다지다 642 상업; 무역 504 폭발하다; 폭발시키다 471 매다; 잠그다; 고정하다

빈출도 4회 이하

단어와 뜻을 읽으며 빈칸에 알맞은 말을 쓰세요.

192 **merchandise** [mə́:rtʃəndàis] 명 상품

170 **nourish** [nə́:riʃ] 동 영양분을 공급하다

672 **postpone** [postpóun] 동 연기하다, 미루다

498 **pulse** [pʌls] 명 맥박 동 고동치다

161 **roast** [roust] 동 굽다; 볶다 형 구운

523 **shallow** [ʃǽlou] 형 얕은

216 **suspend** [səspénd] 동 정학시키다; 중지하다

263 **undertake** [ʌ̀ndərtéik] 동 떠맡다, 착수하다

090 **irritate** [írətèit] 동 짜증나게 하다

339 **aboard** [əbɔ́:rd] 전 부 (배·기차·비행기 등에) 탑승한

702 **antique** [æntí:k] 명 골동품 형 골동품인

398 **applaud** [əplɔ́:d] 동 박수 치다; 칭찬하다

034 **arrogant** [ǽrəgənt] 형 거만한, 건방진

470 **bind** [baind] 동 묶다; 감다; 결속하다

349 **distant** [dístənt] 형 먼, 멀리 떨어진

352 **district** [dístrikt] 명 구역, 지구

083 **frustrate** [frʌ́strèit] 동 좌절시키다

316 **gradual** [grǽdʒuəl] 형 점진적인

538 **humid** [hjú:mid] 형 습한

197 **leather** [léðər] 명 가죽

570 **microscope** [máikrəskòup] 명 현미경

447 **monologue** [mánəlɔ̀(:)g] 명 독백

005 **pregnant** [prégnənt] 형 임신한

086 **resent** [rizént] 동 분개하다; 원망하다

293 **ridiculous** [ridíkjələs] 형 우스운, 어리석은

717 **sacred** [séikrid] 형 신성한; 신성시되는

496 **strain** [strein] 동 혹사하다 명 압박; 염좌

133 **sweep** [swi:p] 동 쓸다, 청소하다 명 쓸기

168 **tray** [trei] ⓜ 쟁반

862 **unify** [júːnəfài] ⓢ 통합하다, 단일화하다

085 **weep** [wiːp] ⓢ 울다, 눈물을 흘리다

388 **whistle** [wísl] ⓜ 호루라기; 휘파람 ⓢ 호각을 불다

592 **wireless** [wáiərlis] ⓗ 무선의

453 **wrinkle** [ríŋkl] ⓜ 주름 ⓢ 주름이 생기다

815 **homeless** [hóumlis] ⓗ 집 없는

321 **afterward** [ǽftərwərd] ⓑ 나중에, 후에

389 **amateur** [ǽmətʃùər] ⓜ 아마추어, 비전문가 ⓗ 아마추어의

209 **collar** [kálər] ⓜ 칼라, 깃

298 **compact** [kámpækt] ⓗ 소형의; 빽빽한

569 **decay** [dikéi] ⓜ 부식 ⓢ 부패하다; 썩게 하다

043 **diligent** [dílidʒənt] ⓗ 근면한, 부지런한

134 **dispose** [dispóuz] ⓢ 처리하다; 배치하다

072 **embarrass** [imbǽrəs] ⓢ 당황하게 하다

529 **erupt** [irʌ́pt] ⓢ 폭발하다, 분출하다

599 **galaxy** [gǽləksi] ⓜ 은하(계); 은하수

299 **haste** [heist] ⓜ 서두름, 급함

822 **isolate** [áisəlèit] ⓢ 고립시키다; 격리하다

790 **murder** [mə́ːrdər] ⓢ 살해하다 ⓜ 살인

258 **notify** [nóutəfài] ⓢ 알리다, 통지하다

499 **paralyze** [pǽrəlàiz] ⓢ 마비시키다

167 **paste** [peist] ⓜ 반죽; 풀 ⓢ 풀로 붙이다

794 **patrol** [pətróul] ⓜ 순찰대; 순찰 ⓢ 순찰하다

711 **pray** [prei] ⓢ 기도하다, 기원하다

446 **rhyme** [raim] ⓜ (각)운 ⓢ 운을 맞추다

445 **romance** [roumǽns] ⓜ 연애 소설; 로맨스

895 **scarcely** [skέərsli] ⓑ 거의 ~ 않다; 간신히

269 **secretary** [sékrətèri] ⓜ 비서

479 **shave** [ʃeiv] ⓢ 면도하다 ⓜ 면도

870 **diplomat** [díplәmæ̀t] ⓜ 외교관

552 **animate** [ǽnəmit, ǽnəmèit] ⓗ 살아 있는, 생물인 ⓢ 생기를 불어넣다

096 **certain** [sə́ːrtən] ⓗ 확신하는; 확실한; 어떤

789 **confess** [kənfés] ⓢ 자백하다, 고백하다

087 **disgust** [disgʌ́st] ⓜ 역겨움, 혐오감 ⓢ 역겹게 하다

623 **ethic** [éθik] ⓜ 윤리, 도덕

069 **frighten** [fráitən] ⓢ 겁먹게 하다

415 **interval** [íntərvəl] 명 (연극 등의) 휴식 시간; 간격

240 **literal** [lítərəl] 형 문자 그대로의

203 **mend** [mend] 동 수선하다, 고치다

448 **narrator** [næreitər] 명 서술자, 내레이터

779 **orchard** [ɔ́:rtʃərd] 명 과수원

440 **paragraph** [pǽrəgræf] 명 단락

418 **priceless** [práislis] 형 아주 귀중한, 값을 매길 수 없는

019 **quarrel** [kwɔ́:rəl] 명 말다툼 동 다투다

385 **referee** [rèfərí:] 명 심판

041 **sincere** [sinsíər] 형 진실한

480 **spit** [spit] 동 (침 등을) 뱉다 명 침; 뱉기

807 **sue** [su:] 동 고소하다, 소송을 제기하다

526 **swamp** [swɑmp] 명 늪, 습지

204 **trousers** [tráuzərz] 명 바지

213 **dormitory** [dɔ́:rmitɔ̀:ri] 명 기숙사

867 **immigrate** [íməgrèit] 동 (타국에서) 이주해 오다

359 **lighthouse** [láithàus] 명 등대

207 **stitch** [stitʃ] 동 꿰매다 명 바늘땀

690 **cabinet** [kǽbənit] 명 (정부의) 내각; 캐비닛, 장

268 **clerk** [klə:rk] 명 사무원, 직원; 점원

039 **considerate** [kənsídərit] 형 배려심 있는; 사려 깊은

341 **depart** [dipɑ́:rt] 동 떠나다, 출발하다

351 **downtown** [dàuntáun] 명 도심 형 도심의 부 도심으로

866 **emigrate** [éməgrèit] 동 (타국으로) 이주하다

193 **fashionable** [fǽʃənəbl] 형 유행하는

463 **pronounce** [prənáuns] 동 발음하다

795 **robbery** [rɑ́bəri] 명 강도

180 **rotten** [rɑ́tən] 형 썩은, 부패한

456 **thigh** [θai] 명 허벅지

537 **typhoon** [taifú:n] 명 태풍

497 **bruise** [bru:z] 명 멍 동 멍이 들(게 하)다

719 **mercy** [mə́:rsi] 명 자비

720 **missionary** [míʃənèri] 명 선교사

500 **sanitary** [sǽnitèri] 형 위생의; 위생적인

157 **seasoning** [sí:zəniŋ] 명 양념, 조미료

고1 교과서 주요 어휘 300

—

고등학교 1학년 주요 영어 **교과서 8종**을 분석하여,
자주 쓰이며 반드시 알아야 할 가장 중요한 어휘를 엄선했어요.
모두 암기해서 **내신에도 완벽하게 대비**하세요!

고1 교과서 주요 어휘 300

'단어-뜻'을 확인하고,
모르는 단어는 쓰면서 암기하세요.

001 **abandon** [əbǽndən] ⓢ 버리다, 포기하다

002 **absolute** [ǽbsəlùːt] ⓗ 완전한; 절대적인

003 **accompany** [əkʌ́mpəni] ⓢ 동행하다; 동반되다

004 **accomplish** [əkɑ́mpliʃ] ⓢ 성취하다

005 **acid** [ǽsid] ⓜ 산 ⓗ 산성의

006 **acknowledge** [əknɑ́lidʒ] ⓢ 인정하다

007 **activate** [ǽktəvèit] ⓢ 작동시키다, 활성화하다

008 **address** [ǽdres, ədrés] ⓜ 주소; 연설 ⓢ 연설하다

009 **agency** [éidʒənsi] ⓜ 대리점, 대행사; (정부) 기관

010 **aggressive** [əgrésiv] ⓗ 공격적인; 적극적인

011 **allow** [əláu] ⓢ 허락하다, 허용하다

012 **ancestor** [ǽnsestər] ⓜ 조상

013 **angle** [ǽŋgl] ⓜ 각도; 관점

014 **annoy** [ənɔ́i] ⓢ 짜증나게 하다; 귀찮게 하다

015 **annual** [ǽnjuəl] ⓗ 해마다의; 한 해의

016 **anxious** [ǽŋkʃəs] ⓗ 걱정하는; 열망하는

017 **apologize** [əpɑ́lədʒàiz] ⓢ 사과하다

018 **appearance** [əpí(ː)ərəns] ⓜ 외모, 겉모습; 출현

019 **approve** [əprúːv] ⓢ 찬성하다; 승인하다

020 **assess** [əsés] ⓢ 재다, 평가하다

021 **associate** [əsóuʃieit] ⓢ 연상하다, 연관 짓다

022 **assume** [əsú:m] ⓢ (사실이라고) 추정하다

023 **atmosphere** [ǽtməsfiər] ⓜ (지구의) 대기; 분위기

024 **attempt** [ətémpt] ⓜ 시도 ⓢ 시도하다

025 **authority** [əθɔ́:rəti] ⓜ 권한; 권위; 당국

026 **automatic** [ɔ̀:təmǽtik] ⓗ 자동의

027 **awkward** [ɔ́:kwərd] ⓗ 어색한; 곤란한

028 **barely** [bέərli] ⓑ 간신히; 거의 ~ 않게

029 **basis** [béisəs] ⓜ 기준; 근거; 기반

030 **boost** [bu:st] ⓢ 북돋우다 ⓜ 신장, 증가

031 **breed** [bri:d] ⓢ 새끼를 낳다; 사육하다 ⓜ 품종

032 **brilliant** [bríljənt] ⓗ 훌륭한, 뛰어난

033 **brochure** [brouʃúər] ⓜ (안내) 책자

034 **browse** [brauz] ⓢ 훑어보다

035 **bunch** [bʌntʃ] ⓜ 다발, 송이

036 **burst** [bə:rst] ⓢ 터지다; 터뜨리다

037 **canal** [kənǽl] ⓜ 운하, 수로

038 **capture** [kǽptʃər] ⓢ 포획하다, 포착하다

039 **carbon** [ká:rbən] ⓜ 탄소

040 **casual** [kǽʒuəl] ⓗ 태평스러운; 건성의 ⓜ 평상복

041 **cease** [siːs] ⓢ 중단되다; 중단하다

042 **ceremony** [sérəmòuni] ⓜ 의식

043 **civilization** [sìvəlizéiʃən, sìvəlaizéiʃən] ⓜ 문명

044 **claim** [kleim] ⓜ 주장; 요구 ⓢ 주장하다; 요구하다

045 **classify** [klǽsəfài] ⓢ 분류하다

046 **client** [kláiənt] ⓜ 의뢰인, 고객

047 **commit** [kəmít] ⓢ 범하다, 저지르다

048 **comparison** [kəmpǽrisən] ⓜ 비교

049 **compensate** [kámpənsèit] ⓢ 보상하다

050 **complicated** [kámpləkèitid] ⓗ 복잡한

051 **condition** [kəndíʃən] ⓜ 상태

052 **conflict** [kánflikt, kənflíkt] ⓜ 갈등 ⓢ 상충하다, 충돌하다

053 **consequence** [kánsəkwèns] ⓜ 결과

054 **conserve** [kənsə́ːrv] ⓢ 아끼다; 보존하다

055 **contract** [kántrækt] ⓜ 계약 ⓢ 계약하다

056 **convey** [kənvéi] ⓢ 전하다; 나르다

057 **convince** [kənvíns] ⓢ 납득시키다; 설득하다

058 **cooperate** [kouápərèit] ⓢ 협력하다

059 **costume** [kástuːm] ⓜ 의상; 분장

060 **council** [káunsəl] ⓜ (지방 자치) 의회

061	**creature**	[krí:tʃər]	ⓜ 생물; 창조물
062	**criminal**	[krímənəl]	ⓜ 범죄자 ⓗ 범죄의
063	**crisis**	[kráisis]	ⓜ 위기
064	**critic**	[krítik]	ⓜ 비평가, 평론가
065	**crucial**	[krú:ʃəl]	ⓗ 결정적인, 중대한
066	**decade**	[dékeid]	ⓜ 10년
067	**declare**	[diklέər]	ⓓ 선언하다
068	**decrease**	[dí:kri:s, dikrí:s]	ⓜ 감소 ⓓ 감소하다
069	**dedication**	[dèdəkéiʃən]	ⓜ 전념, 헌신
070	**defense**	[diféns]	ⓜ 방어, 수비
071	**demonstrate**	[démənstrèit]	ⓓ 증명하다; 보여 주다
072	**department**	[dipá:rtmənt]	ⓜ 부서; 학과
073	**deserve**	[dizə́:rv]	ⓓ ~할 자격이 있다
074	**despair**	[dispέər]	ⓜ 절망
075	**detail**	[díteil]	ⓜ 세부 사항
076	**discard**	[diská:rd]	ⓓ 버리다
077	**discipline**	[dísəplin]	ⓜ 규율, 훈육 ⓓ 훈육하다
078	**discovery**	[diskʌ́vəri]	ⓜ 발견
079	**dismiss**	[dismís]	ⓓ 묵살하다; 해고하다
080	**distribute**	[distríbju(:)t]	ⓓ 분배하다; 유통하다

081 **domestic** [dəméstik] ㉿ 국내의; 가정의

082 **drag** [dræg] ㉿ (힘을 들여) 끌다

083 **drought** [draut] ㉿ 가뭄

084 **durable** [dú(:)ərəbl] ㉿ 내구성이 있는, 오래가는

085 **dynamic** [dainǽmik] ㉿ 역동적인; 활발한

086 **earn** [əːrn] ㉿ (돈을) 벌다; 얻다

087 **ecosystem** [ékousìstəm] ㉿ 생태계

088 **efficiency** [ifíʃənsi] ㉿ 효율

089 **elderly** [éldərli] ㉿ 연세가 있는

090 **electricity** [ilektrísəti] ㉿ 전기

091 **elegant** [éləgənt] ㉿ 우아한, 품위 있는

092 **element** [éləmənt] ㉿ 요소, 성분; 원소

093 **eliminate** [ilímənèit] ㉿ 없애다, 제거하다

094 **embrace** [imbréis] ㉿ 껴안다; 받아들이다

095 **emerge** [imə́ːrdʒ] ㉿ 나오다; 드러나다

096 **empathy** [émpəθi] ㉿ 공감, 감정 이입

097 **enable** [inéibl] ㉿ ~을 할 수 있게 하다

098 **encounter** [inkáuntər] ㉿ 맞닥뜨리다 ㉿ 만남

099 **endure** [indúər] ㉿ 견디다, 참다

100 **enormous** [inɔ́ːrməs] ㉿ 거대한, 막대한

101	**essential** [isénʃəl]	형 필수적인; 본질적인
102	**establish** [istǽbliʃ]	동 설립하다; 확립하다
103	**estimate** [éstəmèit, éstəmit]	동 평가하다, 견적하다 명 평가, 견적
104	**evaluate** [ivǽljuèit]	동 평가하다
105	**evidence** [évidəns]	명 증거
106	**exactly** [igzǽktli]	부 정확히
107	**examine** [igzǽmin]	동 조사하다; 진찰하다
108	**exceed** [iksí:d]	동 초과하다
109	**excitement** [iksáitmənt]	명 흥분, 신남
110	**exhausted** [igzɔ́:stid]	형 지친, 기진맥진한
111	**exhibition** [èksəbíʃən]	명 전시, 전시회
112	**extend** [iksténd]	동 확장하다; 연장하다; 뻗다
113	**extent** [ikstént]	명 정도, 규모; 범위
114	**extraordinary** [ikstrɔ́:rdənèri]	형 비범한, 뛰어난
115	**facility** [fəsíləti]	명 시설
116	**failure** [féiljər]	명 실패
117	**feature** [fí:tʃər]	명 특징 동 특징을 이루다
118	**fellow** [félou]	명 동료 형 동료의
119	**fierce** [fiərs]	형 사나운
120	**fluent** [flú(:)ənt]	형 유창한

121 **flush** [flʌʃ] ⓢ 붉어지다; 물을 내리다

122 **forbid** [fərbíd] ⓢ 금지하다

123 **frequently** [fríːkwəntli] ⓟ 자주, 빈번히

124 **gain** [gein] ⓢ 얻다; 쌓다 ⓜ 이득

125 **gender** [dʒéndər] ⓜ 성별

126 **gene** [dʒiːn] ⓜ 유전자

127 **generate** [dʒénərèit] ⓢ 발생시키다

128 **genuine** [dʒénjuin] ⓗ 진짜의; 진실한

129 **geography** [dʒiágrəfi] ⓜ 지리학; 지리

130 **government** [gʌ́vərnmənt] ⓜ 정부

131 **grant** [grænt] ⓢ 주다; 인정하다 ⓜ 보조금

132 **grateful** [gréitfəl] ⓗ 감사하는

133 **grind** [graind] ⓢ 갈다, 빻다

134 **guard** [gɑːrd] ⓜ 경호원 ⓢ 지키다

135 **harbor** [háːrbər] ⓜ 항구

136 **herd** [həːrd] ⓜ (가축의) 떼

137 **heritage** [héritidʒ] ⓜ 유산, 전통

138 **historic** [histɔ́(ː)rik] ⓗ 역사상 중요한

139 **horizon** [həráizən] ⓜ 지평선, 수평선

140 **household** [háushòuld] ⓜ 가정

141	**ignore** [ignɔ́:r]	⑧ 무시하다	
142	**illusion** [ilú:ʒən]	⑲ 환상	
143	**illustrate** [íləstrèit]	⑧ 삽화를 넣다; 설명하다	
144	**impact** [ímpækt, impǽkt]	⑲ 영향; 충돌 ⑧ 영향을 주다	
145	**infant** [ínfənt]	⑲ 유아, 아기	
146	**infection** [infékʃən]	⑲ 감염, 전염병	
147	**innocent** [ínəsənt]	⑱ 무죄인, 결백한	
148	**instinct** [ínstiŋkt]	⑲ 본능; 직감	
149	**insult** [insʌ́lt, ínsʌlt]	⑧ 모욕하다 ⑲ 모욕	
150	**insurance** [inʃú(:)ərəns]	⑲ 보험	
151	**intense** [inténs]	⑱ 강렬한	
152	**investigate** [invéstəgèit]	⑧ 수사하다, 조사하다	
153	**involve** [inválv]	⑧ 수반하다; 관련시키다	
154	**launch** [lɔ:ntʃ]	⑧ 시작하다; 발사하다 ⑲ 출시; 발사	
155	**leak** [li:k]	⑧ 새다 ⑲ 누출	
156	**legend** [lédʒənd]	⑲ 전설	
157	**livestock** [láivstɑ̀k]	⑲ 가축	
158	**load** [loud]	⑲ 짐, 화물 ⑧ 싣다	
159	**magnetic** [mægnétik]	⑱ 자기의; 자석 같은	
160	**maintain** [meintéin]	⑧ 유지하다	

161	**mammal** [mǽməl]	[명] 포유동물
162	**massive** [mǽsiv]	[형] 거대한; 심각한
163	**mature** [mətjúər]	[형] 어른스러운, 성숙한; 익은
164	**means** [mi:nz]	[명] 수단, 방법
165	**mechanical** [məkǽnikəl]	[형] 기계의
166	**merely** [míərli]	[부] 단지, 그저
167	**metaphor** [métəfɔ̀:r]	[명] 비유, 은유
168	**migrate** [máigreit]	[동] 이동하다, 이주하다
169	**mineral** [mínərəl]	[명] 미네랄, 광물
170	**miserable** [mízərəbl]	[형] 비참한
171	**moderate** [mádərit]	[형] 중간의, 적당한
172	**modest** [mádist]	[형] 겸손한, 수수한
173	**monitor** [mánitər]	[명] 모니터, 화면 [동] 감시하다
174	**nerve** [nə:rv]	[명] 신경; 긴장
175	**neutral** [nú:trəl]	[형] 중립적인
176	**nuclear** [nú:kliər]	[형] 원자력의; 핵의
177	**numerous** [nú:mərəs]	[형] 많은
178	**objective** [əbdʒéktiv]	[형] 객관적인 [명] 목표
179	**observe** [əbzə́:rv]	[동] 관찰하다; 준수하다
180	**obstacle** [ábstəkl]	[명] 장애, 장애물

181 **occupy** [ákjəpài] 동 (공간, 시간을) 차지하다

182 **offend** [əfénd] 동 기분을 상하게 하다

183 **opponent** [əpóunənt] 명 상대, 적수

184 **oppose** [əpóuz] 동 반대하다

185 **optimistic** [àptəmístik] 형 낙관적인

186 **option** [ápʃən] 명 선택, 선택권

187 **orphanage** [ɔ́ːrfənidʒ] 명 고아원

188 **outcome** [áutkʌ̀m] 명 결과

189 **outstanding** [àutstǽndiŋ] 형 우수한

190 **overcome** [òuvərkʌ́m] 동 극복하다

191 **oxygen** [áksidʒən] 명 산소

192 **pale** [peil] 형 창백한; (색깔이) 옅은

193 **paradox** [pǽrədàks] 명 역설

194 **passive** [pǽsiv] 형 소극적인, 수동적인

195 **pedestrian** [pədéstriən] 명 보행자

196 **perceive** [pərsíːv] 동 인지하다

197 **permanent** [pə́ːrmənənt] 형 영구적인

198 **perspective** [pərspéktiv] 명 관점, 시각

199 **phase** [feiz] 명 단계, 국면

200 **philosophy** [filásəfi] 명 철학

201 **plain** [plein] ⓗ 분명한; 평범한 ⓜ 평원

202 **popularity** [pὰpjəlǽrəti] ⓜ 인기

203 **possess** [pəzés] ⓓ 소유하다

204 **potential** [pətén∫əl] ⓗ 잠재적인 ⓜ 잠재력

205 **practical** [prǽktikəl] ⓗ 실제적인; 실용적인

206 **precise** [prisáis] ⓗ 정밀한, 정확한

207 **prescribe** [priskráib] ⓓ 처방하다

208 **pressure** [pré∫ər] ⓜ 압력, 압박

209 **pretend** [priténd] ⓓ ~인 척하다

210 **prey** [prei] ⓜ 먹이, 사냥감

211 **primary** [práimeri] ⓗ 주된; 초기의

212 **principle** [prínsəpl] ⓜ 원칙, 원리

213 **priority** [praiɔ́(:)rəti] ⓜ 우선 사항

214 **procedure** [prəsí:dʒər] ⓜ 절차

215 **productive** [prədʌ́ktiv] ⓗ 생산하는; 생산적인

216 **proficient** [prəfí∫ənt] ⓗ 능숙한

217 **profit** [prάfit] ⓜ 이익, 수익

218 **property** [prάpərti] ⓜ 재산, 소유물

219 **proportion** [prəpɔ́:r∫ən] ⓜ 비율

220 **propose** [prəpóuz] ⓓ 제안하다; 청혼하다

221 **protective** [prətéktiv] ⓗ 보호하는

222 **punctual** [pʌ́ŋktʃuəl] ⓗ 시간을 잘 지키는

223 **racial** [réiʃəl] ⓗ 인종의

224 **random** [rǽndəm] ⓗ 무작위의, 임의의

225 **ray** [rei] ⓜ 광선

226 **reasonable** [rí:zənəbl] ⓗ 합리적인; (가격이) 적정한

227 **recover** [rikʌ́vər] ⓓ 회복하다

228 **refuse** [rifjú:z] ⓓ 거절하다, 거부하다

229 **region** [rí:dʒən] ⓜ 지역, 지방

230 **reject** [ridʒékt] ⓓ 거절하다, 거부하다

231 **relief** [rilí:f] ⓜ 안심; (고통 등의) 완화

232 **remote** [rimóut] ⓗ 외딴; (시간상) 먼

233 **renew** [rinú:] ⓓ 재개하다; 갱신하다

234 **reputation** [rèpjə(:)téiʃən] ⓜ 평판, 명성

235 **resign** [rizáin] ⓓ 사임하다

236 **resolve** [rizɑ́lv] ⓓ 해결하다; 결심하다

237 **restore** [ristɔ́:r] ⓓ 회복시키다; 복원하다

238 **retail** [rí:tèil] ⓜ 소매

239 **retreat** [ritrí:t] ⓓ 후퇴하다 ⓜ 후퇴

240 **revive** [riváiv] ⓓ 활기를 되찾다[되찾게 하다]

241 **rotate** [róuteit] ⓢ 회전하다

242 **rural** [rú(:)ərəl] ⓗ 시골의

243 **scatter** [skǽtər] ⓢ (흩)뿌리다; (뿔뿔이) 흩어지다

244 **scenery** [sí:nəri] ⓜ 경치, 풍경

245 **seek** [si:k] ⓢ 찾다; (충고 등을) 구하다

246 **seize** [si:z] ⓢ 와락 붙잡다

247 **semester** [siméstər] ⓜ 학기

248 **sensitive** [sénsətiv] ⓗ 세심한; 민감한

249 **severe** [sivíər] ⓗ 극심한; 가혹한

250 **shelter** [ʃéltər] ⓜ 주거지; 피난처; 피난

251 **shortage** [ʃɔ́:rtidʒ] ⓜ 부족

252 **signal** [sígnəl] ⓜ 신호 ⓢ 신호를 보내다

253 **significant** [signífikənt] ⓗ 중요한, 상당한

254 **slightly** [sláitli] ⓑ 약간, 조금

255 **slope** [sloup] ⓜ 경사면, 비탈

256 **solution** [səlú:ʃən] ⓜ 해결책, 해답

257 **sorrow** [sɑ́rou] ⓜ 슬픔, 비애

258 **spare** [spɛər] ⓗ 남는; 여분의

259 **spark** [spɑ:rk] ⓜ 불꽃 ⓢ 불꽃을 튀기다; 유발하다

260 **species** [spí:ʃi:z] ⓜ 종, 종류

261 **specific** [spisífik] ⓗ 구체적인; 특정한

262 **split** [split] ⓓ 나누다, 쪼개다; 분열되다

263 **stare** [stɛər] ⓓ 빤히 보다, 응시하다

264 **steady** [stédi] ⓗ 꾸준한; 안정된

265 **sticky** [stíki] ⓗ 끈적거리는

266 **stimulate** [stímjəlèit] ⓓ 자극하다

267 **strategy** [strǽtidʒi] ⓜ 전략, 계획

268 **strengthen** [stréŋkθən] ⓓ 강화하다

269 **stroke** [strouk] ⓜ (공을 치는) 타격; 뇌졸중

270 **struggle** [strʌ́gl] ⓓ 애쓰다, 분투하다 ⓜ 투쟁, 분투

271 **substance** [sʌ́bstəns] ⓜ 물질

272 **subtle** [sʌ́tl] ⓗ 미묘한

273 **suitable** [sú:təbl] ⓗ 적합한

274 **supervise** [sú:pərvàiz] ⓓ 감독하다

275 **surgery** [sə́:rdʒəri] ⓜ 수술

276 **suspect** [səspékt, sʌ́spekt] ⓓ 의심하다 ⓜ 용의자

277 **sympathy** [símpəθi] ⓜ 동정

278 **tender** [téndər] ⓗ 다정한; (음식이) 연한

279 **tension** [ténʃən] ⓜ 긴장; 긴장 상태

280 **territory** [téritɔ̀:ri] ⓜ 영토, 영역

281 **transform** [trænsfɔ́ːrm] ㉿ 바꾸다, 변형하다

282 **trap** [træp] ⓜ 덫 ㉿ 가두다; (덫으로) 잡다

283 **typical** [típikəl] ⓗ 전형적인

284 **unexpected** [ʌ̀nikspéktid] ⓗ 예기치 않은, 뜻밖의

285 **unfortunately** [ʌnfɔ́ːrtʃənitli] ⓑ 불행하게도, 유감스럽게도

286 **universal** [jùːnəvə́ːrsəl] ⓗ 보편적인

287 **upward** [ʌ́pwərd] ⓑ 위쪽으로 ⓗ 위를 향한

288 **urban** [ə́ːrbən] ⓗ 도시의

289 **utilize** [júːtəlàiz] ㉿ 활용[이용]하다

290 **virtual** [və́ːrtʃuəl] ⓗ 가상의; 사실상의

291 **vision** [víʒən] ⓜ 시력; 전망; 선견지명

292 **wage** [weidʒ] ⓜ 임금

293 **wander** [wɑ́ndər] ㉿ 돌아다니다

294 **weed** [wiːd] ⓜ 잡초

295 **whereas** [wεərǽz] ⓙ 반면에, 그러나

296 **widespread** [wáidspred] ⓗ 광범위한, 널리 퍼진

297 **wildlife** [wáildlàif] ⓜ 야생 동물

298 **witness** [wítnis] ⓜ 목격자, 증인 ㉿ 목격하다

299 **wrist** [rist] ⓜ 손목

300 **yield** [jiːld] ㉿ (수익 등을) 내다; 항복하다 ⓜ 산출량, 수확량

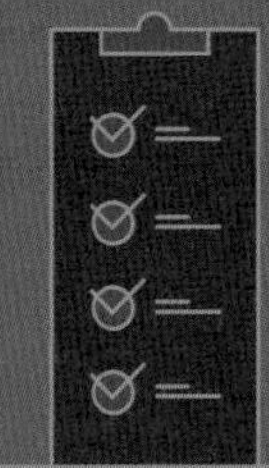

맞춰 보기

ANSWERS

Wrap Up DAY 01~05 pp. 53~54

A 01 marvel 02 diligent 03 장식하다, 꾸미다 04 envy 05 발견하다; 장소; 반점 06 belief 07 humble 08 행동하다; 처신하다 09 marriage 10 stuff

B 01 relative 02 deliver 03 satisfy 04 attractive 05 conscious

C 01 celebrated 02 seems 03 disappointed 04 furniture 05 confident

D 01 We dispose of all waste in special trash bags. 02 Julie prefers the white shoes to the black ones. 03 Do you want to have good relationships with others? 04 He devoted his attention to me.

Wrap Up DAY 06~10 pp. 95~96

A 01 ~이 들어 있다, 포함하다 02 화려한; 장식이 많은 03 영수증 04 rotten 05 학기; 기간; 용어 06 precious 07 superior 08 trend 09 알리다, 통지하다 10 영양분을 공급하다

B 01 edible 02 colleague 03 disappear 04 encourage 05 fashionable

C 01 firm 02 leftovers 03 memorize 04 quality

D 01 Eric sees a pair of soccer shoes on display. 02 Place a steak between two slices of bread to make a sandwich. 03 We acquired the ability to do amazing things with computers. 04 The writer described Nobel as the inventor of dynamite.

교과서 필수 단어 확인하기 DAY 01~10 pp. 97~98

01 ④ 02 ⑤ 03 ④ 04 ① 05 ④ 06 ③ 07 between 08 not afford to buy

01 depressed(우울한), jealous(질투하는, 시샘하는), ashamed(부끄러워하는), amazed((몹시) 놀란)는 기분이나 감정을 나타내지만, ④ standard는 '표준, 기준; 표준의'라는 뜻이다.

02 〈보기〉의 짝지어진 단어는 유의어 관계이다. ①, ②, ③, ④는 〈보기〉와 같은 유의어 관계이고, ⑤는 반의어 관계이다.

03 '기꺼이 ~하다'는 be willing to이고, 'A에게 B를 생각나게 하다'는 remind A of B이고, '이론상으로는'은 in theory이므로 빈칸에 들어갈 말이 순서대로 짝지어진 것은 ④이다.

04 ①의 밑줄 친 entrance는 '입구'의 의미로 쓰였다.

05 쌍둥이는 어울리는 옷을 입고 같은 호불호를 공유한다고 했으므로 빈칸에는 '비슷한'이라는 뜻의 ④가 들어가는 것이 자연스럽다.
해석 사람들은 일란성 쌍둥이가 모든 면에서 비슷하다고 생각한다. 그들은 어울리는 옷을 입는다. 그들은 같은 호불호를 공유한다.

06 스테이크를 다시 데워 달라고 부탁했으므로 빈칸에는 '살짝 익힌, 덜 익힌'이라는 뜻의 ③이 들어가는 것이 자연스럽다.
해석 그 식당에서 점심을 먹고 있을 때, 나는 스테이크에 만족하지 못했는데 왜냐하면 너무 덜 익어서 내가 먹을 수 없었기 때문이다. 나는 주방장에게 그것을 다시 데워 달라고 부탁했다.

07 'A와 B를 구별하다'는 distinguish between A and B로 쓰고 between이 '사이에'라는 뜻으로 쓰이므로 빈칸에 공통으로 들어갈 한 단어는 between이다.

08 '~할 여유가 있다'는 afford to로 쓰는데 문장이 부정의 의미이므로 not afford to buy를 써서 문장을 완성한다.

Wrap Up DAY 11~15 pp. 139~140

A 01 깊은 인상을 주다; 감명시키다 02 figure 03 distant 04 사실적인; 현실적인 05 depart 06 physical 07 tragedy 08 이기다; 심장이 뛰다 09 계속되는, 끊임없는 10 추상적인

B 01 delay 02 admire 03 referee 04 biography 05 reduce

C 01 revised 02 prior 03 motion 04 Reserve

D 01 The students will translate a Korean story into English. 02 Only great runners can participate in the special race. 03 If I had a million dollars, I could buy a dream car. 04 He provided volunteers with a cold pack to hold to their forehead.

교과서 필수 단어 확인하기

DAY 11~15
pp. 141~142

01 ④ 02 ③ 03 ④ 04 ② 05 ② 06 ③
07 Athletes can enhance their ability to win through training. 08 to inspire people by music played with

01 biography(전기, 일대기), mystery(추리 소설), tragedy(비극), romance(연애 소설)는 문학의 장르를 나타내지만, ④ tournament(토너먼트, 승자 진출전)는 스포츠 대회 방식을 의미한다.

02 abroad는 '해외로, 해외에서'를 뜻하므로 영영풀이로 알맞은 것은 ③이다.

03 문맥상 첫 번째 빈칸에는 '편리한'을 뜻하는 convenient, 두 번째에는 '차량'을 뜻하는 vehicle, 세 번째에는 '4분의 1'을 뜻하는 quarter, 마지막 빈칸에는 '계산하다'를 뜻하는 calculate가 알맞으므로 알맞은 단어가 아닌 것은 ④ destination이다.

04 choir는 '합창단, 성가대'를 뜻하는 단어이다. '관현악단'을 의미하는 단어는 orchestra이다.

05 '문맥'과 '맥락'의 의미를 모두 가진 단어는 ② context이다.
해석 여러분은 문맥 내에서 단어들을 볼 필요가 있다. / 이야기꾼들은 학생들에게 자료를 극적인 맥락에 넣어 제시한다.

06 '제한하다'와 '제한'의 의미를 모두 가진 단어는 ③ limit이다.
해석 여러분은 여러분의 식단에서 지방의 양을 제한해야 한다. / 이 활동의 시간제한은 10분이다.

07 ability는 ability of -ing의 형태로 쓰지 않고 to부정사를 수반하므로 ability to win으로 고쳐 써야 한다.

08 '사람들에게 영감을 주는 것은 가능하다'는 It is possible to inspire people의 형태로 쓰고 '재활용된 악기로 연주한 음악'은 music played with recycled instruments로 쓰므로 to inspire people by music played with를 써서 문장을 완성한다.

수능 유형 확인하기

DAY 01~15
pp. 143~144

| 함축 의미 파악하기 | ④

Word Check 과잉; 초과량 / 개념 / 신뢰; 신뢰하다 / 고려하다; 여기다 / 특성, 특징 / 발견하다; 장소; 반점 / 후한, 너그러운 / 극도로 / 결정; 결단력 / 즐거움, 기쁨

| 빈칸 내용 추론하기 | ⑤

Word Check 걱정; 걱정시키다 / 절망적인; 자포자기의; 필사적인 / 전문가; 전문가의; 숙련된 / 예측하다 / 제공하다, 공급하다 / 격려하다; 장려하다 / 줄이다; 감소하다 / 배달하다; (연설을) 하다

| 함축 의미 파악하기 |

세상의 모든 것들, 심지어 아주 좋은 것조차도 지나치면 좋지 않으며, 아리스토텔레스는 부족과 과잉의 중간 지점에 미덕이 있다고 주장했다. 밑줄 친 부분의 'sweet spot'은 행복을 극대화하는 지점이라고 했으므로 이것이 바로 과잉과 부족이라는 두 개의 극단의 중간을 가리키는 것이다. 따라서 밑줄 친 부분이 의미하는 바로 가장 적절한 것은 ④ '두 극단의 중간에서'이다.
① 편향된 **결정**을 내리는 시점에서
② 물질적 풍요가 있는 지역에서
③ 사회적 압박으로부터 벗어나서
⑤ 즉각적인 **즐거움**을 느끼는 순간에서

해석 인생의 거의 모든 것에 있어, 좋은 것에도 과도함이 있을 수 있다. 심지어 인생에서 최상의 것도 **과하면** 그리 좋지 않다. 이 **개념**은 아리스토텔레스 시대부터 논의되어 왔다. 그는 미덕이 있다는 것은 균형을 찾는 것을 의미한다고 주장했다. 예를 들어, 사람들은 타인을 **신뢰해야** 하지만, 만약 어떤 사람이 타인을 너무 많이 **신뢰한다**면 그들은 잘 속는 사람으로 **여겨진다**. 이러한 **특성**에 있어, 부족과 **과잉** 둘 다를 피하는 것이 최상이다. 최상의 방법은 행복을 극대화하는 '달콤한 **지점**'에서 사는 것이다.

아리스토텔레스의 제안은 미덕이 중간 지점이라는 것인데, 이는 누군가가 너무 **후하지도**, 너무 인색하지도, 너무 두려워하지도, **극도로** 용감하지도 않은 지점이다.

| 빈칸 내용 추론하기 |
방송 광고를 쉽게 건너뛸 수 있는 오늘날의 상황에서 시청자들을 광고에 좀 더 노출될 수 있게 하는 광고주들의 노력에 관한 글이다. 쿠폰을 제공하거나 유선 방송 요금을 감면해 주는 것 모두 방송 광고 노출 전쟁에서 살아남기 위한 시도라고 볼 수 있다. 따라서 빈칸에 들어갈 말로 가장 적절한 것은 ⑤ '전쟁에서 승리하다'이다.
① 사람들에게 안내하는가 ② 비용을 **줄이는가**
③ 주의 깊게 보는가
④ 어떤 상품이라도 언제든지 **배달하는가**
해석▶ 오늘날 마케팅 산업의 한 가지 실질적 **걱정**은 리모컨과 모바일 기기의 시대에서 어떻게 방송 광고 노출의[을] 전쟁에서 승리하는가이다. 이제 소비자들은 광고를 완전히 음소거하거나 건너뛸 수 있다. 어떤 광고주들은 시청자들이 그들의 광고를 건너뛰는 것을 막기 위해 자신들의 광고를 좀 더 흥미롭고 재미있게 만들려고 **필사적**이다. 반면 다른 광고주들은 그저 TV 광고를 완전히 포기해 버린다. 일부 **전문가들**은 소비자들이 그들의 메시지를 보도록 **장려하기** 위해 유선 방송 공급자와 광고주들이 결국 유인책을 **제공할** 수밖에 없을 것이라고 **예측한다**. 이러한 유인책은 쿠폰 또는 각 광고 시청에 따른 유선 방송 요금 감면의 형태를 띨 것이다.

Wrap Up DAY 16~20 pp. 185~186

A 01 chemical 02 치과의; 치아의 03 artificial 04 paralyze 05 forecast 06 이마 07 적응하다; 조정하다 08 shallow 09 옮기다; 바뀌다; 변화; 교대 근무 10 고체; 고체의; 단단한

B 01 extinct 02 survive 03 approach 04 invent 05 climate

C 01 immune 02 surfaces 03 spilled 04 experiments 05 vacuum

D 01 Researchers studied the effects of a smile on individuals during a stressful situation. 02 It is believed that paper was invented in China. 03 They reached the peak after five hours of climbing. 04 Watching too much TV can do harm to your eyes.

Wrap Up DAY 21~25 pp. 227~228

A 01 임명하다 02 deny 03 fame 04 영향을 주다; 영향 05 기원 06 소득, 수입 07 expense 08 구두의; 입의 09 occur 10 military

B 01 announce 02 modern 03 candidate 04 necessary 05 consumer

C 01 belong 02 democracy 03 exchange 04 article 05 pray

D 01 We are sure that you will be elected if you run. 02 You had better inform your friends of the concert. 03 We may have lost some of our ancient ancestors' survival skills. 04 The native people of the island consist of 12 tribes.

교과서 필수 단어 확인하기 DAY 16~25 pp. 229~230

01 ③ 02 ④ 03 ① 04 ② 05 ④ 06 ⑤
07 whisper 08 decided to do something to contribute to the world

01 underwater(물속의; 물속에서), humid(습한), tropical(열대의), steep(가파른)는 지형이나 기후를 나타내지만, ③ breathe는 '숨을 쉬다, 호흡하다'라는 뜻이다.

02 〈보기〉의 짝지어진 단어는 유의어 관계이다. ①, ②, ③, ⑤는 〈보기〉와 같이 유의어 관계이고, ④는 반의어 관계이다.

03 '한눈에, 즉시'는 at a glance이고, '~을 고집하다'는 insist on이고, '~으로 고통받다'는 suffer from이다.

04 affect는 동사로 '영향을 미치다'라는 뜻이다. '효과'를 의미하는 단어는 effect이다.

05 '희생'과 '제물'의 의미를 모두 가진 단어는 ④ sacrifice이다.
해석▶ 때때로, 타인을 돕는 것은 진정한 희생을 수반한다. / 과거에, 동물은 제물로서 신에게 바쳐졌다.

06 '주식'과 '재고'의 의미를 모두 가진 단어는 ⑤ stock 이다.
해석 주식 시장에 투자하는 것은 위험성이 있다. / 검은색 치마는 재고가 없다.

07 영영풀이의 의미는 '다른 사람들이 당신이 말하는 것을 듣지 못하도록 누군가에게 매우 조용히 말하다'이므로 빈칸에는 whisper(속삭이다)가 알맞다.

08 '~하기로 결심하다'는 decide to, '~에 기여하다'는 contribute to로 쓰며, 과거시제로 써야 하므로 decided to do something to contribute to the world를 써서 문장을 완성한다.

Wrap Up DAY 26~30 pp. 271~272

A 01 deceive 02 frankly 03 independence 04 확인하다, 알아보다 05 ~을 제외하고는 06 생산하다 07 exclude 08 다양한 09 famine 10 오염; 오염 물질

B 01 quantity 02 crime 03 while 04 international 05 addict

C 01 valid 02 homeless 03 harvest 04 Although[Though] 05 custom

D 01 Food and pets are prohibited in the museum. 02 We spent much time complaining about a lack of time. 03 Robots are good at highly repetitive simple motions. 04 Most magazines depend on advertising.

교과서 필수 단어 확인하기 DAY 26~30 pp. 273~274

01 ⑤ 02 ④ 03 ④ 04 ④ 05 ② 06 ③ 07 The two sons settled in different cities. 08 devoted his life to the independence movement

01 overseas(해외의; 해외로), international(국제적인), emigrate((타국으로) 이주하다), diplomat(외교관)은 '국가, 세계' 주제에 속하지만, ⑤ nevertheless(그럼에도 불구하고)는 '명확함을 더하는 어휘' 주제에 속한다.

02 〈보기〉의 짝지어진 단어는 '동사 - 명사'의 관계이다. ①, ②, ③, ⑤는 〈보기〉와 같은 '동사 - 명사'의 관계이고, ④는 '형용사 - 명사'의 관계이다.

03 첫 번째 빈칸에는 '토양 오염'을 뜻하도록 pollution, 두 번째에는 '교통 체증을 피하다'가 되도록 avoid, 세 번째에는 '구멍 하나를 파다'가 되도록 dig, 마지막 빈칸에는 문맥상 '사건'을 뜻하는 incident가 알맞으므로 알맞은 단어가 아닌 것은 ④ orchard이다.

04 각 문장에서 either는 '~도 또한', mostly는 '대부분', throughout은 '~ 내내', While은 '~하는 동안'을 의미하므로 의미가 올바른 것은 ④이다.

05 '수도'와 '대문자'의 의미를 모두 가진 단어는 ② capital 이다.
해석 호주의 수도는 시드니가 아니다. / 당신의 이름을 대문자로 써 주세요.

06 '농작물'과 '수확량'의 의미를 모두 가진 단어는 ③ crop 이다.
해석 농작물에 해로운 화학 물질을 사용하는 것을 멈추어야 한다. / 작년에는 우리 감자의 수확량이 아주 많았다.

07 settle은 '정착하다'라는 의미이고 어떤 장소에 정착한다고 할 때는 settle in으로 쓰므로 out을 in으로 고쳐 써야 한다.

08 '~에 일생을 바치다'는 devote one's life to로 쓰며 독립 운동은 the independence movement로 쓴다. 주어는 He이고 과거시제로 써야 하므로 devoted his life to the independence movement를 써서 문장을 완성한다.

확인하기

DAY 16~30
pp. 275~276

| 주어진 문장 위치 파악하기 | ④

Word Check 연구, 조사; 연구하다, 조사하다 / 임무; 사절단 / 공급; 보급품; 공급하다 / 생존하다; 견뎌 내다 / 표면; 수면 / 위험(성); 위태롭게 하다 / 우주 비행사 / 장치, 기구

| 요약문 완성하기 | ①

Word Check 자원 / 생산하다 / 확장하다, 팽창하다 / 경제의 / 수도; 대문자; 자본 / 장벽

| 주어진 문장 위치 파악하기 |

주어진 문장은 앞서 언급된 장애물들 때문에 무인 우주선을 이용해 연구 임무를 수행한다는 내용이므로, 장애물들에 대한 내용 다음에 오는 것이 알맞다. 따라서 주어진 문장이 들어가기에 가장 적절한 곳은 ④이다.

해석 현재, 우리는 인간을 다른 행성으로 보낼 수 없다. 한 가지 장애물은 그러한 여행이 수년이 걸릴 것이라는 점이다. 우주선은 인간이 긴 여행을 **견뎌 내는** 데 필요한 충분한 공기, 물, 그리고 다른 **보급품**을 운반할 필요가 있을 것이다. 또 다른 장애물은 극심한 열과 추위 같은 다른 행성들의 혹독한 날씨이다. 어떤 행성들은 착륙할 **표면**조차 가지고 있지 않다. 이러한 장애물들 때문에, 우주에서의 대부분의 **연구 임무**는 승무원이 탑승하지 않은 우주선을 사용해서 수행된다. 이런 탐사들은 인간의 생명에 아무런 **위험**도 제기하지 않으며 **우주 비행사들**을 포함하는 탐험보다 비용이 덜 든다. 그 우주선들은 행성들의 구성 성분과 특성을 실험하는 **기구들**을 운반한다.

| 요약문 완성하기 |

일부 개발 도상국들은 천연자원에 지나치게 의존함으로써 다른 형태의 자본을 발전시키지 못하고 이로 인해 경제 성장이 늦춰져 문제를 겪는다고 했다. 따라서 경제 활동을 '다양화하지' 않은 채 천연자원에만 의존하는 것은 경제 성장에 '장벽'이 될 수 있다는 내용이 되어야 한다. 따라서 요약문의 빈칸에 들어갈 말로 가장 적절한 것은 ①이다.

해석 일부 개발 도상국들은 자국의 천연**자원**에 지나치게 의존하는데, 이는 더 낮은 수의 다양한 제품이 **생산되는** 결과를 초래하고 성장률을 낮춘다. 호주와 미국은 자국의 **경제** 활동을 **확장함**으로써 풍부한 천연**자원**에 대한 의존에서 벗어났다. 하지만 자연 **자본**에 대한 과도한 의존은 다른 형태의 **자본**의 발전을 감소시키며 결과적으로 **경제** 성장을 늦추기 때문에 일부 개발 도상국들은 많은 문제를 겪는다.

⇨ **경제** 활동을 (A) 다양화하지 않은 채 천연**자원**에 의존하는 것은 **경제** 성장에 (B) **장벽**이 될 수 있다.

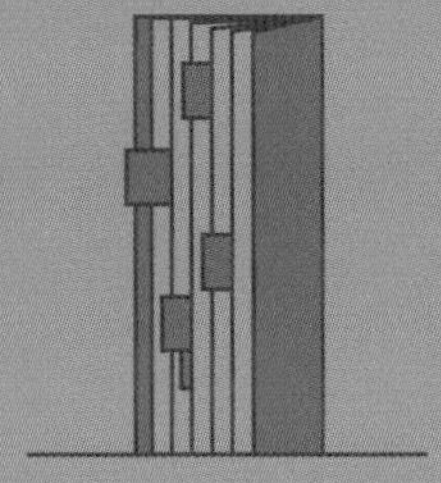

찾아보기

INDEX

D

E

F

Q

R

S

T

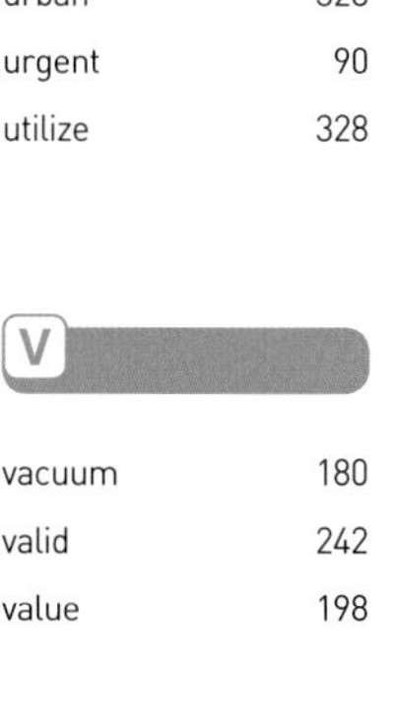

W

Y

MEMO

271	**substance**	물질
272	**subtle**	미묘한
273	**suitable**	적합한
274	**supervise**	감독하다
275	**surgery**	수술
276	**suspect**	의심하다; 용의자
277	**sympathy**	동정
278	**tender**	다정한; (음식이) 연한
279	**tension**	긴장; 긴장 상태
280	**territory**	영토, 영역
281	**transform**	바꾸다, 변형하다
282	**trap**	덫; 가두다; (덫으로) 잡다
283	**typical**	전형적인
284	**unexpected**	예기치 않은, 뜻밖의
285	**unfortunately**	불행하게도, 유감스럽게도
286	**universal**	보편적인
287	**upward**	위쪽으로; 위를 향한
288	**urban**	도시의
289	**utilize**	활용[이용]하다
290	**virtual**	가상의; 사실상의
291	**vision**	시력; 전망; 선견지명
292	**wage**	임금
293	**wander**	돌아다니다
294	**weed**	잡초
295	**whereas**	반면에, 그러나
296	**widespread**	광범위한, 널리 퍼진
297	**wildlife**	야생 동물
298	**witness**	목격자, 증인; 목격하다
299	**wrist**	손목
300	**yield**	(수익 등을) 내다; 항복하다; 산출량, 수확량

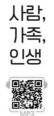

DAY 01 사람, 가족, 인생

001	**childhood**	어린 시절
002	**adopt**	입양하다; 채택하다
003	**marriage**	결혼
004	**engage**	관여하다; 약속하다; 약혼시키다
005	**pregnant**	임신한
006	**celebrate**	기념하다, 축하하다
007	**occasion**	행사; 때, 경우
008	**anniversary**	기념일
009	**individual**	개개의; 개인적인; 개인
010	**personality**	성격; 개성
011	**trait**	특성, 특징
012	**senior**	손위의; 선배의; 연장자
013	**relationship**	관계, 관련
014	**relative**	친척; 상대적인
015	**resemble**	닮다, 비슷하다
016	**treat**	대하다; 대접하다
017	**contact**	연락하다; 접촉하다; 연락; 접촉
018	**rely**	의지하다; 믿다
019	**quarrel**	말다툼; 다투다
020	**spoil**	망치다; 버릇없게 기르다
021	**experience**	경험하다; 경험
022	**succeed**	성공하다; 뒤를 잇다
023	**fate**	운명, 숙명
024	**wisdom**	지혜, 현명함
025	**capable**	~할 수 있는; 유능한
026	**challenge**	도전; 도전하다
027	**pursue**	추구하다
028	**fulfill**	이루다; 이행하다; 충족시키다
029	**funeral**	장례식
030	**grave**	무덤, 묘

DAY 02

성격, 태도

MP3

031	attitude	태도, 자세
032	confident	자신감 있는; 확신하는
033	behave	행동하다; 처신하다
034	arrogant	거만한, 건방진
035	humble	겸손한; 초라한
036	attractive	매력적인
037	characteristic	특징; 특유의
038	thoughtful	사려 깊은, 생각이 깊은
039	considerate	배려심 있는; 사려 깊은
040	patient	인내심 있는; 환자
041	sincere	진실한
042	devote	쏟다, 바치다
043	diligent	근면한, 부지런한
044	eager	열망하는; 열심인
045	honesty	정직, 솔직
046	generous	후한, 너그러운
047	respect	존경하다; 존중하다; 존경; 존중
048	graceful	우아한, 품위 있는
049	willing	기꺼이 ~하는
050	cautious	조심스러운, 신중한
051	responsible	책임이 있는
052	negative	부정적인
053	ambitious	야심적인
054	cruel	잔인한, 무자비한
055	odd	이상한; 홀수의; 이따금의
056	energetic	활기 있는, 정력적인
057	resist	저항하다; 견디다
058	withstand	견디다, 버티다
059	keen	열심인; 예민한
060	hostile	적대적인; 반대하는

241	rotate	회전하다
242	rural	시골의
243	scatter	(흩)뿌리다; (뿔뿔이) 흩어지다
244	scenery	경치, 풍경
245	seek	찾다; (충고 등을) 구하다
246	seize	와락 붙잡다
247	semester	학기
248	sensitive	세심한; 민감한
249	severe	극심한; 가혹한
250	shelter	주거지; 피난처; 피난
251	shortage	부족
252	signal	신호; 신호를 보내다
253	significant	중요한, 상당한
254	slightly	약간, 조금
255	slope	경사면, 비탈
256	solution	해결책, 해답
257	sorrow	슬픔, 비애
258	spare	남는; 여분의
259	spark	불꽃; 불꽃을 튀기다; 유발하다
260	species	종, 종류
261	specific	구체적인; 특정한
262	split	나누다, 쪼개다; 분열되다
263	stare	빤히 보다, 응시하다
264	steady	꾸준한; 안정된
265	sticky	끈적거리는
266	stimulate	자극하다
267	strategy	전략, 계획
268	strengthen	강화하다
269	stroke	(공을 치는) 타격; 뇌졸중
270	struggle	애쓰다, 분투하다; 투쟁, 분투

211	primary	주된; 초기의
212	principle	원칙, 원리
213	priority	우선 사항
214	procedure	절차
215	productive	생산하는; 생산적인
216	proficient	능숙한
217	profit	이익, 수익
218	property	재산, 소유물
219	proportion	비율
220	propose	제안하다; 청혼하다
221	protective	보호하는
222	punctual	시간을 잘 지키는
223	racial	인종의
224	random	무작위의, 임의의
225	ray	광선
226	reasonable	합리적인; (가격이) 적정한
227	recover	회복하다
228	refuse	거절하다, 거부하다
229	region	지역, 지방
230	reject	거절하다, 거부하다
231	relief	안심; (고통 등의) 완화
232	remote	외딴; (시간상) 먼
233	renew	재개하다; 갱신하다
234	reputation	평판, 명성
235	resign	사임하다
236	resolve	해결하다; 결심하다
237	restore	회복시키다; 복원하다
238	retail	소매
239	retreat	후퇴하다; 후퇴
240	revive	활기를 되찾다[되찾게 하다]

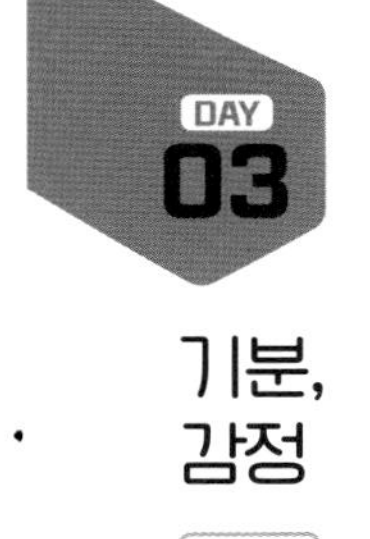

DAY 03 기분, 감정

061	concern	걱정; 걱정시키다
062	relieve	(고통 등을) 덜다; 안도하게 하다
063	appreciate	고마워하다; 감상하다
064	disappointed	실망한
065	comfort	안락, 편안; 위로하다
066	pleasant	즐거운, 쾌적한
067	depressed	우울한; 불경기의
068	temper	기질, 성질; 화
069	frighten	겁먹게 하다
070	desperate	절망적인; 자포자기의; 필사적인
071	satisfy	만족시키다
072	embarrass	당황하게 하다
073	emotion	감정
074	envy	부러워하다; 부러움, 샘
075	jealous	질투하는, 시샘하는
076	ashamed	부끄러워하는
077	panic	공포에 질리다; 극심한 공포, 공황
078	fascinate	마음을 빼앗다
079	regret	유감스럽게 생각하다; 후회하다; 유감; 후회
080	complain	불평하다
081	mood	기분; 분위기
082	amazed	(몹시) 놀란
083	frustrate	좌절시키다
084	pride	자부심, 긍지
085	weep	울다, 눈물을 흘리다
086	resent	분개하다; 원망하다
087	disgust	역겨움, 혐오감; 역겹게 하다
088	amuse	즐겁게 하다
089	marvel	경탄하다, 놀라다; 놀라운 일
090	irritate	짜증나게 하다

DAY 04

생각, 사고

MP3

091	define	정의하다
092	explain	설명하다
093	aware	알고 있는
094	belief	믿음, 신념
095	trust	신뢰; 신뢰하다
096	certain	확신하는; 확실한; 어떤
097	prefer	더 좋아하다, 선호하다
098	conclude	결론을 내리다; 끝내다
099	suppose	가정하다; 추측하다
100	conscious	의식적인; 의식하는; 의식이 있는
101	concentrate	집중하다
102	determine	결정하다
103	predict	예측하다
104	consider	고려하다; 여기다
105	regard	여기다; 고려
106	distinguish	구별하다
107	remind	생각나게 하다
108	prejudice	편견
109	seem	~처럼 보이다, ~인 것 같다
110	intend	의도하다
111	rational	합리적인, 이성적인
112	decision	결정; 결단력
113	hesitate	망설이다, 주저하다
114	doubt	의심; 의심하다
115	recognize	알아보다; 인정하다
116	realize	깨닫다; 실현하다
117	recall	떠올리다, 기억해 내다
118	anticipate	예상하다; 기대하다
119	misunderstand	오해하다
120	meditate	명상하다

181	occupy	(공간, 시간을) 차지하다
182	offend	기분을 상하게 하다
183	opponent	상대, 적수
184	oppose	반대하다
185	optimistic	낙관적인
186	option	선택, 선택권
187	orphanage	고아원
188	outcome	결과
189	outstanding	우수한
190	overcome	극복하다
191	oxygen	산소
192	pale	창백한; (색깔이) 옅은
193	paradox	역설
194	passive	소극적인, 수동적인
195	pedestrian	보행자
196	perceive	인지하다
197	permanent	영구적인
198	perspective	관점, 시각
199	phase	단계, 국면
200	philosophy	철학
201	plain	분명한; 평범한; 평원
202	popularity	인기
203	possess	소유하다
204	potential	잠재적인; 잠재력
205	practical	실제적인; 실용적인
206	precise	정밀한, 정확한
207	prescribe	처방하다
208	pressure	압력, 압박
209	pretend	~인 척하다
210	prey	먹이, 사냥감

일상

121	alarm	경보; 경보기; 자명종
122	deliver	배달하다; (연설을) 하다
123	furniture	가구
124	tidy	깔끔한, 정돈된
125	repair	수리하다; 수리
126	decorate	장식하다, 꾸미다
127	architecture	건축학; 건축 양식
128	stuff	물건, 것; 채워 넣다
129	mess	엉망진창; 어질러 놓다
130	pile	쌓다; 쌓이다; 더미
131	mop	(대걸레로) 닦다; 대걸레
132	wipe	닦다
133	sweep	쓸다, 청소하다; 쓸기
134	dispose	처리하다; 배치하다
135	chore	집안일, 잡일
136	entrance	입구; 입장; 입학
137	interior	내부의, 실내의; 내부
138	request	요청; 요청하다
139	manual	설명서; 수동의
140	spot	발견하다; 장소; 반점
141	routine	일과; 일상의
142	necessity	필요(성); 필수품
143	sheet	(종이) 한 장; (침대) 시트
144	sort	종류; 분류하다
145	aisle	통로
146	stable	안정적인, 안정된
147	appliance	(가정용) 기구, 전기 제품
148	edge	끝, 가장자리; (칼 등의) 날
149	polish	닦다, 윤내다; 광택; 광택제
150	stain	얼룩; 얼룩지다

151	intense	강렬한
152	investigate	수사하다, 조사하다
153	involve	수반하다; 관련시키다
154	launch	시작하다; 발사하다; 출시; 발사
155	leak	새다; 누출
156	legend	전설
157	livestock	가축
158	load	짐, 화물; 싣다
159	magnetic	자기의; 자석 같은
160	maintain	유지하다
161	mammal	포유동물
162	massive	거대한; 심각한
163	mature	어른스러운, 성숙한; 익은
164	means	수단, 방법
165	mechanical	기계의
166	merely	단지, 그저
167	metaphor	비유, 은유
168	migrate	이동하다, 이주하다
169	mineral	미네랄, 광물
170	miserable	비참한
171	moderate	중간의, 적당한
172	modest	겸손한, 수수한
173	monitor	모니터, 화면; 감시하다
174	nerve	신경; 긴장
175	neutral	중립적인
176	nuclear	원자력의; 핵의
177	numerous	많은
178	objective	객관적인; 목표
179	observe	관찰하다; 준수하다
180	obstacle	장애, 장애물

DAY 06

요리, 맛

MP3

151	**nutrition**	영양; 영양분
152	**variety**	여러 가지; 다양성
153	**dairy**	유제품; 유제품의
154	**grocery**	식료품; 식료품점
155	**leftover**	남은 음식; 남은
156	**vegetarian**	채식(주의)의; 채식주의자
157	**seasoning**	양념, 조미료
158	**blend**	섞다; 섞이다
159	**stir**	휘젓다, 뒤섞다
160	**chop**	잘게 썰다, 다지다
161	**roast**	굽다; 볶다; 구운
162	**slice**	(얇게 썬) 조각; 얇게 썰다
163	**cuisine**	요리; 요리법
164	**content**	내용(물); 함량; 목차
165	**ingredient**	재료; (구성) 요소
166	**spinach**	시금치
167	**paste**	반죽; 풀; 풀로 붙이다
168	**tray**	쟁반
169	**essence**	본질; 에센스, 진액
170	**nourish**	영양분을 공급하다
171	**rare**	살짝 익힌; 드문
172	**ripe**	익은
173	**swallow**	삼키다
174	**starve**	굶주리다; 굶어 죽다
175	**sustain**	살아가게 하다; 지속하다
176	**flavor**	맛, 풍미; 맛을 내다
177	**awful**	끔찍한, 지독한
178	**edible**	먹을 수 있는
179	**scent**	냄새, 향기
180	**rotten**	썩은, 부패한

121	**flush**	붉어지다; 물을 내리다
122	**forbid**	금지하다
123	**frequently**	자주, 빈번히
124	**gain**	얻다; 쌓다; 이득
125	**gender**	성별
126	**gene**	유전자
127	**generate**	발생시키다
128	**genuine**	진짜의; 진실한
129	**geography**	지리학; 지리
130	**government**	정부
131	**grant**	주다; 인정하다; 보조금
132	**grateful**	감사하는
133	**grind**	갈다, 빻다
134	**guard**	경호원; 지키다
135	**harbor**	항구
136	**herd**	(가축의) 떼
137	**heritage**	유산, 전통
138	**historic**	역사상 중요한
139	**horizon**	지평선, 수평선
140	**household**	가정
141	**ignore**	무시하다
142	**illusion**	환상
143	**illustrate**	삽화를 넣다; 설명하다
144	**impact**	영향; 충돌; 영향을 주다
145	**infant**	유아, 아기
146	**infection**	감염, 전염병
147	**innocent**	무죄인, 결백한
148	**instinct**	본능; 직감
149	**insult**	모욕하다; 모욕
150	**insurance**	보험

091	**elegant**	우아한, 품위 있는
092	**element**	요소, 성분; 원소
093	**eliminate**	없애다, 제거하다
094	**embrace**	껴안다; 받아들이다
095	**emerge**	나오다; 드러나다
096	**empathy**	공감, 감정 이입
097	**enable**	~을 할 수 있게 하다
098	**encounter**	맞닥뜨리다; 만남
099	**endure**	견디다, 참다
100	**enormous**	거대한, 막대한
101	**essential**	필수적인; 본질적인
102	**establish**	설립하다; 확립하다
103	**estimate**	평가하다, 견적하다; 평가, 견적
104	**evaluate**	평가하다
105	**evidence**	증거
106	**exactly**	정확히
107	**examine**	조사하다; 진찰하다
108	**exceed**	초과하다
109	**excitement**	흥분, 신남
110	**exhausted**	지친, 기진맥진한
111	**exhibition**	전시, 전시회
112	**extend**	확장하다; 연장하다; 뻗다
113	**extent**	정도, 규모; 범위
114	**extraordinary**	비범한, 뛰어난
115	**facility**	시설
116	**failure**	실패
117	**feature**	특징; 특징을 이루다
118	**fellow**	동료; 동료의
119	**fierce**	사나운
120	**fluent**	유창한

쇼핑, 의복

181	**afford**	(~할) 여유가 있다
182	**purchase**	구입, 구매; 구입하다
183	**label**	상표; 꼬리표
184	**display**	전시, 진열; 전시하다, 진열하다
185	**luxury**	사치품의; 사치품; 호화로움
186	**trend**	경향; 유행
187	**offer**	제공하다; 제안, 제공
188	**quality**	질, 품질; 질 좋은
189	**receipt**	영수증
190	**refund**	환불; 환불하다
191	**guarantee**	보증, 보증서; 보장하다
192	**merchandise**	상품
193	**fashionable**	유행하는
194	**formal**	격식을 차린; 공식적인
195	**fancy**	화려한; 장식이 많은
196	**fabric**	직물, 천
197	**leather**	가죽
198	**stripe**	줄무늬
199	**tight**	꽉 끼는; (고정이) 단단한; 꽉
200	**loose**	헐렁한, 느슨한; 풀린
201	**length**	길이; 기간
202	**alter**	바꾸다, 고치다
203	**mend**	수선하다, 고치다
204	**trousers**	바지
205	**thread**	실; (실을) 꿰다
206	**sew**	바느질하다, 꿰매다
207	**stitch**	꿰매다; 바늘땀
208	**fade**	(색이) 바래다; 서서히 사라지다
209	**collar**	칼라, 깃
210	**detergent**	세제

DAY 08

학교, 교육

MP3

211	academic	학업의; 학구적인
212	lecture	강의, 강연; 강의하다
213	dormitory	기숙사
214	encourage	격려하다; 장려하다
215	submit	제출하다
216	suspend	정학시키다; 중지하다
217	scholarship	장학금; 학식
218	counsel	상담하다; 상담
219	pupil	학생; 눈동자
220	improve	향상하다; 개선되다
221	educate	교육하다
222	instruct	가르치다; 지시하다
223	emphasize	강조하다
224	acquire	얻다, 습득하다
225	knowledge	지식
226	concept	개념
227	term	학기; 기간; 용어
228	motivate	동기를 부여하다
229	intellectual	지적인, 지성의; 지식인
230	insight	통찰력, 식견
231	memorize	암기하다
232	reward	보답하다, 보상하다; 보상
233	institute	협회, 기관; 대학
234	logic	논리
235	refer	가리키다; 참조하다; 언급하다
236	theory	이론
237	standard	표준, 기준; 표준의
238	register	등록하다
239	certificate	증명서; 자격증
240	literal	문자 그대로의

061	creature	생물; 창조물
062	criminal	범죄자; 범죄의
063	crisis	위기
064	critic	비평가, 평론가
065	crucial	결정적인, 중대한
066	decade	10년
067	declare	선언하다
068	decrease	감소; 감소하다
069	dedication	전념, 헌신
070	defense	방어, 수비
071	demonstrate	증명하다; 보여 주다
072	department	부서; 학과
073	deserve	~할 자격이 있다
074	despair	절망
075	detail	세부 사항
076	discard	버리다
077	discipline	규율, 훈육; 훈육하다
078	discovery	발견
079	dismiss	묵살하다; 해고하다
080	distribute	분배하다; 유통하다
081	domestic	국내의; 가정의
082	drag	(힘을 들여) 끌다
083	drought	가뭄
084	durable	내구성이 있는, 오래가는
085	dynamic	역동적인; 활발한
086	earn	(돈을) 벌다; 얻다
087	ecosystem	생태계
088	efficiency	효율
089	elderly	연세가 있는
090	electricity	전기

031	breed	새끼를 낳다; 사육하다; 품종
032	brilliant	훌륭한, 뛰어난
033	brochure	(안내) 책자
034	browse	훑어보다
035	bunch	다발, 송이
036	burst	터지다; 터뜨리다
037	canal	운하, 수로
038	capture	포획하다, 포착하다
039	carbon	탄소
040	casual	태평스러운; 건성의; 평상복
041	cease	중단되다; 중단하다
042	ceremony	의식
043	civilization	문명
044	claim	주장; 요구; 주장하다; 요구하다
045	classify	분류하다
046	client	의뢰인, 고객
047	commit	범하다, 저지르다
048	comparison	비교
049	compensate	보상하다
050	complicated	복잡한
051	condition	상태
052	conflict	갈등; 상충하다, 충돌하다
053	consequence	결과
054	conserve	아끼다; 보존하다
055	contract	계약; 계약하다
056	convey	전하다; 나르다
057	convince	납득시키다; 설득하다
058	cooperate	협력하다
059	costume	의상; 분장
060	council	(지방 자치) 의회

회사, 사회생활

241	firm	회사; 단단한; 확고한
242	employ	고용하다
243	assign	맡기다, 배정하다
244	career	직업; 경력
245	profession	직업, 전문직
246	application	지원, 지원서; 적용
247	manage	관리하다, 경영하다; 용케 해내다
248	confirm	확인해 주다; 확정하다
249	promote	승진시키다
250	commute	통근; 통근하다
251	purpose	목적
252	labor	노동
253	achieve	이루다, 성취하다
254	obtain	얻다, 획득하다
255	license	면허, 자격증
256	document	서류, 문서
257	attach	붙이다, 첨부하다
258	notify	알리다, 통지하다
259	qualify	자격을 주다; 자격을 얻다
260	replace	대신하다; 교체하다
261	quit	그만두다; 떠나다
262	retire	은퇴하다
263	undertake	떠맡다, 착수하다
264	task	일, 과업
265	expert	전문가; 전문가의; 숙련된
266	colleague	동료
267	superior	우수한; 상관의; 윗사람; 상사
268	clerk	사무원, 직원; 점원
269	secretary	비서
270	personnel	직원; 인사과

DAY 10

상황·사물 묘사

271	describe	묘사하다
272	situation	상황
273	disappear	사라지다
274	sudden	갑작스러운
275	brief	잠시의; 간결한
276	flexible	유연한, 융통성 있는
277	alike	비슷한; 비슷하게
278	definite	확실한, 명확한
279	distinct	뚜렷한; 별개의
280	obvious	명백한, 분명한
281	apparent	명백한; 외관상의
282	particular	특정한; 특별한
283	contain	~이 들어 있다, 포함하다
284	separate	분리하다; 분리된
285	object	물체; 목표; 반대하다
286	unusual	보통이 아닌, 특이한
287	precious	귀중한; 값비싼
288	appropriate	적절한
289	delicate	깨지기 쉬운; 섬세한; 미묘한
290	similar	비슷한, 유사한
291	fundamental	근본적인; 주요한
292	urgent	긴급한; 다급한
293	ridiculous	우스운, 어리석은
294	faint	희미한; 어지러운; 기절하다
295	soak	담그다; 흠뻑 적시다
296	ultimate	궁극적인, 최후의
297	sufficient	충분한
298	compact	소형의; 빽빽한
299	haste	서두름, 급함
300	monotonous	단조로운

고1

교과서 주요 어휘 300

001	abandon	버리다, 포기하다
002	absolute	완전한; 절대적인
003	accompany	동행하다; 동반되다
004	accomplish	성취하다
005	acid	산; 산성의
006	acknowledge	인정하다
007	activate	작동시키다, 활성화하다
008	address	주소; 연설; 연설하다
009	agency	대리점, 대행사; (정부) 기관
010	aggressive	공격적인; 적극적인
011	allow	허락하다, 허용하다
012	ancestor	조상
013	angle	각도; 관점
014	annoy	짜증나게 하다; 귀찮게 하다
015	annual	해마다의; 한 해의
016	anxious	걱정하는; 열망하는
017	apologize	사과하다
018	appearance	외모, 겉모습; 출현
019	approve	찬성하다; 승인하다
020	assess	재다, 평가하다
021	associate	연상하다, 연관 짓다
022	assume	(사실이라고) 추정하다
023	atmosphere	(지구의) 대기; 분위기
024	attempt	시도; 시도하다
025	authority	권한; 권위; 당국
026	automatic	자동의
027	awkward	어색한; 곤란한
028	barely	간신히; 거의 ~ 않게
029	basis	기준; 근거; 기반
030	boost	북돋우다; 신장, 증가

DAY 30

명확함을 더하는 어휘

871	while	~하는 동안; ~인 데 반하여; 잠시
872	whether	~인지 (어떤지); ~이든 (아니든)
873	although	비록 ~일지라도
874	therefore	그러므로, 따라서
875	likely	~할 것 같은; 있음직한
876	except	~을 제외하고는
877	hardly	거의 ~ 않다
878	throughout	~ 내내; ~의 도처에
879	either	~도 또한; (둘 중) 어느 하나(의)
880	rather	오히려; 꽤
881	indeed	실로, 참으로; 실은
882	instance	사례, 경우
883	due	~으로 인한; ~할 예정인
884	yet	아직; 벌써; 하지만
885	nevertheless	그럼에도 불구하고
886	besides	게다가; ~ 외에도
887	moreover	게다가, 더욱이
888	furthermore	게다가, 더군다나
889	contrary	반대되는; 정반대
890	frankly	솔직히
891	mostly	대부분; 주로
892	highly	매우
893	badly	몹시; 나쁘게, 서투르게
894	despite	~에도 불구하고
895	scarcely	거의 ~ 않다; 간신히
896	meanwhile	그 동안에; 한편
897	otherwise	그렇지 않으면; 달리
898	likewise	마찬가지로
899	fairly	상당히; 공정하게
900	forth	앞으로; 밖으로

DAY 11

수량, 순서, 범위

301	million	백만; 백만의
302	average	평균; 평균의
303	quarter	4분의 1
304	calculate	계산하다
305	figure	수치, 숫자; 인물
306	considerable	상당한, 꽤 많은
307	abundant	풍부한
308	constant	지속적인; 변함없는
309	continuous	계속되는, 끊임없는
310	entire	전체의; 완전한
311	medium	중간의; 매체
312	limit	제한; 한계; 제한하다
313	excess	과잉; 초과량
314	increase	증가하다; 늘리다; 증가
315	diminish	줄다; 약화시키다
316	gradual	점진적인
317	multiply	곱하다; 크게 증가시키다
318	forward	앞으로
319	reduce	줄이다; 감소하다
320	backward	뒤로; 거꾸로
321	afterward	나중에, 후에
322	recent	최근의
323	current	현재의; 통용되는; 흐름
324	temporary	일시적인, 임시의
325	former	전자의; 이전의
326	previous	이전의, 앞서의
327	prior	이전의; 우선하는
328	range	범위; 범위가 ~이다
329	category	범주
330	scale	규모; 눈금; 저울

DAY 12

여행, 교통

331	baggage	(여행용) 짐, 수하물
332	abroad	해외로, 해외에서
333	provide	제공하다, 공급하다
334	accommodation	숙박 시설
335	reserve	예약하다; 남겨 두다
336	voyage	항해, 여행
337	available	이용할 수 있는
338	convenient	편리한
339	aboard	(배·기차·비행기 등에) 탑승한
340	passenger	승객
341	depart	떠나다, 출발하다
342	delay	지연시키다; 지연
343	destination	목적지
344	cabin	(항공기·배의) 객실, 선실; 오두막
345	crew	승무원
346	locate	(~에 위치를) 두다; (위치를) 알아내다
347	navigate	길을 찾다; 항해하다
348	path	길
349	distant	먼, 멀리 떨어진
350	nearby	근처의; 근처에
351	downtown	도심; 도심의; 도심으로
352	district	구역, 지구
353	transport	수송; 수송 수단; 수송하다
354	vehicle	차량, 운송 수단
355	express	급행의; 급행
356	transfer	갈아타다; 전학시키다; 환승; 이동
357	platform	승강장; 연단
358	sail	항해하다; 돛
359	lighthouse	등대
360	bump	부딪치다; 요철; 혹

DAY 29

국가, 세계

841	capital	수도; 대문자; 자본
842	native	원주민의; 출생지의
843	independence	독립
844	custom	관습; 세관
845	invade	침략하다, 침입하다
846	state	주(洲); 상태; 진술하다
847	minority	소수 집단; 소수
848	ethnic	민족의
849	border	국경; 가장자리
850	boundary	경계; 한계
851	barrier	장벽
852	colony	식민지
853	internal	국내의; 내부의
854	international	국제적인
855	overseas	해외의; 해외로
856	export	수출하다; 수출; 수출품
857	support	지원하다; 지지하다; 지원
858	assist	돕다, 원조하다
859	issue	문제, 쟁점; 발행하다
860	diverse	다양한
861	unite	연합하다, 통합하다
862	unify	통합하다, 단일화하다
863	integrate	통합하다; 통합되다
864	interfere	간섭하다
865	conference	회의, 회담
866	emigrate	(타국으로) 이주하다
867	immigrate	(타국에서) 이주해 오다
868	globalize	세계화하다
869	reside	거주하다
870	diplomat	외교관

DAY 28

사회 문제

MP3

811	equal	평등한; 같은; 같다
812	population	인구; 집단
813	balance	균형; 균형을 잡다
814	poverty	가난, 빈곤
815	homeless	집 없는
816	lack	부족; ~이 없다
817	protest	항의하다; 항의
818	prevent	예방하다, 막다
819	avoid	피하다; 막다
820	secure	안전한
821	settle	정착하다; 해결하다; 결정하다
822	isolate	고립시키다; 격리하다
823	confuse	혼란시키다; 혼동하다
824	strict	엄격한
825	contrast	대조, 차이; 대조하다
826	moral	도덕적인
827	refuge	피난처; 피난
828	arise	생기다, 발생하다
829	gap	격차; 틈
830	collapse	무너지다; 붕괴
831	bother	귀찮게 하다; 애를 쓰다
832	disturb	방해하다
833	exclude	제외하다
834	neglect	방치하다; 소홀히 하다
835	incident	일, 사건
836	restrict	제한하다
837	manipulate	조종하다
838	stereotype	고정 관념
839	addict	중독자
840	famine	기근, 굶주림

운동, 스포츠

361	physical	신체의; 물질적인
362	sweat	땀을 흘리다; 땀
363	effective	효과적인
364	rapid	빠른, 신속한
365	motion	운동; 동작
366	aim	목표, 목적
367	ability	능력; 재능
368	technique	기술; 기법
369	participate	참가하다, 참여하다
370	compete	경쟁하다; (시합에) 참가하다
371	award	상; 수여하다
372	entry	참가; 입장
373	honor	영광; 명예; 경의를 표하다
374	opportunity	기회
375	rank	(순위를) 매기다; 차지하다; 계급
376	extremely	극도로
377	remarkable	주목할 만한
378	thrill	열광시키다; 황홀감, 전율
379	passion	열정
380	spectator	관중
381	beat	이기다; 심장이 뛰다
382	rival	경쟁자
383	bet	확신하다; 돈을 걸다; 내기
384	warn	경고하다
385	referee	심판
386	foul	반칙하다; 반칙, 파울
387	penalty	벌칙; 벌금; 형벌
388	whistle	호루라기; 휘파람; 호각을 불다
389	amateur	아마추어, 비전문가; 아마추어의
390	tournament	토너먼트, 승자 진출전

DAY 14

문화, 예술

MP3

391	cultural	문화의, 문화적인
392	parade	퍼레이드, 행진; 행진하다
393	enjoyable	즐거운
394	entertain	즐겁게 하다
395	impress	깊은 인상을 주다; 감명시키다
396	incredible	놀라운, 대단한; 믿을 수 없는
397	inspire	영감을 주다; 고무하다
398	applaud	박수 치다; 칭찬하다
399	orchestra	오케스트라, 관현악단
400	choir	합창단, 성가대
401	chorus	합창단; 합창; 후렴
402	tune	곡조, 선율; (악기의) 음을 맞추다
403	instrument	악기; 기구
404	compose	작곡하다; 작문하다; 구성하다
405	conduct	지휘하다; (특정 활동을) 하다
406	imitate	모방하다; 흉내 내다
407	copyright	저작권
408	theme	주제, 테마
409	abstract	추상적인
410	landscape	풍경; 풍경화
411	admire	감탄하다; 존경하다
412	masterpiece	걸작, 명작
413	cast	출연진; 거푸집; 배역을 정하다
414	perform	공연하다; 실행하다
415	interval	(연극 등의) 휴식 시간; 간격
416	craft	(수)공예; 기술
417	carve	조각하다; 새기다
418	priceless	아주 귀중한, 값을 매길 수 없는
419	merit	가치; 장점
420	noble	고귀한; 귀족의

DAY 27

범죄, 법

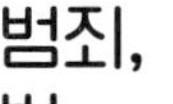

MP3

781	crime	범죄
782	guilty	유죄의; 죄책감이 드는
783	threat	위협, 협박
784	victim	피해자, 희생자
785	violate	위반하다; 침해하다
786	violent	폭력적인; 격렬한
787	abuse	남용; 학대; 남용하다; 학대하다
788	admit	인정하다; (입장 등을) 허가하다
789	confess	자백하다, 고백하다
790	murder	살해하다; 살인
791	deceive	속이다
792	identify	확인하다, 알아보다
793	clue	단서, 실마리
794	patrol	순찰대; 순찰; 순찰하다
795	robbery	강도
796	illegal	불법의, 위법의
797	prohibit	금지하다
798	permit	허용하다
799	arrest	체포하다; 체포
800	require	요구하다; 필요로 하다
801	detect	감지하다; 발견하다
802	sentence	형벌; 문장; 선고하다
803	valid	유효한; 타당한
804	regulation	규정; 규제; 조절
805	inquire	묻다, 조사하다
806	accuse	고발하다; 비난하다
807	sue	고소하다, 소송을 제기하다
808	confine	제한하다; 가두다
809	appeal	항소하다; 호소하다; 항소; 호소
810	trial	재판; 시행

DAY 26

산업, 농업

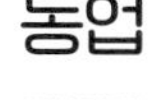

MP3

751	industry	산업, 공업
752	produce	생산하다
753	develop	개발하다; 발전하다〔시키다〕
754	progress	진전되다; 전진하다; 진행
755	resource	자원
756	pollution	오염; 오염 물질
757	depend	의존하다; (~에) 달려 있다
758	material	재료; 자료; 물질적인
759	expand	확장하다, 팽창하다
760	remove	제거하다; 치우다
761	operate	작동하다; 운영하다; 수술하다
762	manufacture	제조하다; 제조; 제품
763	supply	공급; 보급품; 공급하다
764	quantity	양
765	output	생산량; 출력
766	construct	건설하다; 구성하다
767	modify	수정하다
768	assemble	조립하다; 모이다
769	concrete	콘크리트로 된; 구체적인; 콘크리트
770	agriculture	농업, 농사
771	crop	농작물; 수확량
772	harvest	수확하다; 수확; 수확량
773	grain	곡물, 낟알
774	dig	(구멍을) 파다; 캐다
775	cultivate	재배하다; 일구다
776	crush	으깨다, 찌그러뜨리다
777	wheat	밀
778	refine	정제하다; 개선하다
779	orchard	과수원
780	pasture	목초지

DAY 15

문학

MP3

421	literature	문학
422	publish	출판하다; 발표하다
423	author	저자, 작가
424	poet	시인
425	fiction	소설; 허구
426	tragedy	비극
427	realistic	사실적인; 현실적인
428	mystery	추리 소설; 불가사의, 미스터리
429	biography	전기, 일대기
430	imagine	상상하다
431	pleasure	즐거움, 기쁨
432	symbol	상징; 기호
433	interpret	해석하다; 통역하다
434	translate	번역하다; 해석하다
435	saying	속담, 격언
436	context	맥락, 문맥
437	imply	내포하다; 암시하다
438	revise	수정하다, 개정하다
439	classic	일류의; 고전의; 고전
440	paragraph	단락
441	phrase	구; 관용구
442	outline	개요; 윤곽; 간단히 설명하다
443	summarize	요약하다
444	version	~판, 버전, 변형
445	romance	연애 소설; 로맨스
446	rhyme	(각)운; 운을 맞추다
447	monologue	독백
448	narrator	서술자, 내레이터
449	index	색인; 지수, 지표
450	subtitle	자막; 부제; 자막을〔부제를〕 달다

DAY 16

신체, 행동

MP3

451	facial	얼굴의
452	muscle	근육; 근력
453	wrinkle	주름; 주름이 생기다
454	chest	가슴; 상자
455	forehead	이마
456	thigh	허벅지
457	breathe	숨을 쉬다, 호흡하다
458	receive	받다
459	whisper	속삭이다; 속삭임
460	grab	움켜쥐다, 잡아채다; 잡아채기
461	rush	서두르다; 서두름
462	expose	드러내다, 노출시키다; 폭로하다
463	pronounce	발음하다
464	approach	접근(법); 다가가다, 접근하다
465	glance	흘긋 봄; 흘긋 보다
466	chase	뒤쫓다; 추구하다; 추적; 추구
467	spill	엎지르다; 엎질러지다; 유출
468	lean	기울이다; 기대다
469	tap	톡톡 두드리다; 두드리기
470	bind	묶다; 감다; 결속하다
471	fasten	매다; 잠그다; 고정하다
472	twist	구부리다; 비틀다; 삐다
473	clap	박수를 치다; 박수, 박수 소리
474	squeeze	짜다; 짜기
475	shift	옮기다; 바뀌다; 변화; 교대 근무
476	pitch	내던지다; 투구하다; 투구
477	tremble	떨다; 떨리다; 떨림
478	deed	행위, 행동
479	shave	면도하다; 면도
480	spit	(침 등을) 뱉다; 침; 뱉기

DAY 25

미디어, 소통

MP3

721	advertise	광고하다
722	audience	관객, 청중
723	article	기사
724	announce	발표하다, 알리다
725	broadcast	방송; 방송하다
726	comment	논평, 의견; 논평하다
727	criticize	비판하다; 비평하다
728	release	공개하다, 개봉하다; 출시, 발매
729	script	대본; 대본을 쓰다
730	survey	(설문) 조사; 조사하다
731	poll	여론 조사; 투표; 여론 조사를 하다
732	statistics	통계; 통계학
733	series	시리즈; 연속
734	reality	현실, 사실
735	fame	명성
736	rumor	소문; 소문내다
737	journalism	언론계, 저널리즘
738	visual	시각의
739	oral	구두의; 입의
740	column	칼럼, 기고란
741	inform	알리다, 통지하다
742	suggest	시사하다; 제안하다
743	interrupt	방해하다, 중단시키다
744	discussion	논의, 토론
745	mention	언급하다; 언급
746	reveal	밝히다, 드러내다
747	react	반응하다
748	response	대답; 반응
749	interact	소통하다, 상호 작용하다
750	pause	멈춤; 잠시 멈추다

DAY 24

역사, 종교

MP3

691	historical	역사의, 역사적인
692	modern	현대의, 현대적인
693	ancient	고대의; 아주 오래된
694	origin	기원
695	dynasty	왕조
696	empire	제국
697	mission	임무; 사절단
698	military	군사의; 군대
699	weapon	무기
700	dominate	지배하다
701	ruin	망치다; 몰락; 유적
702	antique	골동품; 골동품인
703	remains	유적; 나머지
704	revolution	혁명
705	myth	신화; 미신
706	conquer	정복하다; 극복하다
707	descend	계통을 잇다; 내려가다
708	obey	복종하다, 따르다
709	reform	개혁; 개혁하다
710	religion	종교
711	pray	기도하다, 기원하다
712	sacrifice	희생; 제물; 희생하다
713	ideal	이상적인; 이상
714	bless	축복하다
715	virtue	미덕; 선행
716	spiritual	정신의; 종교적인
717	sacred	신성한; 신성시되는
718	faith	믿음, 신앙
719	mercy	자비
720	missionary	선교사

DAY 17

건강, 안전

MP3

481	spread	확산; 퍼뜨리다; 펼치다
482	symptom	증상
483	medical	의학의, 의료의
484	injure	다치게 하다
485	mental	정신의, 마음의
486	illness	병, 아픔
487	vital	(생명 유지에) 필수적인
488	suffer	고통받다; (불쾌한 일을) 겪다
489	heal	낫다; 낫게 하다
490	digest	소화하다; 소화되다
491	dental	치과의; 치아의
492	awake	깨어 있는; 깨다; 깨우다
493	immune	면역성이 있는
494	scratch	긁다; 할퀴다; 찰과상
495	circulate	순환시키다; 순환하다
496	strain	혹사하다; 압박; 염좌
497	bruise	멍; 멍이 들다; 멍이 들게 하다
498	pulse	맥박; 고동치다
499	paralyze	마비시키다
500	sanitary	위생의; 위생적인
501	emergency	비상, 비상사태
502	survive	생존하다; 견뎌 내다
503	rescue	구하다, 구조하다; 구조
504	explode	폭발하다; 폭발시키다
505	harm	해치다; 해, 피해
506	damage	손상하다; 손상, 피해
507	poison	독, 독약; 독살하다
508	deadly	치명적인
509	drown	물에 빠지다; 익사하다
510	crack	갈라지다; 금이 가게 하다; 금

DAY 18

지형, 기후

511	arctic	북극의; 북극
512	surface	표면; 수면
513	underwater	물속의; 물속에서
514	marine	해양의
515	surround	둘러싸다
516	pole	(지구의) 극; 막대기
517	volcanic	화산의
518	vast	광대한, 막대한
519	reflect	반사하다; 반영하다
520	stream	개울, 시내
521	steep	가파른
522	curve	(도로의) 커브; 곡선; 곡선을 이루다
523	shallow	얕은
524	peak	산꼭대기; 최고점; 절정에 달하다
525	broad	넓은
526	swamp	늪, 습지
527	environment	환경
528	preserve	보존하다; 보호하다
529	erupt	폭발하다, 분출하다
530	emit	내뿜다, 발하다
531	climate	기후
532	temperature	기온, 온도; 체온
533	disaster	재난, 재해, 참사
534	earthquake	지진
535	forecast	예보; 예보하다, 예측하다
536	hurricane	허리케인
537	typhoon	태풍
538	humid	습한
539	moisture	수분, 습기
540	tropical	열대의

DAY 23

정치

661	political	정치의, 정치적인
662	public	대중의; 공공의; 대중
663	organization	단체, 조직
664	elect	선출하다, 뽑다
665	democracy	민주주의
666	insist	고집하다, 주장하다
667	official	관리, 공무원; 공식의; 공적인
668	represent	대표하다; 대변하다; 나타내다
669	policy	정책, 방침
670	desire	욕망, 욕구; 바라다
671	persuade	설득하다
672	postpone	연기하다, 미루다
673	deny	부인하다
674	justice	정의, 공정성; 사법
675	appoint	임명하다
676	campaign	캠페인, 운동
677	candidate	후보자, 지원자
678	committee	위원회
679	immediate	즉각적인
680	debate	토론; 논쟁; 논의하다
681	dispute	분쟁; 반박하다; 분쟁하다
682	liberty	자유
683	command	명령; 명령하다; 지휘하다
684	union	(노동)조합; 연합
685	conservative	보수적인; 보수적인 사람
686	remark	발언; 주목; 논평하다
687	session	(의회의) 회기; 기간, 시간
688	indifferent	무관심한
689	republic	공화국
690	cabinet	(정부의) 내각; 캐비닛, 장

DAY 22 경제, 금융

631	economic	경제의
632	consumer	소비자
633	exchange	교환하다; 교환; 환전
634	demand	수요; 요구; 요구하다
635	merchant	상인
636	income	소득, 수입
637	charge	청구하다; 충전하다; 요금
638	decline	감소하다; 거절하다; 하락
639	expense	비용; 경비
640	deal	거래; 대우; 다루다
641	trade	무역, 거래; 거래하다
642	commerce	상업; 무역
643	budget	예산; 예산을 세우다
644	bargain	싼 물건; 합의; 흥정하다
645	negotiate	협상하다
646	amount	총액; 양
647	finance	자금; 재정; 자금을 대다
648	invest	투자하다
649	target	목표; 과녁; 겨냥하다
650	risk	위험(성); 위태롭게 하다
651	worth	~의 가치가 있는; 가치; ~어치
652	value	가치; 소중히 여기다; 평가하다
653	credit	신용 거래; 신용
654	account	계좌
655	stock	주식; 재고
656	fund	기금, 자금
657	currency	통화, 화폐; 통용
658	asset	자산, 재산
659	loan	대출, 대출금
660	auction	경매; 경매하다

DAY 19 자연 과학, 실험

541	scientific	과학의; 과학적인
542	chemical	화학 물질; 화학의
543	physics	물리학
544	biology	생물학
545	evolution	진화
546	extinct	멸종된
547	liquid	액체; 액체의
548	solid	고체; 고체의; 단단한
549	pure	순수한; 깨끗한
550	cell	세포; 감방
551	reproduce	번식하다; 복사하다; 재현하다
552	animate	살아 있는, 생물인; 생기를 불어넣다
553	experiment	실험; 실험하다
554	research	연구, 조사; 연구하다, 조사하다
555	positive	양의; 양성의; 긍정적인
556	effect	영향; 효과; 결과
557	measure	측정하다; 단위; 척도
558	analyze	분석하다
559	laboratory	실험실
560	identical	동일한; 일란성의
561	absorb	흡수하다; 받아들이다
562	compound	화합물; 합성의; 혼합하다
563	mixture	혼합물; 혼합
564	matter	물질; 문제; 중요하다
565	mass	질량; 덩어리; 대량의; 대중의
566	flame	불길, 불꽃
567	filter	여과 장치; 거르다
568	contaminate	오염시키다
569	decay	부식; 부패하다; 썩게 하다
570	microscope	현미경

DAY 20 기술, 우주

MP3

571	technology	기술
572	invent	발명하다
573	artificial	인공의; 가짜의
574	intelligence	지능
575	source	원천, 근원; 출처
576	adapt	적응하다; 조정하다
577	advance	진보; 전진하다; 발전하다
578	adjust	조절하다; 적응하다
579	method	방법
580	electronic	전자의
581	device	장치, 기구
582	equipment	장비, 용품; 설비
583	alternative	대체의; 대안
584	function	기능; 기능하다
585	innovate	혁신하다
586	combine	결합하다
587	transmit	전송하다; 전염시키다
588	install	설치하다
589	accelerate	가속화하다; 가속화되다
590	pioneer	개척자, 선구자; 개척하다
591	vacuum	진공; 진공청소기로 청소하다
592	wireless	무선의
593	astronaut	우주 비행사
594	gravity	중력
595	globe	지구, 세계; 지구본
596	orbit	궤도; 궤도를 돌다
597	satellite	(인공)위성; (행성의) 위성
598	eclipse	(해, 달의) 식(蝕)
599	galaxy	은하(계); 은하수
600	comet	혜성

DAY 21 사회

MP3

601	necessary	필요한, 필수의
602	cause	원인; 이유; 일으키다
603	occur	일어나다, 발생하다
604	tend	(~하는) 경향이 있다
605	include	포함하다
606	belong	속하다; 제자리에 있다
607	general	일반적인
608	influence	영향을 주다; 영향
609	affect	영향을 미치다
610	consist	이루어져 있다
611	differ	다르다
612	relate	관련이 있다; 관련짓다
613	aspect	측면
614	community	공동체, 지역 사회
615	advantage	장점, 유리한 점
616	benefit	이익, 혜택; (~에게) 이롭다; 이익을 얻다
617	contribute	기여하다; 기부하다
618	voluntary	자원봉사의; 자발적인
619	complex	복잡한; 복합 건물
620	factor	요인, 요소
621	proper	적절한
622	generation	세대; 발생
623	ethic	윤리, 도덕
624	burden	부담, 짐; 부담[짐]을 지우다
625	indicate	나타내다, 가리키다
626	circumstance	상황, 환경
627	civil	시민의; 민간의
628	status	지위, 신분; 상태
629	mutual	상호간의; 공동의
630	charity	자선 단체; 자선